职业教育电子商务专业系列教材

跨境电商法律法规

宗 楠 徐 丽 主 编
陈 曦 李 婧 副主编

清華大學出版社
北 京

内 容 简 介

本书结合当前国内外跨境电子商务业态发展的特点，较为全面、系统地阐述了跨境电子商务法律法规研究的基本理论和内容，对跨境电子商务法律法规研究的热点和前沿问题进行解析。其内容包括了跨境电子商务法律法规研究的各个方面，共包含五个模块十个项目，同时注重知识体系的系统性、科学性和应用性，将理论与业务实践相结合，构建了包括学习目标(知识目标、技能目标、思政目标)、知识导图、引导案例、课堂小活动、拓展阅读、课后训练等模块在内的复合型教材模式，以适应教师精讲、学生参与、师生互动的新型教学理念。

本书既可作为职业院校、应用型本科院校、成人高校的电子商务、跨境电子商务、运营与管理等相关专业的教材，也可作为跨境电子商务从业人员的参考用书。

图书在版编目(CIP)数据

跨境电商法律法规 / 宗楠，徐丽主编；陈曦，李婧副主编. —北京：清华大学出版社，2023.2（2025.7重印）
职业教育电子商务专业系列教材
ISBN 978-7-302-62734-0

Ⅰ.①跨… Ⅱ.①宗… ②徐… ③陈… ④李… Ⅲ.①电子商务—法规—中国—职业教育－教材
Ⅳ.①D922.294

中国国家版本馆 CIP 数据核字(2023)第 015217 号

责任编辑：施　猛
封面设计：常雪影
版式设计：孔祥峰
责任校对：马遥遥
责任印制：宋　林

出版发行：清华大学出版社
网　　址：https://www.tup.com.cn，https://www.wqxuetang.com
地　　址：北京清华大学学研大厦 A 座　　**邮　　编：**100084
社 总 机：010-83470000　　**邮　　购：**010-62786544
投稿与读者服务：010-62776969，c-service@tup.tsinghua.edu.cn
质 量 反 馈：010-62772015，zhiliang@tup.tsinghua.edu.cn
印 装 者：三河市人民印务有限公司
经　　销：全国新华书店
开　　本：185mm×260mm　　**印　　张：**14　　**字　　数：**349 千字
版　　次：2023 年 3 月第 1 版　　**印　　次：**2025 年 7 月第 5 次印刷
定　　价：49.00 元

产品编号：097451-01

前　言

现阶段伴随着跨境电子商务的飞速发展，传统法律框架下的诸多规则已不能完全适用于网络经济时代的需求。跨境电商交易行为所涉及的电子合同、平台责任、跨境支付、税收、物流、检验检疫、知识产权保护、消费者权益保护等问题都需要与之相对应的法律法规加以解决。“十三五”期间，电子商务法治建设取得重大进展，《中华人民共和国网络安全法》《中华人民共和国电子商务法》的颁布实施，使电子商务法律政策体系不断完善。了解相关法律政策是跨境电商从业人员的必备素质，为满足高职高专跨境电子商务法律法规课程教学的需要，以及跨境电子商务从业人员培训的需要，我们编写了《跨境电商法律法规》一书。

本书从跨境电子商务专业人才培养目标出发，立足跨境电子商务的业务实践，以基础性、完整性、科学性和拓展性为基本原则，依据现行跨境电子商务相关法律法规和政策编写而成，将法律法规内容与案例分析相结合，以比较完善的体系对跨境电子商务法律法规的各个模块进行介绍和分析，对当前跨境电子商务领域重要的法律制度进行了清晰而简洁的阐述。全书分为五个模块十个项目，主要内容包括跨境电子商务法基础、跨境电子商务交易规则及相关法律法规、跨境电子商务权益保护法律制度、跨境电子商务管制法律制度和跨境电子商务争议解决法律制度。

本书在结构设计上，立足落实各章设定的教学目标，在知识目标、技能目标的基础上增设了思政目标，在着力深化学生对教学内容的理解和训练的同时，引导其自觉遵守法律法规和职业操守，树立知法、守法、用法意识。围绕“引例导入——知识储备——技能提升”的设计思路，在结合跨境电子商务交易流程的过程中，系统地阐述相关法律法规政策的基本规定。在教学单元中穿插了大量资料链接、案例分析和拓展阅读等专栏，同时每章后附有课后训练，以有效地培养学生运用所学理论分析问题和解决问题的能力。

《跨境电商法律法规》一书结构清晰，内容简明扼要，法理明确，通俗易懂，从基础知识到实战应用，力求理论联系实际，具有较强的实用性。教材内容难易适度，编排合理，循序渐进，涵盖了必要的基础知识，且利于拓展提高、实操演练，适用于高职高专电子商务、跨境电子商务等相关专业学生学习使用，既可作为跨境电子商务法律法规教学用书，也可作为电子商务从业人员的参考用书。宗楠副教授和徐丽教授担任本书主编，负责全书的整体结构设计，负责统稿、审稿和部分章节的编写。全书共分为十个项目，其中项目一、项目二、项目三和项目四由宗楠编写；项目五、项目六和项目九由李婧编写；项目七、项目八和项目十由陈曦编写。编写过程中，我们参阅了大量国内外相关教材、著作、学术论文以及诸多专家学者的观点，在此，由衷地表示感谢！因时间仓促、水平有限，本书难免存在缺点和错误，欢迎读者批评指正。反馈邮箱：wkservice@vip.163.com。

编　者

2022年9月

目　录

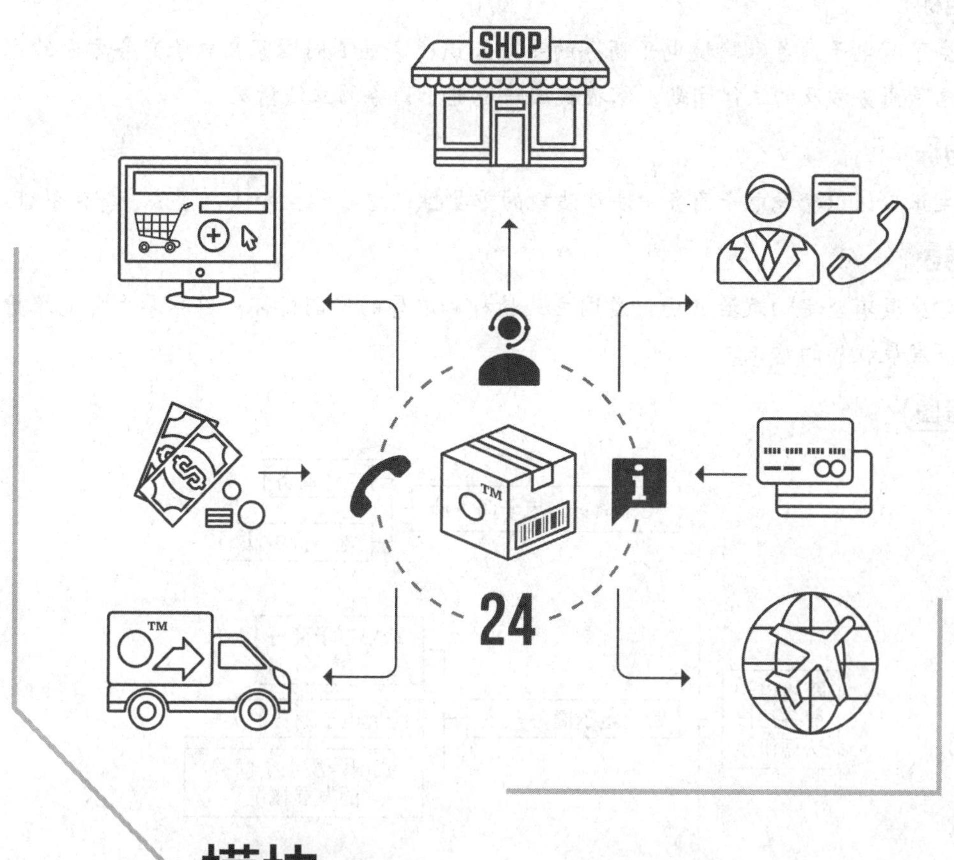

模块一

跨境电子商务法基础

项目一 跨境电子商务法律法规概述

知识目标

使学生了解电子商务和跨境电子商务的基础知识；掌握不同国家在电子商务方面的立法概况；熟悉电子商务涉及的法律问题；掌握我国跨境电子商务的立法情况。

技能目标

使学生正确认识跨境电子商务中法律法规的重要性；培养学生知法、懂法、守法的能力。

课程思政

培养学生具有坚定的政治立场、爱国主义精神和浓厚的家国情怀；培养学生自觉维护稳定的社会经济发展秩序的意识。

知识导图

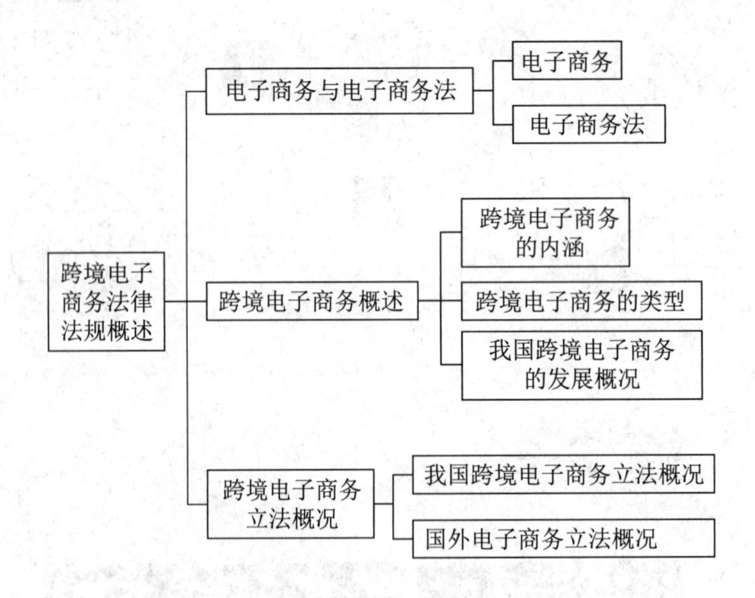

引导案例

2021年中国跨境电商投诉报告

2021年，我国外贸呈现较快增长态势，中国跨境电商行业和卖家经历了从“野蛮生长”到“精耕细作”的转变。在跨境电商快速发展的同时，随之衍生的诸多问题，对于跨境电商行业而言是一个考验。依据国内知名网络消费纠纷调解平台“电诉宝”(315. 100EC.CN)的统计数据显示，消费者投诉的主要问题除了售后服务、商品质量、虚假宣传等传统问题外，还有一些新的“痛点”，比如跨境购物物流周期长，收到货物时间超过保质期，消费者维权难度较大。

2022年3月8日，“电诉宝”统计分析了2021年受理的全国413家互联网消费平台的纠纷所涉及的大量案例及数据，并联合网经社电子商务研究中心发布了《2021年中国跨境电商投诉数据与典型案例报告》。

报告显示，2021年全国跨境电商用户投诉问题类型排名前十的依次为退款问题(65.01%)、发货问题(6.47%)、商品质量(3.44%)、网络欺诈(3.44%)、虚假促销(2.62%)、霸王条款(2.62%)、退换货难(2.34%)、物流问题(2.20%)、网络售假(2.07%)、订单问题(2.07%)，如图1-1所示。

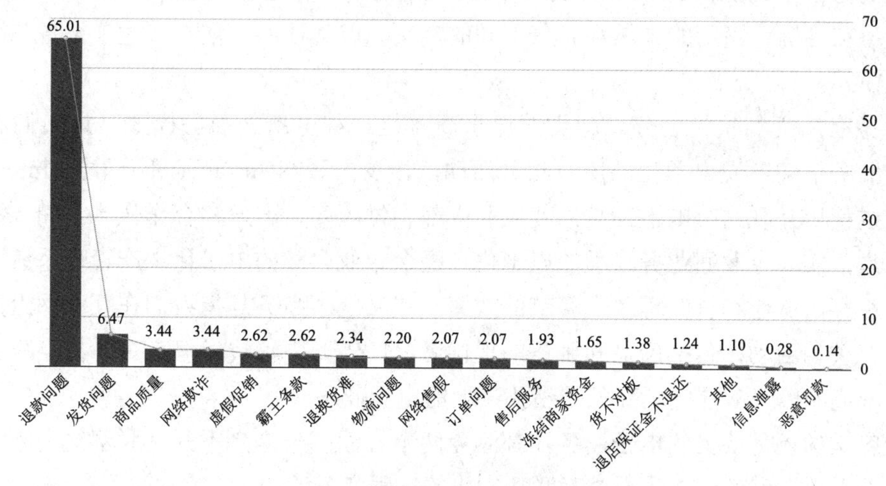

图1-1　2021年跨境电商投诉问题类型分析

据“电诉宝”2021年受理的跨境电商领域用户有效投诉显示，入选投诉榜依次为寺库、洋码头、小红书、海豚家、考拉海购、全球速卖通、德国家、海狐海淘、亚马逊、天猫国际、海淘1号、别样、德国BA保镖商城、英超海淘、 Feelunique、55海淘、86mall、86daigou、识季、HIGO、Buyee、BonPont、虾皮(shopee)、丰趣海淘、任你购、全球时刻、东方全球购、海淘App、冰冰购、 panli 代购、LaZada。

其中，在“2021年全国跨境电商消费评级榜”中，获“建议下单评级”的平台有小红书、海淘1号、海豚家、洋码头、海狐海淘；获“谨慎下单评级”的平台有寺库；获“不建议下单评级”的平台有考拉海购、亚马逊等；获“不予评级”的平台有全球速卖通、德国W家、天猫国际等。在受理平台移交的用户投诉时，平台反馈率、回复时效性、用户满意度相对较低，各平台需要积极受理第三方移交督办的全国各地用户投诉线索，并第一时间响应，及时反馈，努力提高售后服务水平和口碑。

资料来源：林月. 2021年413家电商平台被投诉，同比减少28.79%[N]. 电商报. 2022-03-15(3).

【引例分析】随着网络的快速发展，网上购物越来越受到人们的欢迎，然而网络平台琳琅满目的商品让人眼花缭乱，产品质量参差不齐，网络购物纠纷案件越来越多。为避免此类事件发生，建议电商平台定期进行安全巡视检查，不断提高关系消费者生命健康商品经营主体的平台准入门槛，及时向行政执法部门移送行政违法线索，形成消费者保护长效机制。同时，提醒消费者在网络购物，尤其是在跨境电商平台购物时，一定要选择经营资质齐全、规模大、信誉度高的购物平台和网店，并有合理的维权意识。

任务一　电子商务与电子商务法

一、电子商务

(一) 电子商务的概念

“电子商务”一词源自electronic commerce，是经济和信息技术发展并相互作用的必然产物。电子商务在各国或不同的领域都有着不同的定义，但其核心是依靠着电子设备和网络技术进行的商业模式。

电子商务有广义和狭义之分。广义的电子商务是一种全新的商务模式，指人们利用信息技术使整个商务活动实现电子化的所有相关活动，涉及内联网(Intranet)和互联网(Internet)等领域，包括通过使用互联网等电子工具，使企业内部、供应商、客户和合作伙伴之间，利用电子业务共享信息，实现企业间业务流程的电子化，配合企业内部的电子化生产管理系统，提高企业的生产、库存、流通和资金等各个环节的效率。狭义电子商务是指人们在互联网上开展的交易或与交易有关的活动，包括商品和服务的提供者、广告商、消费者等有关各方当事人交易行为的总和。人们一般理解的电子商务是指狭义上的电子商务。

无论是广义的还是狭义的电子商务，都涵盖两个方面：一是离不开互联网这个平台，没有网络，就称不上电子商务；二是通过互联网完成的一种商务活动。

联合国国际经济合作与发展组织认为，电子商务是发生在开放网络Internet上的包含商家与商家、商家与消费者之间的商业贸易。

我国商务部颁布的《第三方电子商务交易平台服务规范》规定：“本规范所指的电子商务，系指交易当事人或参与人利用现代信息技术和计算机网络(包括互联网、移动网络和其他信息网络)所进行的各类商业活动，包括货物交易、服务交易和知识产权交易。”

《中华人民共和国电子商务法》第2条规定，电子商务是指通过互联网等信息网络销售商品或者提供服务的经营活动。

(二) 电子商务的特点

电子商务是综合运用信息技术，以提高贸易伙伴间商业运作效率为目标，将一次交易全过程中的数据和资料用电子方式实现，能够在整个商业运作过程中实现交易无纸化、直接化。电子商务可以使贸易环节中各个参与者更紧密地联系起来，更快地满足各方需求，更方便地在全球范围内选择贸易伙伴，进而以最小的投入获得最大的利润。与传统的商务模式相比，电子商务具有以下几个特点。

1. 交易虚拟化

通过Internet进行的贸易活动，贸易双方的合同关系从成立到终止，整个过程都无须当面进行，均通过计算机在互联网上完成，整个交易完全虚拟化。在线交易的当事人通过互联网进行信息的交互传递，双方签订电子合同，完成交易并进行电子支付，整个交易都在网络这个虚拟的环境中进行。

2. 交易成本低

电子商务使传统的商业流程数字化和电子化，大大节省了人力、物力，降低了成本，具体表现为以下几个方面：①电子商务模式通过网络进行信息传递，其成本相对于信件、电话、传真而言大幅降低，而且网络传输缩短了信息传递时间、减少数据重复录入、节约了时间成本；②电子商务模式下，交易双方通过网络进行商务活动，基本不需要中介参与，没有了“中间商赚差价”，减少交易环节的同时，也降低了流通成本；③电子商务利用网络进行商品推广、宣传、营销等，节省了传统销售方式下的广告投放和营销费用；④电子商务实行“无纸贸易”，不仅环保节能，还可以降低企业的管理成本；⑤电子商务模式下，卖方往往不需要设置实体店铺，不需要租赁、装修店铺和购置办公室设备等，为企业节约了经营成本。

3. 交易效率高

电子商务突破了时间和空间的限制，使交易活动能够随时随地进行，大大提高了效率。商业报文能在世界各地瞬间完成传递，加快了交易速度。计算机自动处理数据，使原料采购、产品生产、需求与销售、银行汇兑、保险、货物托运及申报等过程无须专人干预，在较短的时间内就能完成。电子商务克服了传统贸易方式的费用高、易出错、处理速度慢等缺点，极大地缩短了交易时间，使整个交易非常快捷与方便。

4. 交易安全

在电子商务中，安全性是一个至关重要的核心问题。电子商务使买卖双方从交易的洽谈、签约以及货款的支付、交货通知等整个交易过程都在网络上进行，这就要求网络提供一种端到端的安全解决方案，如加密机制、签名机制、安全管理、存取控制、防火墙、防病毒保护等，这与传统的商务活动有着很大的不同。通畅、快捷的信息传输可以保证各种信息之间进行自动化、实时化的核对，防止伪造信息的可能性，提高了交易的安全性。

5. 交易的全球化、跨国化

电子商务使得世界各地的人们都可以了解到国际上的商业信息，加速了信息沟通和交流，促进了国际商务活动的开展，跨国商务活动变得越来越简易和频繁，适应了经济全球化的发展趋势。

(三) 电子商务的基本模式

随着其应用领域的不断扩大和信息服务方式的不断创新，电子商务的模式层出不穷，主要分为以下几种类型。

(1) 企业与消费者之间的电子商务(business to consumer，即B2C)。

(2) 企业与企业之间的电子商务(business to business，即B2B)。

(3) 消费者与消费者之间的电子商务(consumer to consumer，即C2C)。

(4) 线下商务与互联网之间的电子商务(online to offline，即O2O)。

(5) 供应方与采购方之间通过运营者达成产品或服务交易的一种新型电子商务模式(business operator business，即BOB)。

二、电子商务法

(一) 电子商务法的定义

一般认为，法律是调整特定社会关系或社会行为的行为规范。顾名思义，电子商务法就是调整电子商务活动中所产生的各种社会关系的法律规范的总和。具体而言，电子商务法是政府调整企业和个人以数据电文为交易手段，通过信息网络所产生的，因交易形式所引起的各种商事交易关系，以及与这种商事交易关系密切相关的社会关系、政府管理关系的法律规范的总称。

与电子商务的定义相对应，电子商务法的概念也有广义和狭义之分。

广义的电子商务法是与广义的电子商务概念相对应的，包括了所有调整以数据电文方式进行的商事活动的法律规范，可分为调整以电子商务为交易形式和调整以电子信息为交易内容的法律规范，是具有形式意义的电子商务法。

狭义的电子商务法是调整以数据电文为交易手段而形成的，因交易形式引起的商事关系的法律规范。这是作为部门法意义上的电子商务法，也被认为是实质意义上的电子商务法。狭义的电子商务法不仅包括以“电子商务”命名的法律法规，如《中华人民共和国电子商务法》，还包括其他各种制定法中有关电子商务的法律规范，如《中华人民共和国电子签名法》中有关电子签名效力的规定和《中华人民共和国民法典》合同编中有关数据电文的规定等。

从目前国内外电子商务立法活动的实践来看，一般均采用狭义的电子商务法的概念。

(二) 电子商务法的体系

电子商务法是一个国家法律体系的组成部分，同时又具有自己的体系。电子商务法体系由电子商务基本法、电子商务实体法和电子商务程序法三部分构成。电子商务基本法，是指一个国家或地区电子商务方面具有最高法律效力的法律，《中华人民共和国电子商务法》属于电子商务基本法范畴。电子商务实体法，是指规定电子商务交易主体具体权利义务内容或者法律保护的具体情况的法律，《中华人民共和国电子签名法》属于电子商务实体法范畴。电子商务程序法，是指以保证权利和义务得以实施或职权和职责得以履行的有关程序为主的法律，如电子商务诉讼相关法律制度。

(三) 电子商务法的特征

法的特征，是指各部门法区别于其他部门法的特点。根据电子商务法的调整对象和调整手段，可以归纳其具有不同于其他部门法的如下几个特征。

1. 技术性

不同于传统交易方式，电子商务活动完全或部分地利用了电子手段、光学手段或者类似手段生成、储存或传递信息，这些手段包括但不限于电子数据交换(electronic data interchange，EDI)、电子邮件、电报、电传或传真。传统民商法律所调整的社会关系不具有技术性的特点，因此对互联网环境下的商务活动，如数据传送、电子签名等技术问题束手无策。电子商务法将传统法律与现代高科技相结合，对电子商务的有关技术方面的问题和内容进行合理规定，是电子商务这个信息时代的新产物能在正规化和法治化的环境下健康成长的保证，因此技术性是电子商务法的特点之一。电子商务法的规范中，涉及很多技术内容，并且许多规范都是直接或间接地由技术规范演变而来的，如加密技术、数字签名技术、网络协议技术、网络安全技术、数据电文生成技术和传输技术等，都有相应的法律要求。

2. 开放性

电子商务法是关于电子商务的法律，而电子商务是以数据电文、信息技术和网络为基础的。电子商务活动和数据电文在形式上具有多样化的特点，再加上网络与通信技术的日新月异，因此，在电子商务立法上必须以开放的态度对待各种技术手段和信息媒介，设立开放性的规范，包容不断发展变化的电子商务技术，这样才能适应电子商务发展的需求。国际组织和各国在电子商务立法中大量使用的功能等价性条款，就是这种开放性的体现。

3. 安全性

在电子商务交易模式下，交易双方最担心的就是安全问题，如资金的安全、信息的安全、系统的安全等。电子商务由于其技术性的特点，相较于传统交易方式显得更加便捷和高效，但是计算机网络的技术性和开放性特点，既是开展电子商务可以依赖的一大优点，也是其发展过程中的一大障碍，“黑客”和计算机病毒等各种网络犯罪活动不断地对电子商务交易活动的安全构成威胁，这些问题使电子商务活动中暗含了许多传统交易所没有的风险。如何有效地预防和打击各种计算机犯罪活动，切实保证电子商务安全是电子商务法的主要立法目的。相比其他部门法而言，电子商务法更加强调安全性，因而确保交易安全、有序进行是电子商务法又一重要特征。

4. 兼容性

电子商务法的兼容性，是指电子商务法能适应数据电文、信息技术、网络等各种信息技术手段和形式。电子商务法的兼容性同时也使电子商务法更具有复杂性。电子商务活动比传统的商务活动涉及的参与者更多，这使得电子商务交易关系复杂而多变；电子商务交易过程往往还涉及网络服务商、认证机构、银行等多方主体，包含了多重法律关系，因此电子商务法律必须是兼容的。

5. 国际性

电子商务已发展成为世界性的经济活动，其法律框架不应只局限于一国范围之内，应当适用于国家间的经济往来，得到国际社会的普遍认可。在电子商务的立法实践中，任何一个国家都不能以自己国家的特定情况为由而搞特殊，其电子商务法必须为全球性的商务统一提供解决方案，充分体现国际性。联合国国际贸易法委员会所制定的《电子商务示范法》和《电子签名示范法》就是各国制定电子商务法和电子签名法的基础。

(四) 电子商务法律关系

电子商务法律关系是指由相关法律法规调整的、在电子商务活动中形成的以权利和义务为内容的社会关系。具体地说，它是指电子商务的参与者(如企业、消费者、金融机构等)与网络服务商等相互之间在电子商务活动过程中依法产生的权利和义务关系。

我国的电子商务法律关系由电子商务法律关系主体、客体和内容三要素构成。在电子商务法律关系中，这三个构成要素必须同时具备，缺一不可，如果变更其中的某一个要素，便会引起电子商务法律关系的变化。

1. 主体

电子商务法律关系主体是指电子商务法律关系的参加者和当事人，是参加电子商务法律关系、依法享有权利和承担义务的自然人、法人或其他组织。电子商务法律关系主体包括电子商务经营者、电子商务消费者、电子商务服务商和电子商务监管者。

2. 客体

电子商务法律关系的客体是指电子商务活动的主体享有的权利和承担的义务所共同指向的对象，主要包括有形商品、数字化商品、信息产权、在线服务等。

3. 内容

电子商务法律关系的内容是指电子商务活动的参与者或者当事人所享有的权利和所承担的义务或责任。电子商务法律关系的本质就是电子商务参与者相互之间，在电子商务活动过程中依法产生的权利和义务关系。

课堂小活动

讨论：《中华人民共和国电子商务法》第9条规定，电子商务平台经营者，是指在电子商务中为交易双方或者多方提供网络经营场所、交易撮合、信息发布等服务，供交易双方或者多方独立开展交易活动的法人或者非法人组织。试分析，微信、论坛社区、直播平台等社交媒体是否属于《中华人民共和国电子商务法》第9条中所指的电子商务平台。

(五) 电子商务法的调整对象和范围

法的调整对象，又称“法的对象”，是指法所调整的一定的能够体现为意志关系的具体社会关系。任何法律部门或法律领域都以一定的社会关系为其调整对象。电子商务法作为新兴的商事法律制度概莫能外。

电子商务法的调整对象应当是电子商务活动中所产生的各类社会关系，即通过电子数据交换形式而发生的商事社会关系，具体包括以下几类交易关系：电子合同关系、电子支付关系、网络知识产权关系、网络不正当竞争关系、物流配送关系、电子消费权益保护关系、电子税收关系等。

电子商务法的调整范围包括与电子商务交易形式、交易手段和交易环境相关的一系列法律问题，具体包括以下几类问题：电子商务网站建设及其相关的法律问题；在线交易主体及市场准入问题；电子商务交易安全问题；电子合同的法律保护问题；在线不正当竞争与网络知识产权保护问题；在线消费者权益保护问题；在线交易法律适用和管辖冲突问题等。

(六) 电子商务法的作用

1. 为电子商务的规范发展提供法律环境

电子商务是经济和信息技术发展并相互作用的必然产物。如何为电子商务创造一个良好的法制环境，并以此来规范电子商务交易各方在虚拟网络下进行的交易行为，保证整个交易活动的有序进行，是电子商务法的根本任务。电子商务法通过对电子行为的规范，为行为人提供行为指引，使电子商务主体行而有据，使司法机关裁而有度。电子商务法通过鼓励诚实信用、公平竞争的网络活动，禁止违法操作，惩治犯罪行为，从而建立良好的电子商务秩序，促进电子商务的快速安全发展。

2. 促进新技术在电子商务中的广泛应用

电子商务法平等地、开放地对待基于书面文件的用户和基于数据电文的用户，充分发挥高科技手段在商务活动中的作用，为电子商务的普及创造了方便条件，同时也旨在鼓励交易的参与者有效利用现代信息技术手段进行快速、方便、安全的交易，并以此促进经济增长和提高国际、国内贸易的效率。

3. 遏制侵犯电子商务交易安全的行为

安全是开展电子商务的基础，保障交易安全是电子商务法的核心任务之一。电子商务法通过一系列规则来实现交易安全，这和传统民商法的交易安全内涵相比有很大的区别。目前，企业发展电子商务的最大顾虑是安全性问题，其中信息的安全性是当前发展电子商务最迫切需要解决的问题之一。电子商务网上交易的安全不仅要靠技术保障措施，更重要的是要靠电子商务立法来规范。

拓展阅读

网购水泵漏电致消费者触电身亡

2020年5月31日晚，家住河南省桐柏县月河镇某村的村民郭某用水泵往田里抽水，因水泵不出水，其在将水泵从水里取出检查时，因水泵漏电遭电击。郭某妻子唐某得知情况后，立即将丈夫送往桐柏县中心医院，因抢救无效郭某被宣布死亡。唐某称，水泵是2020年5月15日丈夫在某电商平台花220元购买的，5月18日到货后安装使用。监控画面清楚地拍到了其丈夫被电击的全部过程。随后，唐某通过电商平台反映相关问题并要求赔偿，但没能得到解决。无奈之下，唐某将水泵生产厂家、电商平台、平台销售商诉至法院。

一审法院审理后认为，该水泵存在质量缺陷，水泵的执行标准已作废，机身显示“上海人民机电有限公司”，给消费者造成该产品系上海人民机电有限公司出品的假象，应当加重生产厂家因产品质量而致的侵权责任。郭某在使用水泵的过程中没有按水泵警示标识操作，在检查水泵、触摸水泵时没有切断电源，没有尽到应尽的注意义务，也存在过错，应当减轻生产厂家的侵权责任。法院综合认定生产厂家赔偿郭某家属各项损失的70%，电商平台和销售商承担连带责任。

生产厂家、电商平台、平台销售商均不服一审判决，上诉至南阳中院。

南阳中院审理后认为，鉴定机构出具的鉴定意见不存在瑕疵或者错误，鉴定意见应当予以采信。该水泵两处漏电，水泵使用的执行标准也是国家明令禁止的执行标准，且系假冒商标产品，一审认定产品质量有缺陷证据充分、事实清楚。关于电商平台和平台销售商是否应当承担连带责任的问题，法院认为，作为一家有一定市场占有度的互联网公司，应当采取相应措施防止平台内销售的商品危及消费者生命安全，但其未能对平台销售的关系消费者生命安全的商品进行监督管理。同时，该平台内经营者销售的商品存在质量缺陷，并且销售的是假冒商标商品，电商平台未采取必要措施，因此，一审判决电商平台、销售商承担连带责任符合法律规定，结合双方过错轻重程度，酌定生产厂家承担70%的民事责任较为适当。

南阳中院遂作出二审判决，驳回上诉，维持原判。

(资料来源：中国法院网)

任务二　跨境电子商务概述

一、跨境电子商务的内涵

(一) 跨境电子商务的概念

跨境电子商务(cross border e-commerce)有广义和狭义之分。广义上的跨境电子商务可以泛指电子商务在跨境贸易领域的应用。狭义的跨境电子商务特指跨境零售模式，即分属不同关境的交易主体通过线上平台达成交易进行跨境支付结算，并通过跨境物流或异地仓储等方式送达商品，完成交易的一种国际(或地区间)商业活动。

需要注意的是，跨境电子商务中的“跨境”意指“跨越关境”并非“跨越国境”，关境是适用于同一海关法或同一关税制度的地区或领域。

(二) 跨境电子商务的特点

作为基于互联网发展起来的新型国际贸易形态，跨境电子商务与传统外贸相比，其特征可以归结为电子化、个性化、碎片化、高频次和低货值。

1. 电子化

跨境电子商务的电子化有两层含义：其一，是指跨境电子商务在交易的过程中，从下单、销售、沟通到支付，均通过电子信息媒介或平台进行，多以无纸化形式呈现；其二，是指电子化产品(游戏、影视、软件、数字信息)交易，在跨境电子商务领域快速发展。

2. 个性化

跨境电子商务的个性化主要体现在消费需求的个性化、产品类目的多样化以及产品更新换代周期更快。在跨境电子商务环境中，人们不再像过去那样受到地域和时间的局限，通过互联网，企业能够更快速实现商品和服务信息的发布，消费者可以随时随地根据需求选择购买适合自己的商品和服务。

3. 碎片化

跨境电子商务的碎片化主要指的是随着互联网接入门槛的降低，跨境电子商务的发展趋势是交易主体数量增加、单个主体体量趋小、消费范围分散。

4. 高频次

跨境电子商务的高频次是指跨境电子商务中的交易主体下单、预订、销售、沟通和支付的互动频次和频率均远远高于传统外贸交易方式。

5. 低货值

与高频次相对应的是低货值，跨境电子商务最为活跃的商业模式是跨境零售，而B2C或C2C的单笔订单大部分都是小批量、低货值的生活消费商品。

跨境电子商务与传统国际贸易的对比如表1-1所示。

表1-1　跨境电子商务与传统国际贸易的对比

项目	跨境电子商务	传统国际贸易
交易方式	通过互联网平台远程磋商	面对面谈判
运作模式	借助互联网电子商务平台	基于商务合同运作
订单类型	小批量、频次高、订单分散、单笔货值低、周期相对较短	大批量、订单集中、单笔货值高、频次低、周期长
价格、利润率	价格实惠、利润率高	价格高、利润率相对较低
产品类目	种类多样且富有个性化，更新速度快	大宗商品为主，种类较少，更新速度慢
规模、增速	面向全球市场，规模大，增长速度快	市场规模大，但受地域限制，增长速度相对缓慢
支付方式	采用信用证、电汇、网上银行、第三方支付等多种支付方式	以信用证、电汇为主
物流方式	采用空运、海运、铁路运输、邮递小包、海外仓、保税区等多种方式	以海运、铁路运输为主
通关结汇	通关缓慢或有一定限制，无法享受退税和结汇政策(个别城市已尝试解决)	按照传统国际贸易程序，享受正常通关结汇和退税政策
争端处理	争端处理不畅，效率低	争端处理机制较完善

(三) 跨境电子商务的作用

跨境电子商务是一种新型的贸易方式和新型业态，在促进经济发展的同时也引起了国际贸易的变革。跨境电子商务的发展对推动经济一体化、贸易全球化具有非常重要的战略意义，具体表现为以下几点。

1. 为企业打造国际品牌提供新机会

跨境电子商务是互联网时代的产物，是“互联网+外贸”的具体体现。跨境电子商务加快了各国企业的全球化运营进程，有助于树立全球化品牌。当前，我国许多企业的产品和服务质量、性能尽管很好，但不为境外消费者所知。而跨境电子商务能够有效打破渠道垄断，减少中间环节，大大降低了生产者与消费者的交易成本，缩短了交易时间，实现全球供应商和消费者互动交易，特别是可降低广大中小企业“零距离”加入全球大市场的成本，为我国企业创建品牌、提升品牌的知名度提供了有效的途径，尤其是给一些中小企业创造了新的发展空间。跨境电子商务构建的开放、多维、立体的多边经贸合作模式极大地拓宽了企业进军国际市场的路径，从而催生出更多的具有国际竞争力的“黑马”。目前，我国已有80%的外贸企业开始运用电子商务开拓海外市场。

2. 促进产业结构升级的新动力

首先，跨境电子商务有利于传统外贸企业的转型和升级，对维持我国对外贸易的稳定增长具有深远的意义。大力发展跨境电子商务，有助于在成本效率方面加强我国进出口竞争优势，提高外贸企业利润率。其次，跨境电子商务的发展，直接推动了物流配送、电子支付、电子认证、信息内容服务等现代服务业和相关电子信息制造业的发展。目前，我国电商平台企业的数量快速增加，一批知名电商平台企业、物流快递、第三方支付本土企业快速崛起。再次，发展跨境电子商务是以消费升级需求引领产业升级的重要抓手。面对多样化、多层次、个性化的境外消费者需求，企业必须以消费者为中心，加强合作创新，构建完善的服务体系，在提升产品制造工艺、质量的同时，加强研发设计、品牌销售，重构价值链和产业链，最大程度地促进资源优化配置，最终惠及消费者。

3. 为政府提升对外开放水平提供新抓手

跨境电子商务是全球化时代的产物，是世界市场资源配置的重要载体，必将促进中国全面且高水平的对外开放。跨境电子商务平台将进一步打破全球市场壁垒，促进跨境商业流通。发展跨境电子商务，既涉及商务、海关、检验检疫、财政、税务、质量监督、金融等多个部门，也涉及多领域的国际合作；既对政府的快速反应、创新、合作等能力提出了新要求，也对政府传统的体制机制提出了新挑战。以跨境电子商务为抓手，推动政府各部门资源共享、高效运行、统一协作、创新服务，将对提升我国政府对外开放水平起到有力的推动作用。

综上所述，跨境电子商务对企业来说，极大地拓宽了进入国际市场的路径，大大促进了多边资源的优化配置与企业间的互利共赢，也促进了相关产业的发展，为政府的对外开放水平提升起到一定的作用。

课堂小活动

讨论：相较于传统国际贸易交易方式，跨境电子商务具有哪些优点？

二、跨境电子商务的类型

从不同的角度出发，跨境电子商务有不同的交易模式。

(一) 按照交易主体分类

跨境电子商务主要的交易主体分为企业商户(business)和个人消费者(consumer)，故可将跨境电子商务分为企业对企业(B2B)跨境电子商务、企业对个人 (B2C)跨境电子商务和个人对个人(C2C)跨境电子商务三种类型，其中后两者属于跨境电商零售的范畴。

1. B2B跨境电子商务

B2B是企业对企业的商业模式，即分属不同关境的企业与企业之间通过电子商务平台实现商品交易的各项活动，并经跨境物流完成商品从卖方运送至买方以及相关的其他活动内容的一种新型电子商务应用模式。B2B跨境电子商务的买卖双方都是企业或者集团客户。目前，B2B

跨境电子商务的市场交易规模占跨境电子商务市场交易总规模的80%以上，处于市场主导地位，其代表平台有中国制造网、环球资源网等。

2. B2C跨境电子商务

B2C是企业对个人的商业模式，即通常说的直接面向消费者销售产品和服务的商业零售模式。B2C跨境电子商务的卖方是企业，买方为个人消费者，B2C跨境电子商务是指分属不同关境的企业直接面对消费者个人，通过电子商务平台以零售方式将商品或服务销售给消费者的新型电子商务应用模式。目前，B2C模式在跨境电子商务市场占比并不大，但有不断上升的趋势，未来发展空间巨大，其代表平台有速卖通、亚马逊、兰亭集势等。

3. C2C跨境电子商务

C2C是个人与个人之间的商业模式，即个人与个人之间的电子商务交易。C2C跨境电子商务是指分属不同关境的个人卖家通过第三方跨境电子商务平台发布产品或服务信息，个人买方在筛选后最终通过平台达成交易，完成支付和配送交付的一种新型电子商务应用模式。

(二) 按照平台运营方式分类

按照平台运营方式进行分类，可以将跨境电子商务模式分为平台型和自营型。

1. 平台型跨境电子商务

平台型跨境电子商务又称为第三方开放平台，即通过邀请国内外商家入驻来进行运营的模式。平台通过在线上搭建商城，并对物流、支付等资源进行整合，吸引商家入驻，为商家提供跨境电子商务交易服务。同时，平台以获取商家佣金或服务费作为主要的盈利模式，代表平台有敦煌网、速卖通、环球资源网、亚马逊、天猫国际等。

2. 自营型跨境电子商务

自营型跨境电子商务就是平台自己整合资源，寻找货源、采购商品，并通过自己的平台在线售卖，实现低价买入高价卖出。自营型跨境电商主要以商品差价作为盈利模式，代表平台有兰亭集势、DealeXtreme(DX)、米兰网、网易考拉、京东全球购、聚美优品、小红书等。

(三) 按照进出口方向分类

按照进出口方向进行分类，可以将跨境电子商务模式分为出口跨境电子商务和进口跨境电子商务。

1. 出口跨境电子商务

出口跨境电子商务(export electronic commerce)又称出境电子商务，是指境内生产或加工的商品通过电子商务平台达成交易，并通过跨境物流输往境外市场销售的一种国际商业活动，代表平台有速卖通、Wish、eBay、敦煌网、兰亭集势等。

2. 进口跨境电子商务

进口跨境电子商务(import electronic commerce)又称入境电子商务，是指将境外的商品通过电子商务平台达成交易，并通过跨境物流输入境内市场销售的一种国际商业活动，代表平台有洋码头、考拉海购、天猫国际等。

三、我国跨境电子商务的发展概况

(一) 我国跨境电子商务发展的现状

1. 从市场规模分析

根据电子商务研究中心发布的《2019年度中国跨境电商市场数据监测报告》显示，2019年，跨境电子商务市场规模达10.5万亿元，较2018年的9万亿元同比增长16.66%。因受疫情影响，2020年线下消费受到抑制，为线上消费带来了全球性的机遇。与此同时，国家政策的支持，促进了跨境电子商务快速发展。2020年，跨境电子商务市场规模达12.5万亿元，同比增长19.04%。2021上半年，我国跨境电子商务保持逆势增长，并成为当前外贸亮点。疫情驱动全球消费需求加速转往线上，数字化正在重构国际贸易运营模式，我国跨境电子商务将拥有更多发展机遇。据网经社“电数宝”电商大数据库显示，2021上半年跨境电子商务市场规模达到6.05万亿元。

2. 从行业渗透率分析

据网经社“电数宝”电商大数据库监测数据显示，2019年跨境电子商务行业渗透率为33.29%，相比2018年的29.5%，提升3.79%。可见，跨境电子商务在助推传统外贸发展上起到的作用愈加凸显。2020年，跨境电子商务交易额占我国货物贸易进出口总值的38.86%，相比2019年的33.29%，提升5.57%。2021上半年，跨境电子商务交易额占我国货物贸易进出口总值的33.48%，2021年渗透率达到40%。可见，作为新兴贸易业态，跨境电子商务在疫情期间飞速发展，也成为稳外贸的重要力量，对我国外贸转型升级影响深远。

3. 从进出口结构分析

跨境出口电子商务的比例长期高于跨境进口电子商务的比例，中国跨境电子商务的发展将始终以出口为主，进口为辅。近年来，我国力促跨境电子商务的发展，更多旨在扶持传统外贸企业借助互联网的渠道实现转型升级。据网经社“电数宝”电商大数据库显示，2019年跨境电子商务的进出口结构上出口占比达到76.5%，进口占比为23.5%。2020年出口占比达到77.6%，进口占比为22.4%。2021上半年出口占比达到77.5%，进口占比为22.5%。可见，在跨境电子商务交易结构中，进出口结构的占比总体较为稳定，但进口比例正不断增加。近年来，国内企业的国际竞争优势显著提高，尤其是出口品牌建设成效比较显著，我国对“一带一路”沿线国家以及拉美国家的出口比重提升，开拓新市场的成效明显。此外，随着生活水平的不断提升，越来越多的国内消费者选择足不出户买遍全球，跨境电子商务零售进口发展的空间更加广阔。跨境电子商务零售进口在丰富国内商品供给、提升居民消费层级的同时，也带动了国内同类产品产业的升级，使竞争更多地体现在品牌、质量、服务和效率上。

4. 从模式结构分析

据网经社“电数宝”电商大数据库显示，2019年跨境电子商务的交易模式结构中跨境B2B交易占比达80.5%，跨境B2C交易占比达19.5%；2020年跨境B2B交易占比达77.3%，跨境B2C交易占比达22.7%；2021上半年跨境B2B交易占比达77.2%，跨境B2C交易占比达22.8%。可见，在跨境电子商务交易模式结构上，进出口B2B占据约八成的交易规模，B2C交易模式占据近两成，并且明显呈现继续扩大的势头。

5. 从用户规模分析

近几年，我国进口跨境电子商务用户规模保持稳定增长。旺盛的用户需求是我国跨境电子商务发展的现实基础，一方面，国内网购用户规模增长带动了海淘用户的增长。据网经社“电数宝”电商大数据库显示，2019年中国进口跨境电子商务用户规模1.25亿人，同比2018年的8850万人增长41.24%；2020年中国进口跨境电子商务用户规模达到1.4亿人，较2019年同比增长11.99%；2021上半年中国进口跨境电子商务用户规模为1.48亿人。消费者强劲的购买力，势必成为整个跨境电子商务行业发展的原动力。另一方面，受政策扶持刺激，进口电子商务发展保持相对快速发展。当前国内主要的海淘平台包括天猫国际、京东国际、淘宝全球购、考拉海购、苏宁国际、丰趣海淘、蜜芽、宝贝格子等。

(二) 我国跨境电子商务未来发展趋势

在经济全球化发展的大背景下，跨境电子商务未来可期。我国跨境电子商务行业动态频频，跨境电子商务对资金、技术与服务的要求越来越高，行业门槛和运营难度相应提高，更多传统企业、品牌商开始走向舞台中央。跨境电子商务开始向精细化、品牌化、本土化以及多元化发展。

1. 跨境电子商务出口将迎来历史性发展机遇

目前全球消费者更深刻感受到网络购物的便利，线上购物习惯在后疫情时代或将永久保留。得益于稳定的经济政治环境、完备的工业体系、快速响应的供应链，我国为全球提供品类丰富且具有高性价比的商品，深得海外消费者的青睐。根据全球跨境电子商务主要支付机构Paypal统计，我国已成为全球最大的B2C跨境电子商务交易市场，全球约有26%的支付交易发生在中国，美国占21%，位居第二，其后是英国、德国和日本。线上消费习惯的形成与我国强大的消费品供给能力相碰撞，使得跨境电子商务成为我国企业“出海”新模式，企业纷纷加速全球化数字渠道铺建，加之“无票免税”“清单核放、汇总申报”等报关、投资便利化措施，以及鼓励建设海外仓等一系列支持完善跨境电子商务的政策陆续出台，跨境电子商务在资本市场的热度快速提升。

2. 进口业务比重将提升

近年来，跨境电子商务进口业务发展出许多模式，如代购模式、海淘模式、直邮模式和保税备货模式等。在发展初期，国家本着先发展后规范的初衷，对于进口模式持开放态度，鼓励积极探索，甚至给予极为优惠的政策，但是这也导致了许多地方跨境电子商务的野蛮生长。从长期来看，跨境电子商务进口对于丰富国内商品供给、提升居民消费层级有积极作用，但是必须明确，那种以税收优惠作为主要竞争手段的发展模式将难以为继，竞争将更多地体现在品牌、质量、服务和效率上。今后，我国政府仍将适度发展跨境电子商务进口，进行政策创新，促进跨境电子商务新业态的发展，提高我国跨境电子商务的发展质量。

3. 阳光化成为大势所趋

我国跨境电子商务网站和商品进一步得到海外消费者的认可，我国企业通过跨境电子商务进入海外市场的成本降低，而曝光率和搜索率不断提高，这对于新加入跨境电子商务的中国企业十分有利。而随着跨境电子商务规模的扩大，跨境电子商务阳光化有助于保障正品销售、降低物流成本、完善售后制度，是未来跨境电子商务发展的必然方向。未来，随着跨境电子商务试点阳光化的继续推进，监管经验的不断累积丰富，阳光模式将逐步流程化、制度化。

4. 合规要求加速完善

2019年《中华人民共和国电子商务法》(以下简称《电子商务法》)的实施以及全国电子商务质量管理标准化委员会审查通过了跨境电子商务产品质量评价结果交换指南、产品追溯信息共享指南、在线争议解决单证规范、出口商品信息描述规范、出口经营主体信息描述规范等五项国家标准。一系列跨境电子商务法律法规的出台在商品安全、税收、物流、售后等方面作出明确规定，加强了卖家、物流企业和海关在通关、退税、结汇等方面的标准化信息沟通，区块链技术的运用也将助力产品来源可溯、责任可究，使企业有章可循，同时加强对消费者的权益保护，促进跨境电子商务行业规范化发展。此外，国家支持小型微型企业从事跨境电子商务。《电子商务法》等法规政策的出台包含了诸多利好，其中就包括新增22个跨境电子商务综合试验区。新政对跨境电子商务行业提出了肯定，但也要求跨境电子商务企业、跨境电子商务平台、境内服务商、消费者等各方在享受利好和优惠的同时，要更加关注自身的合规性，充分了解自身在业务中需要遵守的事项，重视自身应尽的责任和义务，加强合规性建设。未来，在国内国际双重力量的推动下，中国跨境电子商务市场合规化进程将明显加速。

任务三　跨境电子商务立法概况

一、我国跨境电子商务立法概况

从我国跨境电子商务行业近年的发展脉络可以看出，跨境电子商务的迅猛发展离不开政策的大力支持与法律的规范引导。

(一) 我国目前主要的跨境电子商务相关法律

我国目前在跨境电子商务领域相关的法律主要包括以下几部。

1.《中华人民共和国电子签名法》

2005年4月1日起施行的《中华人民共和国电子签名法》(以下简称《电子签名法》)规范了电子签名行为，确立了电子签名的法律效力。该法的颁布和实施对我国电子商务的发展起到很大的推动作用。

2.《中华人民共和国电子商务法》

2019年1月1日起施行的《中华人民共和国电子商务法》(以下简称《电子商务法》)是我国电子商务行业的基本法。该法旨在保障电子商务各方主体的合法权益，规范电子商务行为，维护市场秩序，促进电子商务持续健康发展。 这对于规范我国电子商务活动，保障消费者合法权益，推动海关、税务、市场、央行等政府部门对电子商务的监管，促进电子商务规范健康发展具有重要意义。新颁布的《电子商务法》中有4个条款是关于跨境电子商务的规定，为我国跨境电子商务的发展提供了概括性指导，明确表明了我国对于跨境电子商务这种新业态、新经济的鼓励支持、规范引导的态度。可以说，在新时代依法治国和全面建成小康社会的背景下，《电子商务法》的颁布开启了跨境电子商务健康、绿色、规范、快速发展的新纪元，标志着跨境电子商务的黄金时代的到来。

3.《中华人民共和国民法典》

2021年1月1日起施行的《中华人民共和国民法典》(以下简称《民法典》)中关于电子商务的主要内容包括以下几个：①数据电文的法律效力(《民法典》第469条)；②明确数据电文合同到达的时间(《民法典》第137条)；③明确数据电文合同成立的地点(《民法典》第491条)。有关具体内容将在以后的章节做详细介绍，此处不再赘述。

4.《中华人民共和国刑法》

现行的《中华人民共和国刑法》(以下简称《刑法》)中明确规定了计算机犯罪的罪名，具体包括以下几项：第285条非法入侵计算机系统罪；第286条破坏计算机信息系统功能罪和制作、传播计算机病毒罪。以上条款为保护计算机信息系统安全，促进计算机应用健康发展，保障电子商务的顺利开展提供了法律依据。

(二) 我国目前主要的跨境电子商务相关法规、规章和其他规范性文件

自2012年起至今，从中央政府至各地方政府发布的关于或涉及跨境电子商务行业的主要政策和跨境电子商务行业的一些核心的法律制度，都在持续地释放跨境贸易利好政策，主要体现在税收、检验检疫、跨境支付、平台责任、信息使用与大数据、消费者权益保护、外资准入等几个方面。各政府部门纷纷根据自己的主管业务推出了针对跨境电子商务行业的扶持或监管政策，未来相关政府部门还会继续为跨境电子商务的健康发展提供良好的政策环境。

2012年，商务部发布《关于利用电子商务平台开展对外贸易的若干意见》，提出电子商务平台开展对外贸易过程中的通关、退税、融资、信保等政策性问题。同年，国家发展改革委办公厅发布《关于组织开展国家电子商务示范城市电子商务试点专项的通知》，提出跨境贸易电子商务服务试点由海关总署组织有关示范城市开展跨境贸易电子商务服务试点工作。

2013年，商务部发布《关于促进电子商务应用的实施意见》，提出探索发展跨境电子商务企业对企业(B2B)进出口和个人从境外企业零售进口(B2C)等模式；鼓励多种模式跨境电子商务发展，探索发展跨境电子商务企业对企业(B2B)进出口和个人从境外企业零售进口(B2C)等模式，加快跨境电子商务物流、支付、监管、诚信等配套体系建设；明确支持境内电子商务服务企业“走出去”，支持境内电子商务企业在境外设立服务机构，完善仓储物流、客户服务体系建设，与境外电子商务服务企业实现战略合作，同时支持境内电子商务企业建立海外营销渠道。

2014年，海关总署发布《关于跨境贸易电子商务进出境货物、物品有关监管事宜的公告》，具体明确了企业注册登记及备案管理、电子商务进出境货物及物品通关管理、电子商务进出境货物及物品物流监控等监管问题。同年海关总署下发《关于增列海关监管方式代码的公告》，明确了保税跨境电子商务贸易方式等问题。这两个公告即为通常所说的“56号”和“57号”文。目前，各试点均制定了自己的相关规定，对具体操作作了进一步的规定，均为促进跨

境电子商务发展指明了方向。

2015年出台的《关于加快培育外贸竞争新优势的若干意见》和《关于促进跨境电子商务健康快速发展的指导意见》，鼓励培育跨境电子商务平台，鼓励有条件的企业拓展“海外仓”，积极抢占国际电子商务市场，使我国跨境电子商务向产业链协同化、服务集约化和管理规范化迈出一大步。

2016年，国务院同意在包括天津市、上海市、重庆市、合肥市、郑州市、广州市、成都市、大连市、宁波市、青岛市、深圳市和苏州市在内的12个城市设立跨境电子商务综合试验区。2017年，商务部等14个部门发函推广跨境电子商务综合试验区探索形成的成熟经验做法。2016年，海关总署的《关于增列“保税跨境贸易电子商务A”海关监管方式代码》增列海关监管方式代码“1239”方便企业通关，规范海关管理，实施海关统计。

2019年，国务院同意在石家庄市、太原市、赤峰市、抚顺市、珲春市、绥芬河市等24个城市设立跨境电子商务综合试验区。对跨境电子商务零售出口试行增值税、消费税免税等相关政策，为推动全国跨境电子商务健康发展探索新经验、新做法，进一步推进贸易高质量发展。

2020年，国务院将石家庄、秦皇岛、廊坊、乌鲁木齐等50个城市(地区)和海南全岛纳入跨境电子商务零售进口试点范围。在雄安新区、吉林市、黑河市、常州市等46个城市和地区设立跨境电子商务综合试验区。2020年，海关总署发布《关于全面推广跨境电子商务出口商品退货监管措施有关事宜的公告》，进一步优化了跨境电子商务综合试验区营商环境、促进贸易便利化，使跨境电子商务商品出得去、退得回，推动跨境电子商务出口业务健康快速发展。2022年又新增鄂尔多斯、扬州市、镇江市等27个城市和地区作为设立跨境电子商务综合试验区。

二、国外电子商务立法概况

(一) 国际组织的电子商务立法

由于电子商务本身所具有的完全不同于传统贸易方式的特性以及其迅猛发展的势头，对电子商务进行立法规制理所当然地成为许多发达国家和发展中国家以及一些国际组织(如联合国国际贸易法委员会、国际商会、国际海事组织)的立法工作的当务之急。1985年至今，联合国国际贸易法委员会(以下简称贸法会)主持制定了一系列调整国际电子商务活动的法律文件。在诸多立法活动的成果中，最为重要的是贸法会负责起草并于1996年12月通过的《电子商业示范法》(以下简称《示范法》)。它旨在向各国政府的执行部门和议会提供电子商务立法的原则和框架，尤其是对以数据电文为基础的电子合同订立和效力等作出开创性规范。《示范法》是世界上第一部关于电子商务的法律，它的诞生解决了世界上许多国家在电子商务立法上的空白或不完善，为解决电子商务法律问题奠定了基础，对各国的电子商务的发展产生了重大的推动作用。

《示范法》的主要内容包括电子商务的形式、法律承认、书面形式要求、签字、原件、数据电文的可接受性和证据力、数据电文的留存、电子合同的订立和有效性、当事人对数据电文的承认、数据电文的归属、确认收讫、发出与收到时间，以及涉及货物运输中适用的电子商务活动等。《示范法》在性质上既非国际公约，亦非各国公认的有拘束力的国际惯例，但是它给各国的电子商务立法提供了框架和示范文本，在电子商务法律领域具有不可忽视的重要意义。

1999年6月，贸法会电子交换工作组提出了《电子签字统一规则(草案)》，其于2000年9月获得通过。该规则旨在解决阻碍电子交易形式推广应用的基础性问题，即电子签名及其安全性、可靠性、真实性问题。草案提出了电子签名的概念，并对电子签名、认证证书、认证机构等作了规范。

1999年12月，国际经济合作与发展组织制定了《电子商务消费者保护准则》，提出了保护消费者的三大原则和七个目标。

2001年3月，联合国正式公布了《电子签名示范法》。这是继《电子商务示范法》后又一部里程碑式的电子商务国际法，为电子签名在电子商务交易中的广泛应用奠定了坚实的法律基础[①]。

(二) 欧洲地区的电子商务立法

欧盟始终将规范电子商务活动作为发展电子商务的一项重要工作，并制定了一系列有关规范电子商务发展的法律制度。其中1997年欧盟委员会提出的《欧洲电子商务行动方案》是规范跨境电子商务最初的法律文件。该方案为欧洲内部电子商务制定基本法律框架，为欧洲的电子商务法确立了立法宗旨和立法原则。该方案的目标是建立消费者和企业的对电子商务的信任和信心，营造合法、安全的交易环境，从而建立以欧洲统一市场为基础的、协调的管理制度。为了防止成员国各自立法、互相抵触，阻碍了统一市场和协调管理的形成，《关于信息社会服务的透明度机制的指令》也随后颁布，要求有关“信息社会服务”的立法，成员国要对欧委会通报，确保成员国立法相协调。随后，欧盟相继提出《关于电子商务的欧洲建议》《关于欧盟范围内建立有关电子签名共同法律框架的指令》。1999年欧盟颁布了《数据签名统一规则草案》。2020年，欧盟颁布了《电子商务指令》。该指令主要目的是确保成员国之间信息与服务的自由流动，并促成形成内部市场，对欧洲各国的电子商务立法及各国间电子商务活动的开展具有重要的指导作用。

英国跨境电子商务的飞速发展，得益于法律的不断完善。英国对电子商务交易的规范，主要体现在其根据欧盟《电子商务指令》所形成的《电子商务条例》。英国在2020年根据网络销售这一新情况制定了新版本的《消费者保护(远程销售)规章》。

德国促进电子商务发展的重要条件之一是法律体系的完善性和应变性。德国作为大陆法系的代表国家，法律体系完备健全，虽然至今未出台一部统一的电子商务法律，但其涉及电子商务的法律法规名目繁多，电子商务法律框架主要基于该国《民法典》和《新反不正当竞争法》。德国根据欧盟的《电子商务指令》修订并推出了新修订的《民法典》。2002年，德国的《民法典》在经过重大修订后正式生效，将原来的《上门销售法》《远程销售法》及欧盟《电子商务指令》统一起来，以“特殊营销形式”为专节进行集中规定，将电子购物等新兴营销方式纳入《民法典》。同时，为适应近年来网上购物出现的新情况，德国政府也陆续修订和颁布了一系列专门法律法规，其中比较重要的有《新反不正当竞争法》和《远程销售法》(含《网络及其他电子交易特别规定》)。此外，2001年2月，德国议员投票通过了使电子签名具有

---

① 苏丽琴. 电子商务法[M]. 北京：电子工业出版社，2015.

与手写签名同样的法律效力的议案，使德国成为第一个电子签名合法化的欧洲国家。2007年3月，《电信媒体法》生效，该法是德国的准电子商务法，用来规范电子商务经营者的商业行为。

俄罗斯是世界上最早进行电子商务立法的国家之一。1995年1月，俄罗斯制定了《俄罗斯联邦信息、信息化和信息保护法》。这是世界上较早的一部关于电子商务的法律。该法调整了所有电子信息的生成、存储、处理与访问活动，规定电子签名的认证权必须经过许可。俄罗斯联邦市场安全委员会于1997年发布了《信息存储标准暂行要求》，具体规定了交易的安全标准。2002年1月，俄罗斯又颁布《电子数字签名法》，该法规定加密技术为生成电子签名的唯一方法，排除了其他技术。

1997年8月，法国制定了信息与通信服务相关法案，对电子商务活动作了详细的规定，包括《通信服务使用法》《通信服务中个人信息的保护法》《电子签名法》等。

(三) 美国的电子商务立法

美国的电子商务立法是以各州的立法行动为先导的。1995年3月，犹他州率先公布了《数字签名法》，这是世界上最先授权使用数字签名的法案。到1999年底，美国已有44个州制定了与电子商务有关的法律。1997年9月，美国颁布《全球电子商务纲要》，正式形成美国政府系统化电子商务发展政策和立法规划，是美国电子商务发展的里程碑。《全球电子商务纲要》是世界上第一份官方正式发表的关于电子商务立场的文件。1999年，美国统一州法委员会通过了《美国统一电子交易法案》，为美国各州建立了一个统一的电子商务交易规范体系，该法案现已被大多数州批准生效；2000年，发布了《统一计算机信息交易法》，并建议各州在立法中采纳；2000年10月，《全国即全球商务电子签名法》在美国各州生效。2002年，美国颁布了《关键基础设施信息法》《信息自由法》《电子政务法》；2005年，美国颁布了《联邦信息安全管理法》；2010年美国参议院商务、科学和运输委员会通过了《加强网络安全法》。截至目前，美国各州关于电子商务及其配套的法律文件有近百部之多。

(四) 亚洲地区电子商务立法

亚洲电子商务发展走在前列的国家主要是亚洲的经济发达国家，如新加坡、韩国和日本，以及电子商务理念的传播深入人心的后起国家，如马来西亚，它们都在电子商务领域构建了成熟完善的法律监管体系，或者出台专门法律，或者修改已有法律以包括新的环境和情况，形成了各具特色的法律体系。

新加坡是世界上较早制定电子商务法律的国家之一。1998年，新加坡政府颁布了《电子商务政策框架》及配套法规《电子交易(认证机构)规则》。同年制定了《电子交易法》，用以全面规范电子商务活动。该法中的许多规定以联合国国际贸易法委员会的《电子商务示范法》为基础，与国际标准保持一致，进而促进了新加坡电子商务发展的全球化进程。

马来西亚是亚洲最早进行电子商务立法的国家之一。20世纪90年代中期，马来西亚提出建设“信息走廊”的计划。1997年，马来西亚颁布了《数字签名法》，这是亚洲最早的有关电子商务方面的立法，旨在解决电子商务中的签名问题。该法采用了以公共密钥技术为基础并建立配套认证机制的技术模式，极大地促进了电子商务发展。

韩国的《电子商务基本法》于1999年7月正式生效。为具体实施《电子商务基本法》，韩国还制定了《电子署名法》等电子商务法案，对电子商务的概念进行初步界定，对行业标准和准入门槛进行初步规范。此外，2001年韩国颁布《电子政务法》及《信息基础设施保护法》，2005年以后陆续颁布《全国网络安全管理规定》《促进电子政务电子管理法》和《信息和通信网络推广法》。

在日本的法律体系中，电子商务依据参与主体的不同，共涉及行业法、商业交易法、竞争法和消费者权利保护法四个方面的法律。尽管迄今为止日本没有制定规范电子商务的行业法，但为顺应电子商务的普及和发展，日本政府通过对诸如商业交易法、消费者权利保护法等现有法律的持续修改及在运用层面的完善，实现了对电子商务的有效监督。在规范电子认证方面，日本的电子商务促进委员会曾发布交叉认证指南，该指南首先规定了从业者证书认证的方式，承认不同行业或区域的证书可以交叉互认。2000年，日本颁布《电子签名与认证服务法》，规范了用户的认证和交易双方电子签名的使用。

拓展阅读

《中华人民共和国电子商务法》系列解读：电子商务法的调整对象

准确理解电子商务法的调整对象(电子商务的内涵和外延)，是贯彻实施电子商务法的前提，直接关系到促进发展、规范秩序和保障权益的立法目标顺利实现。

1. 电子商务的内涵

《电子商务法》第2条将电子商务界定为“通过互联网等信息网络销售商品或者提供服务的经营活动”。具体从电子商务所依托的技术(互联网等信息网络)、电子商务交易行为(销售商品和提供服务)和法律属性(经营活动)三个维度来界定电子商务的内涵。

1) 互联网等信息网络

“互联网等信息网络”包括互联网、电信网、移动互联网、物联网等。将电子商务所依托的技术界定在信息网络而非仅限于互联网，是遵循技术中立原则，既着眼于网络技术现状，也能在一定程度上涵盖未来网络技术和应用的发展。因此，通过互联网、移动客户端、移动社交圈、移动应用商店等进行的经营活动也属于电子商务法的调整范围。

2) 销售商品和提供服务

销售商品既包括销售有形产品，也包括销售数字音乐、电子书和计算机软件的复制件等无形产品。技术交易无论是技术转让还是技术许可，都属于销售商品(数字商品)的范畴。因此，技术交易也属于电子商务法的调整范围。

提供服务是指在线提供服务，如网络游戏等；或者是网上订立服务合同，在线下履行，如滴滴打车、在线租房、在线旅游、家政服务等。此外，对销售商品和提供服务进行支撑的相关服务，如电子支付、物流快递、信用评价、网店装潢设计等，也应纳入电子商务法的调整范围。

3) 经营活动

经营活动是指以营利为目的的持续性业务活动，即商事行为。是否为“经营活动”，主要考察行为的主观性，即目的是盈利，而不论结果或者事实上能否盈利，因此，即使电子商务经营者提供的基础服务是免费的，只要具有盈利目的，就应该认定为电子商务。

“经营”的法律属性是电子商务活动的重要特征，是区别是否构成电子商务活动的关键要素。自然人利用网络临时、偶尔出售二手物品、闲置物品，不具有经营属性，不属于电子商务的范畴，可适用合同法等民商事法律相关规定。如果自然人以盈利为目的，持续销售商品或提供服务，应纳入电子商务法的调整范围。

2. 电子商务的外延

电子商务的外延是指电子商务的范围，可从判断标准和电子商务新业态、新模式两方面来衡量。

1) 判断标准

销售商品或者提供服务，只要有一个环节借助网络完成，即可纳入电子商务法的调整范围。具体来说，线上环节适用电子商务法，其他环节适用电子商务法以外的法律。

鉴于服务种类繁多，且差异较大，电子商务法只调整具有普遍性的提供服务和相关支撑服务。特殊类型的服务，如金融类产品和服务，单纯的信息发布(如提供新闻信息服务、问答服务)、利用信息网络播放音视频节目、网络出版等涉及内容管理和意识形态安全的服务，考虑到监督管理的专业性和特殊性，不纳入电子商务法的调整范围。但金融类产品和服务中的电子支付，仍适用电子商务法；内容服务的交易环节，如电子书、数字音乐、数字电影的买卖或者在线播放，仍适用电子商务法。

2) 电子商务新业态、新模式

近年来，移动互联网、物联网、大数据、云计算等数字技术为电子商务创造了丰富的应用场景，不断催生新的营销模式和商业业态，包括社交电商、直播电商、分享经济、智慧零售等。这些新业态、新模式并没有改变电子商务的本质特征。

就社交电商而言，通过社交平台销售商品或者提供服务，符合“利用网络销售商品或者提供服务”的本质属性，应纳入电子商务法的调整范围。交易依托的社交平台是否为电子商务平台经营者，应当从主客观两个方面考虑：一方面是客观标准上的，社交平台是否是独立于交易双方的“第三方”，是否提供交易场所以及与交易相关的支撑服务；另一方面是主观标准上的，社交平台是否有积极主动管理平台内交易的意愿，如通过服务协议、交易规则等方式对平台内交易的当事人进行管理。只有同时满足上述两个标准，才能将社交平台界定为电子商务平台经营者。

就直播电商而言，目前主流的模式是通过直播平台介绍、宣传商品或者服务，再通过其他电子商务平台、自建网站或者通过其他网络服务销售商品或者提供服务。对网络主播、直播平台经营者而言，如仅是单纯地宣介商品或者服务，其法律地位为广告发布者或者是广告经营者，其行为的法律规制更多地聚焦于广告法。

课后训练

一、单项选择题

1. 将跨境电子商务划分为跨境电商进口和跨境电商出口，是根据(　　)划分的。

A. 业务模式　　B. 业务流程　　C. 货物流向　　D. 地理位置

2. 2019年1月1日起正式施行的我国电商领域首部综合性法律是(　　)。

A.《电子商务法》　　B.《跨境电子商务促进法》

C.《跨境电商法》　　D.《关于促进电商发展的相关规定》

3. 跨境B2C平台所面对的客户是(　　)。

A. 企业　　B. 采购商　　C. 贸易商　　D. 个人

4. 在各联合国诸多立法活动的成果中，最为重要的是(　　)。

A.《电子商业示范法》　　B.《电子签字统一规划(草案)》

C.《电子签字示范法》　　D.《开放全球金融服务市场协议》

5. 亚洲最早的有关电子商务方面的立法是由(　　)颁布的。

A. 新加坡　　B. 中国　　C. 日本　　D. 马来西亚

二、多项选择题

1. 电子商务法律关系的主体主要包括(　　)。

A. 电子商务交易者　　B. 电子商务服务者

C. 电子商务认证机构　　D. 电子商务监管者

2. 电子商务法体系主要包括(　　)。

A. 数据电文的法律制度　　B. 电子商务合同的法律制度

C. 电子签名的法律制度　　D. 电子认证的法律制度

3. 我国跨境电子商务按照交易主体进行分类，可分为(　　)

A. B2B　　B. B2C　　C. C2C　　D. O2O

4. 跨境电商与传统外贸相比，其特征可以归结为(　　)

A. 电子化　　B. 个性化　　C. 碎片化

D. 高频次　　E. 低货值

5. 下列属于电子商务法的调整对象的有(　　)。

A. 电子合同关系　　B. 网上电子支付关系

C. 网络知识产权关系　　C. 电子税收关系

三、判断题

1. 电子商务法中法律关系的构成要素与经济法中的法律关系一样，都包括主体、客体和内容。(　　)

2. 电子商务法律关系的客体包括网上商务行为、无形商品与无形财产、智力产品。(　　)

3. 跨境电商的所有交易环节都一定是在网上完成的。(　　)

4. 从交易规模来看，跨境B2B比跨境B2C比重大。(　　)

5. 跨境电子商务是指分属不同关境的交易主体，通过电子商务平台达成交易、进行支付结算并通过跨境物流送达商品、完成交易的一种商业活动。(　　)

四、问答题

1. 简述电子商务法的特征和调整对象。

2. 谈谈国际组织和世界各国电子商务立法的基本情况。

3. 试述电子商务法律关系的构成要素。

4. 电子商务法律关系的主体有哪些？它们在电子商务活动中分别起到什么作用？

5. 试分析我国跨境电子商务与传统国际贸易的区别。

五、案例分析

某电子商务有限公司在第三方交易平台开设网络店铺。2018年4月，吴某在该公司开设的网络店铺购买一盒天然虫草素含片。该商品的外包装标注生产日期为2018年2月9日，保质期为24个月，产品参数显示了涉案商品的生产许可证标号以及执行许可证标号。吴某收到商品后认为与平台页面显示信息不符，后向当地食药监局投诉。经食药监局调查发现，吴某在某电子商务有限公司购买的天然虫草素含片上标注的生产日期2018年2月9日晚于案涉产品《全国工业产品生产许可证》的有效期2015年12月16日。某电子商务有限公司接受调查时承认销售事实，并表示涉案商品于产品生产许可证失效前所生产，其在接到吴某订单后直接联系生产商发货，生产商将涉案商品生产日期改为2018年2月9日并直接发出，某电子商务有限公司未经查验产品的相关生产资质材料即委托生产商发货。食药监局认为，某电子商务有限公司销售标注虚假生产日期食品的行为违反了《中华人民共和国食品安全法》的规定并对其作出行政处罚，对其销售标注虚假生产日期的食品的行为，没收违法所得，并处货值金额一倍的罚款；对其进货时未查验许可证和相关证明文件及未按规定建立并遵守进货查验记录、出厂检验记录和销售记录制度的行为，责令改正，给予警告。

试分析：(1) 本案所涉电子商务法律关系的构成要素。

(2) 你认为消费者的合法权益在电子商务交易过程中受到侵害应如何维权？

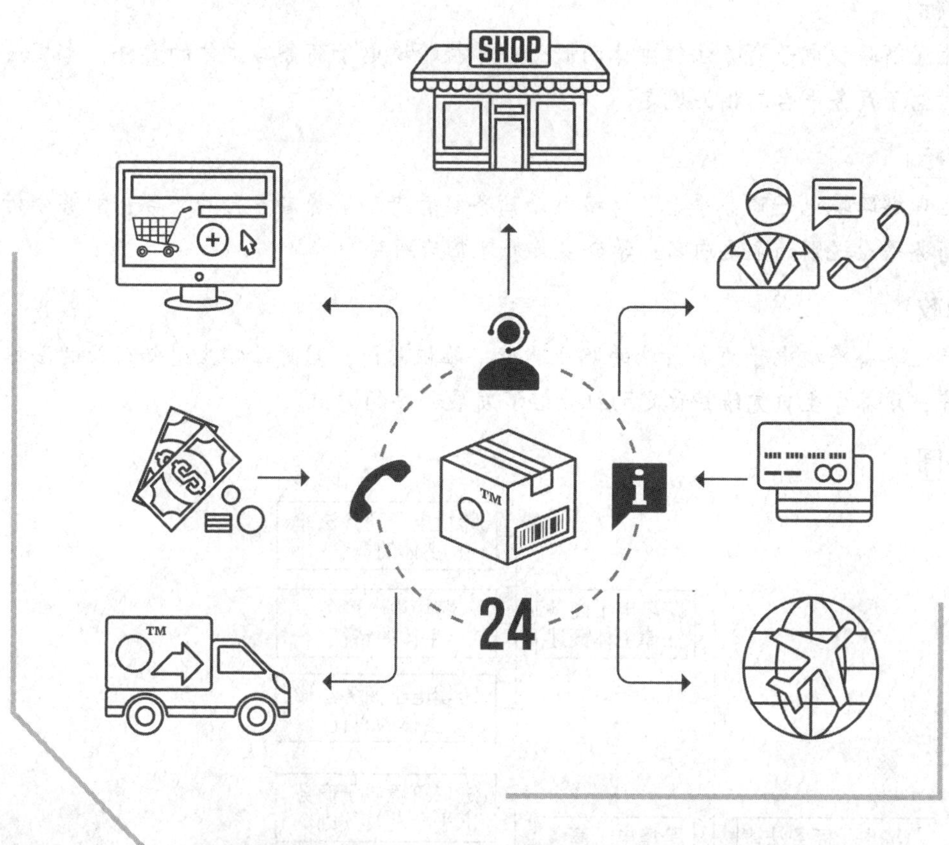

模块二

跨境电子商务交易规则及相关法律法规

项目二　跨境电子商务法律主体的法律规范

知识目标

使学生了解跨境电子商务法律主体的概念；掌握跨境电子商务各主体的责任；掌握《电子商务法》对电子商务平台的相关规定。

技能目标

使学生理解跨境电子商务平台、跨境电子商务经营者和消费者各自的义务；能够分析各大跨境电子商务平台规则的主要内容；学会妥善处理售后纠纷。

课程思政

培养学生具备跨境电子商务行业的职业道德、维权意识，同时让学生感知行业的法律风险和职业操守；培养学生自觉维护稳定的社会经济发展秩序的意识。

知识导图

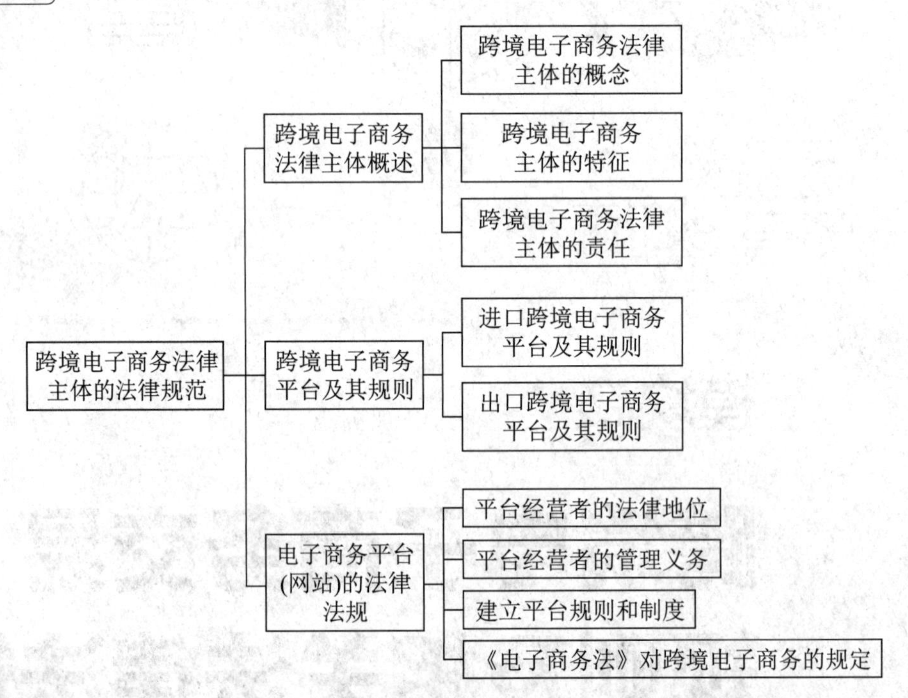

引导案例

敦煌网是国内最早开设的跨境电子商务交易平台之一。自2011年起，敦煌网至少每两年都会出台建立平台诚信、透明的运营环境、减少信用纠纷的举措，以提升买家的采购体验和对平台及商户的信任度。2012年，敦煌网与国际反假冒联盟(International AntiCounterfeiting

Coalition，IACC)签署推进品牌保护工作备忘录；2014年，敦煌网推出了“扬帆项目”，重点治理商户乱放类目、未如实描述、不按时发货等问题；2016年，敦煌网修订了“信用及销量炒作”的处罚规则并开通全网举报通道；2018年，敦煌网开始对商户进行主体实名认证，同时为平台注册商户推出“诚信保障服务”，具体包含如实发货、实地认证、品质保证、海外仓、中国品牌五项服务承诺。每项服务均可单独申请，除拥有诚信保障服务标识以外，也将拥有单项服务的专属标识。

在对商户的信用管理方面，敦煌网的举措主要有商户入驻前的主体身份审核和商户入驻后的信用评级两种。

(1) 商户入驻前的主体身份审核。2018年以前，敦煌网的个人商户在入驻平台时仅需提供个人身份证。个人商户的数量众多，发展迅速，产品新颖，但是大量的个人商户也给敦煌网带来了诸多信用风险，如个人商户所经营商品的品牌经常变动，品牌侵权问题频出等。敦煌网的海外买家因为担心商品质量问题或个人商户信用问题而很少选择个人商户店铺。从2018年开始，敦煌网开始对即将入驻的商户进行主体身份的审核，商户需要提供手机号码、邮箱地址、身份证和营业执照照片，敦煌网审查商户是否提供了全部的资料，将资料整理备案，便可通过商户的入驻申请。

(2) 商户入驻后的信用评级。商户入驻之后，敦煌网以每个季度为周期对商户进行五项考核(订单数量、注册时长、是否提交实名身份证件、责任纠纷率和不良购买体验订单率)，以通过五项考核维度对商户的信用等级做周期性评价。

虽然敦煌网对入驻后的商户进行周期性信用评级并对违规商户进行相应的惩戒，但是敦煌网平台已入驻商户的信用问题仍屡见不鲜。在客户投诉和商品投诉事件中，仍有大量涉及品牌侵权、经营主体侵权的信用风险事件存在。

【引例分析】跨境电子商务是基于虚拟网络及开放性贸易的商务模式，诚信问题已经成为阻碍跨境电子商务行业发展的重要因素。目前跨境电子商务平台信用管理缺陷主要体现在以下方面：第一，虽然许多跨境电子商务平台已经建立起对商户的信用评价体系，但为了获得更多的入驻商户以增加自身平台商品的品类，商户审核不严格、门槛过低，导致整个跨境电子商务行业的商户水平参差不齐；第二，由于我国跨境电子商务的商户知识产权意识比较薄弱，导致品牌造假、商品质量不合格、商品同质化严重等现象充斥于各大跨境电子商务平台，所售商品知识产权侵权投诉屡见不鲜；第三，多数跨境电子商务平台对违规或缺乏诚信经营的商户并没有严厉的处罚和严格的追责机制，导致商户对自身存在的问题屡教不改。因此，解决跨境电子商务卖家商户的信用管理问题，必将是跨境电子商务行业未来发展的趋势。

任务一　跨境电子商务法律主体概述

一、跨境电子商务法律主体的概念

跨境电子商务法律主体是指跨境电子商务法律关系的参加者和当事人，即在跨境电子商务法律关系中享有权利并承担义务的组织或个人。可以说，跨境电子商务主体法律制度构成了整个跨境电子商务法律制度的基础，它是跨境电子商务行为法律制度得以展开的主体性前提。前文提及电子商务法律关系主体包括电子商务经营者、电子商务消费者、电子商务服务商和电子商务监管者，本章仅介绍跨境电子商务交易过程中涉及的法律主体。

跨境电子商务的交易关系主要涉及跨境电子商务经营者、跨境电子商务服务商和买方三方当事人。根据《电子商务法》的规定，电子商务经营者是通过互联网等信息网络从事销售商品或者提供服务的经营活动的自然人、法人和非法人组织，包括电子商务平台经营者、平台内经营者以及通过自建网站、其他网络服务销售商品或者提供服务的电子商务经营者。为此，跨境电子商务法律主体主要包括跨境电子商务企业、跨境电商第三方平台经营者、境内外服务商和买方。

(一) 跨境电子商务企业

跨境电子商务企业，是指通过电子商务平台销售商品或者提供服务的电子商务经营者，包括平台内经营者和通过自建网站、其他网络服务销售商品或者提供服务的电子商务经营者。跨境电子商务按照商品流动方向分为进口跨境电子商务和出口跨境电子商务。在进口跨境电子商务模式中，跨境电子商务卖方指的是通过跨境电子商务平台，自境外向境内买方销售商品或提供服务的境外法人和非法人组织。在出口跨境电子商务模式中，跨境电子商务卖方指的是在我国境内注册的，通过跨境电子商务平台将商品或服务出售到境外的法人和非法人组织。

(二) 跨境电商第三方平台经营者

跨境电商第三方平台经营者(以下简称“跨境电子商务平台”)就是在境内办理工商登记，为交易双方(消费者和跨境电子商务企业)提供网页空间、虚拟经营场所、交易规则、交易撮合、信息发布等服务，设立供交易双方独立开展交易活动的信息网络系统总和。平台经营者是在工商行政管理部门登记注册并领取营业执照，从事第三方交易平台运营并为交易双方提供服务的自然人、法人和其他组织。

(三) 境内外服务商

境内外服务商属于跨境电子商务法律关系中的间接主体，也就是说他们不直接参与交易，但交易的进行和最终完成有赖于其提供的相应服务。境内外服务商主要指接受跨境电商企业委托为其提供申报、支付、物流、仓储等服务，具有相应运营资质，直接向海关提供有关支付、物流和仓储信息，接受海关、市场监管等部门后续监管，承担相应责任的主体。一般而言，这类主体包括网络服务提供商、电子认证服务提供商、在线金融服务提供商和跨境物流服务提供商。

(四) 买方

买方即通过跨境电子商务平台购买商品或服务的境内外购买人。在跨境电子商务B2B模式下，终端客户为企业或集团客户；而在跨境电子商务B2C和C2C下，终端客户为个人消费者。在我国，消费者是指为满足生活需要而购买、使用商品或接受服务的，由国家专门法律确认其主体地位和保护其消费权益的个人。在电子商务中，消费者通过互联网消费，自然成为电子商务的消费主体。

二、跨境电子商务法律主体的特征

(一) 主体表现的虚拟性

跨境电子商务是基于互联网络进行的跨境贸易，不可避免地受到网络虚拟性和交易主体虚拟化的影响。在网络环境中，网络用户以数字或网页等电子化方式表现出来，其主体是否真实存在、主体是谁以及是不是数码信息所指示的真正用户等问题并不能通过直观的方法判断出来。

(二) 主体属性的不确定性

互联网所具有的开放性、无国界性的特点，使得电子商务交易主体的所属国籍、真实身份、信用等情况不容易加以确定。从法律层面说，任何一桩具体的电子交易都应当是具体的，可以加以确定的，这也就要求参与交易的主体至少是可以在法律交易结构中是可以确定的，而法律不承认也不保护虚拟主体。为确定参与电子交易的当事人的身份，进而稳定电子交易法律关系，《电子商务法》规定，电子商务经营者应当依法办理市场主体登记，并且应当在其首页显著位置，持续公示营业执照信息、与其经营业务有关的行政许可信息或者上述信息的链接标识。

(三) 主体位置的跨地域性

跨境电子商务的交易主体突破了同一关境的界限，跨境电子商务强调交易发生在分处不同国家和地区的企业与企业、企业与个人或个人与个人之间。这种交易主体的跨地域性将对电子合同的订立、效力、履行和违约责任的追究都带来深刻的影响。不仅如此，它还会带来网络环境下的管辖权的复杂化、难以确定以及权力冲突等问题，也会带来不同法域的法律适用的冲突。这就使得跨境电子商务交易所产生的纠纷往往因跨越不同国家的法律适用，而需要在国际私法的冲突规范语境中加以解决。

三、跨境电子商务法律主体的责任

(一) 跨境电子商务企业的主要责任

(1) 依法办理登记。我国境内的电子商务企业应当依法办理工商登记并在网页进行公示。在进口跨境电子商务模式下，跨境电商企业位于境外，无论是政府部门的监管、追责，还是出现民事纠纷之后消费者的维权，都会出现力不从心或办理成本过高的局面。为了解决这一难题，2018年商务部等六部委联合下发了《关于完善跨境电子商务零售进口监管有关工作的通知》，要求跨境电商企业应委托一家在境内办理工商登记的企业，由其在海关办理注册登记，承担如实申报责任，依法接受相关部门监管，并承担民事连带责任。这家企业就是跨境电商企业的境内代理人。也就是说，在经营跨境电商业务时，境内代理人对境内监管机构及消费者履行相应的合规义务，并作为境内实体向境内消费者承担相应的民事法律责任。

(2) 保障商品和服务的安全，承担消费者权益保障责任。跨境电子商务企业需要对商品安全负责，其责任包括但不限于商品信息披露、提供商品退换货服务、建立不合格或缺陷商品召回制度、对商品质量侵害消费者权益的赔付责任等。当发现相关商品存在质量安全风险或发生质量安全问题时，应立即停止销售，召回已销售商品并妥善处理，防止其再次流入市场，并及时将召回和处理情况向海关等监管部门报告。

(3) 保障消费者知情权，履行对消费者的提醒告知义务。《网络交易管理办法》规定，网络商品经营者向消费者销售商品或者提供服务，应当向消费者提供经营地址、联系方式、商品或者服务的数量和质量、价款或者费用、履行期限和方式、支付形式、退换货方式、安全注意事项和风险警示、售后服务、民事责任等信息。网络商品经营者、有关服务经营者在经营活动中使用合同格式条款的，应当符合法律、法规、规章的规定，按照公平原则确定交易双方的权利与义务，采用显著的方式提请消费者注意与消费者有重大利害关系的条款，并按照消费者的要求予以说明。《关于完善跨境电子商务零售进口监管有关工作的通知》中也要求跨境电子商务企业应当会同跨境电子商务平台在商品订购网页或其他醒目位置向消费者提供风险告知书，消费者确认同意后方可下单购买。告知书应至少包含以下内容：相关商品符合原产地有关质量、安全、卫生、环保、标识等标准或技术规范要求，但可能与我国标准存在差异。消费者自行承担相关风险；相关商品直接购自境外，可能无中文标签，消费者可通过网站查看商品中文电子标签；消费者购买的商品仅限个人自用，不得再次销售。

(4) 保证商品质量。跨境电子商务企业销售商品或者提供服务，应当保证商品或者服务的完整性，不得将商品或者服务不合理拆分出售，不得确定最低消费标准或者另行收取不合理的费用。同时跨境电子商务企业还应当建立商品质量安全风险防控机制，包括收发货质量管理、库内质量管控、供应商管理等。对于跨境进口而言，电子商务企业还需建立健全网购保税进口商品质量追溯体系，追溯信息应至少涵盖国外启运地至国内消费者的完整物流轨迹，鼓励向海外发货人、商品生产商等上游溯源。

(5) 向海关实时传输施加电子签名的跨境电商零售进口交易电子数据，自行或委托代理人向海关申报清单，并承担相应责任。

(二) 跨境电子商务平台经营者的主要责任

结合《第三方电子商务交易平台服务规范》《关于完善跨境电子商务零售进口监管有关工作的通知》和《电子商务法》的相关规定，可将跨境电子商务平台经营者的主要责任归结为以下几点。

(1) 平台经营者应当依法办理工商登记注册；涉及行政许可的，应当取得主管部门的行政许可。平台运营主体还应按相关规定在海关办理注册登记，接受相关部门监管，配合开展后续管理和执法工作。

(2) 向海关实时传输施加电子签名的跨境电子商务进出口交易电子数据，并对交易真实性、消费者身份真实性进行审核，承担相应责任。

(3) 建立平台内交易规则、交易安全保障、消费者权益保护、不良信息处理等管理制度。平台经营者应提供规范化的网上交易服务，建立和完善各项规章制度，对申请入驻平台的跨境电商企业进行主体身份真实性审核，在网站公示主体身份信息和消费者评价、投诉信息，并向监管部门提供平台入驻商家等信息。与申请入驻平台的跨境电商企业签署协议，就商品质量安全主体责任、消费者权益保障以及其他相关要求等方面明确双方责任、权利和义务。

(4) 对平台入驻企业，应建立相互独立的区块或频道，为跨境电商企业和国内电商企业提供平台服务，或以明显标识对跨境电商零售进口商品和非跨境商品予以区分，避免误导消费者。

(5) 建立消费纠纷处理和消费维权自律制度。消费者在网络交易平台购买商品或者接受服务，发生消费纠纷或者其合法权益受到损害的，平台经营者应当向消费者提供站内经营者的真实的网站登记信息，积极协助消费者维护自身合法权益，并履行先行赔付责任。

(6) 建立商品质量安全风险防控机制，在网站醒目位置及时发布商品风险监测信息、监管部门发布的预警信息等。平台经营者应督促跨境电商企业加强质量安全风险防控，当商品发生质量安全问题时，敦促跨境电商企业做好商品召回、处理，并做好报告工作；对不采取主动召回处理措施的跨境电商企业，可采取暂停其跨境电商业务的处罚措施。

(7) 根据监管部门要求，对平台内在售商品进行有效管理，及时关闭平台内禁止以跨境电子商务进出口形式出入境商品的展示及交易页面，并将有关情况报送相关部门。

(三) 服务商的主要责任

(1) 在境内办理工商登记，向海关提交相关资质证书并办理注册登记。支付企业、物流企业、报关企业，应在境内办理工商登记，接受跨境电商企业委托，为其提供申报、支付、物流、仓储等服务，应具有相应运营资质。其中，提供支付服务的银行机构应具备银保监会或原银监会颁发的《金融许可证》，非银行支付机构应具备人民银行颁发的《支付业务许可证》，支付业务范围应包括互联网支付；物流企业应取得国家邮政局颁发的《快递业务经营许可证》。

(2) 支付、物流企业应如实向监管部门实时传输施加电子签名的跨境电商支付、物流电子信息，并对数据真实性承担相应责任。

(3) 报关企业接受跨境电商企业委托向海关申报清单，向海关传输电子信息、申报清单时，应承担如实申报的责任。

(4) 物流企业应向海关开放物流实时跟踪信息共享接口，严格按照交易环节所制发的物流信息开展跨境商品的国内外派送业务。对于发现实际派送与通关环节所申报物流信息(包括收件人和地址)不一致的，应终止相关派送业务，并及时向海关报告。

(四) 消费者的主要责任

(1) 跨境电商平台、物流企业或报关企业为税款代扣代缴义务人(为消费者)，向海关提供税款担保，并承担相应的补税义务及相关法律责任。

(2) 购买前应当认真、详细阅读电商网站上的风险告知书内容，结合自身风险承担能力作出判断，同意告知书内容后方可下单购买。例如在进口跨境电子商务交易中，因跨境电商商品具有特殊性，如商品标准或技术规范可能与我国标准存在差异、直接购自境外、可能无中文标签，消费者在购买前应当认真、详细阅读电商网站上的风险告知书内容，综合考虑可能出现的各类风险后谨慎下单，并自行承担相关风险。对于已购买的跨境电商零售进口商品，仅限个人使用，不得再次销售。

任务二 跨境电子商务平台及其规则

跨境电子商务是基于互联网络进行的跨境贸易，交易主体的行为模式和价值标准都较传统交易方式有所不同，涉及的交易主体较多、产业链较长、交易环节繁杂、相关税收法律政策不统一，而通过跨境电子商务平台进行交易，在物流运输、通关检验和退税结汇等方面能够获得较为完善的服务，所以跨境电子商务平台成为当前外贸企业和个人开展跨境贸易的主要途径。作为分属于不同国家或地区的交易主体交换信息、达成交易并完成跨境支付结算的虚拟场所，跨境电子商务平台是跨境电子商务交易的中枢，是衔接商品供应与消费的桥梁。跨境电子商务平台具有电子化、全球性、开放性和低成本等特征，其显著提高了跨境贸易的交易效率，使得中小外贸企业有可能拥有与大企业一样的信息资源和竞争优势。

跨境电子商务平台是整个交易的中心环节，连接了跨境电子商务企业、消费者与海关，交易订单也是在平台上生成。作为一种新型的市场主体，电子商务平台不仅搭建了一个为他人独立进行交易活动的网络交易空间，还制定交易规则用以规范平台内的交易行为。电子商务平台经营者对平台内经营者、消费者开展交易活动的方式、履行的义务和限制基本权利等要求的规定，即电子商务商业实践中所谓平台规则。中华人民共和国商务部于2011年发布《第三方电子商务交易平台服务规范》，2015年发布《网络零售第三方平台交易规则制定程序规定(试行)》，2022年5月发布《企业对消费者(B2C)电子商务平台交易规则制定指南》等行业标准，以规范电子商务平台规则的制定。下面分别介绍进口跨境电子商务平台和出口跨境电子商务平台及其主要规则。

一、进口跨境电子商务平台及其规则

(一) 进口跨境电子商务平台的分类

一般认为，跨境电商进口交易平台指的是从事商品进口业务的跨境电子商务平台，是在电子商务活动中为交易双方或多方提供交易撮合及相关服务的信息网络系统总和。根据不同的标准，可将进口跨境电子商务交易平台的交易模式做如下分类。

1. 以交易主体进行分类

跨境电子商务的交易主体主要分为企业、个人和政府三类。根据交易主体属性的不同，再结合买方与卖方属性，可将跨境电商进口交易平台分为B2B、B2C、C2C等模式。以洋码头为例，其“今日限时抢”板块的商品全部由境外零售商提供，属于B2C模式；而PC端的“洋货集”和移动端的“扫货现场”主要由个人买手展示境外打折商品，属于C2C模式。

2. 以平台商品经营种类进行分类

根据进口跨境电子商务平台经营商品种类的不同，可将跨境电子商务平台分为垂直型电商和综合型电商两类，它们对应的业务模式分别为垂直模式和综合模式。

(1) 垂直型电商销售的商品种类相对集中，并专注于某个特定的领域或针对某种特定的需求，为该领域或该需求提供深度信息与服务，如专注于母婴用品的美囤妈妈等。

(2) 综合型电商拥有大量的供货商，所销售的商品种类繁多并涉及多种行业，如海囤全球，它销售的商品涉及母婴、个人护理、美妆、保健、时尚等多个种类。

垂直型电商注重对某一特定行业或类目进行深挖，而综合型电商涉及的品类多、范围广。

3. 以平台运营方式进行分类

根据开发与运营主体的不同，可将进口跨境电子商务分为平台型电商和自营型电商两类，它们对应的业务模式分别为平台模式和自营模式。

(1) 平台型电商主要负责开发和运营第三方平台，吸引卖家入驻平台，由卖家直接与消费者进行商品对接，只负责提供商品交易的媒介或场所，并不直接参与商品的购买与销售过程，如洋码头平台等。平台型电商交易流程如图2-1所示。

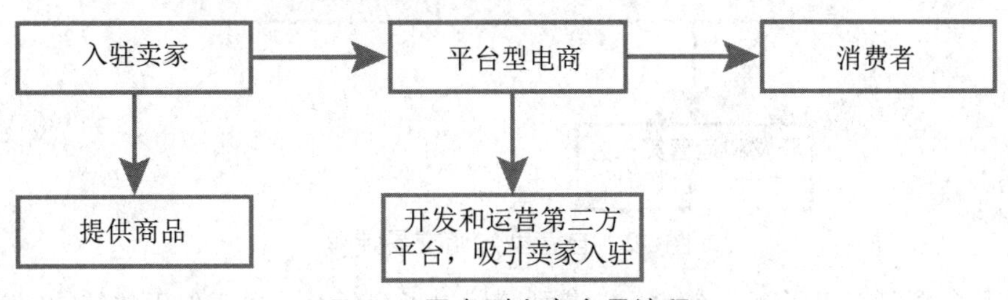

图2-1 平台型电商交易流程

平台型电商是最能保证商品及服务多样性的模式，能够满足用户多方位需求，但该模式对于团队品牌实力以及基础用户量等必要条件要求较高。平台型跨境电商的优势在于其开发和运营的电子商务平台，由于自身并不从事商品采购、销售等工作，其运营重点更聚焦于网站流量挖掘、前期招商、关键辅助服务环节等。平台经营的主要目标就是吸引大量的买家和卖家在平台上进行交易，然后根据交易金额收取一定百分比的佣金。平台型跨境电商的优势就是企业投入小，但是平台商品的种类较为丰富，作为一个开放性平台，只要商家符合平台标准均可入驻，商品的所有权保留在商家而非平台手中，每个商家都会为平台提供大量SKU(stock keeping unit，库存量单位)，所以随着商家数量的增多，平台的商品池中将聚集海量SKU，这是纯自营平台无法达到的体量。平台型跨境电商的关键业务流程在于前期的平台网站建立、吸引浏览、开发商家入驻，其日常业务重点在于平台管理，包括对商家、商品、消费者与平台自身的管理，确保平台的正常运行、商家与商品的质量和形象、举行各类市场活动推动商品销售、保持与消费者的沟通，进而提升商家、消费者的满意度。此外，还需要提供一些关联服务，旨在弥补入驻商家的服务短板与劣势，如支付、客服、物流、监管等工作环节，这些都成为促进平台流量、商家入驻数量、商品销售、消费者满意度提升的重要服务内容。

平台型跨境电商细分为B2C平台型跨境电商与C2C平台型跨境电商两类。在此两类模式下，不同关境的企业或个人依托跨境电商平台向消费者在线销售商品或服务，物流方面主要采用海外直邮或保税备货方式，商品按个人自用进境物品监管，一般按照三单(支付单、订单、物流单)合一监管政策要求，需要海关核验信息。B2C平台型跨境电商在网站流量、商品品类方面具有显著优势，但其劣势也非常明显，主要体现为以下几点：①招商缓慢，前期流量相对不足；②前期所需资金体量较大；③质量把控困难，品牌质量参差不齐。这主要是因为，目前规模较大的商家数量较少，而且由于平台型跨境电商企业之间的竞争与资源争夺，导致规模较大的商家引入难度较高，而规模较小的商家尽管数量众多，但平台又面临商家与商品质量把控难题。C2C平台型跨境电商最大的优势在于商品种类丰富，但由于入驻商家为个人，且数量庞大，导致C2C平台型跨境电商对卖家与商品控制能力偏弱，容易引发商品质量等方面的风险，这也是目前消费者对C2C类电商平台信任度偏低的主要原因。

(2) 自营型电商不仅要自建平台网站并维护平台的日常运营，还要承担商品采购、销售、客服和物流等工作，并对买家负责。自营型电商交易流程如图2-2所示。以蜜芽为例，其为保证正品行货，建立了专业的海外采销团队，坚持以自营为主，属于自营型电商平台。

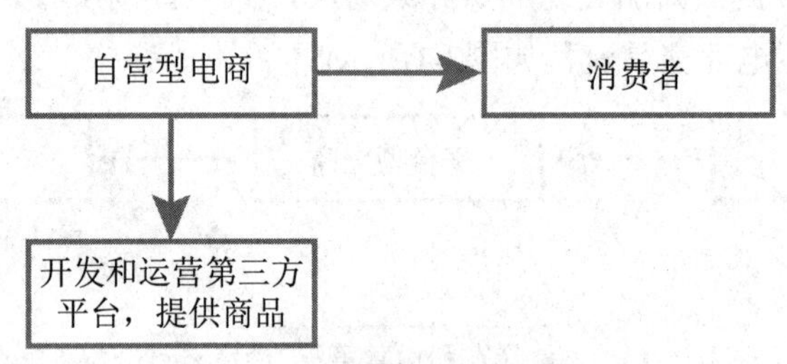

图2-2　自营型电商交易流程

不同于平台型跨境电子商务企业，自营型跨境电子商务企业更类似于传统的零售企业，只是将商品交易场所从线下转移到线上。自营型跨境电商平台商业模式中，大多数商品平台需要自主采购，然后通过平台进行销售，其盈利模式就是买卖商品的价格差。自营平台首先需要从生产厂商处购买商品，获得商品的所有权，待顾客下单后将商品通过物流运输至顾客手中，完成交易，而且通常由平台负责商品的售后服务。相对于第三方平台而言，自营平台的投入较大，但是其拥有对商品的定价权，而且由于通常都是从生产厂商处直接采购商品，商品的质量也能够得到保障。

自营型跨境电子商务企业需要全面参与商品的整个供应链，包括所销售商品的选择、供应商开发与谈判、电商平台运营等，并深度介入物流、客服、售后等服务环节。根据商品种类的多寡还可将自营型跨境电商平台细分为综合自营型跨境电商和垂直自营型跨境电商两种。

综合自营型跨境电子商务业务内容，其商品来源大多与品牌商较为接近，对商品加工能力较强，加之省去了中间环节的诸多成本，其商品在价格上优势显著，但其商品数量要远远少于综合类平台型跨境电商，在进行商品品类扩展时难度较大，成本增加比较显著。此外，综合自营型电子商务平台拥有较强的供应商管理能力和较为完善的物流解决方案。

垂直自营型跨境电子商务平台最大的优势在于对利基市场的定位与深挖、对目标群体的了解以及服务的深入，而且供应商管理能力也较强。由于其市场定位是利基市场，导致其商品品类单一，且受政策因素影响较大。此外，由于垂直自营型跨境电商企业在规模、实力、流量、管理水平等方面表现较弱，与商品供应商特别是一些大型品牌商合作时存在一定难度，前期还需要较大的资金支持，导致商品在价格上的优势要弱于综合自营型跨境电商企业。

此外，有的平台型电商除了引入其他卖家外，还在自有平台上销售自营商品。例如亚马逊平台，既有自营商品，也有第三方商家销售的商品标记为“Shipped from and sold by Amazon.

com”的，就是亚马逊采购、质检和配送的自营商品；标记为“Sold by ×× and fulfilled by Amazon”的，就属于亚马逊第三方商家出售但由亚马逊负责配送的商品。

平台型电商的供应商来源广，商品品类更加丰富，对跨境供应链的涉入较深，后续发展潜力较大。自营型电商平台参与和把控采购、仓储、物流和售后等跨境交易全过程，跨境供应链管理能力强，更容易得到消费者的信任。

课堂小活动

试列举几个知名的进口跨境电子商务平台，比较并总结它们各自的特点。

(二) 进口跨境电子商务平台的主要规则

通过考察主流进口跨境电子商务平台发现，目前各大平台的规则主要包括以下几个方面。

1. 用户身份注册规则

平台用户包括买卖双方。一般各大平台都会通过平台内部的用户协议，对用户身份进行限定。例如洋码头用户协议中规定：“用户包括买家和买手，用户必须是具备完全民事行为能力的自然人，或者是具有合法经营资格的实体组织。若用户为18周岁以下的未成年人使用洋码头平台服务，需事先得到其家长或监护人的同意。无民事行为能力人、限制民事行为能力人以及无经营或特定经营资格的组织不当注册为洋码头平台用户或超过其民事权利或行为能力范围从事交易的洋码头用户，造成的一切后果，洋码头有权要求该用户及用户的监护人或组织负责。”京东国际对用户的定义是指所有使用京东国际开放平台注册信息经授权登录京东国际网站，使用京东国际网站的法人、自然人及其他组织，包括平台商家和消费者。《京东国际开放平台招商标准及商家入驻规范》规定，招商基本条件如下所述：拥有海外或中国香港、中国澳门、中国台湾地区注册公司实体；开店主体需拥有中国境内的连带责任承担的主体，即境内代理人；拥有海外或中国港澳台地区对公银行账户(美金结算)；优先招募海外及中国港澳台地区知名实体卖场或B2C网站，品牌商、品牌代理商、知名零售商以及未进入中国市场的知名品牌。

2. 平台商品信息发布规则

1) 禁售、限售规则

各大平台都对产品发布作出详细的要求，禁止发布任何含有禁限售商品的信息，并对违反此规则的行为进行处罚。例如《京东国际开放平台禁发商品及信息管理规范》列举了包括仿真枪、军警用品、危险武器类；易燃易爆，有毒化学品、毒品类；涉及人身安全，隐私类等在内的共十四类禁发商品和信息，如果卖家违法了此规则，按情节扣分。此外京东国际还规定商家不得发布假货、翻新货、水货、旧货、二手商品信息等。

2) 知识产权发布规则

平台商家若发布、销售涉嫌侵犯第三方知识产权的商品，则有可能被知识产权所有人或买家投诉。为此，各大平台都明确规定禁止发布侵犯他人知识产权的商品信息，并规定了相应的处罚措施，如《天猫国际市场管理规则》中规定了知识产权违规行为和处罚方式(见表2-1)。

表2-1 天猫国际平台对知识产权违规行为的规定和处罚方式(节选)

违规行为	适用情形	处罚方式
不当使用他人权利	商家发布的商品或信息涉嫌不当使用他人商标权、著作权、专利权等权利，或造成不正当竞争的	违规商品或信息删除、账户权限管控、经营权限管控。同一权利人在三天内对同一商家的投诉视为一次投诉；同时，针对多次侵权行为，天猫国际视情节严重，有权采取监管店铺、屏蔽店铺等处理
出售假冒商品	商家出售假冒注册商标商品或出售盗版商品的	清退店铺并支付全部保证金作为违约金(该保证金是指商家被天猫国际平台进行清退店铺处理时，其店铺应缴纳的保证金金额)

3. 评价和纠纷处理规则

1) 评价规则

为了保障用户合法权益，维护营销活动的正常运营秩序，平台一般都会对商家进行考核评价。例如天猫国际设置营销服务考核分制度，以综合商品体验、售后体验、咨询体验、纠纷投诉4个维度作为指标，体现商家综合服务能力。为保障营销活动的基础服务体验，商家需达到天猫国际对营销服务考核分的要求。天猫国际营销服务考核分按照全部天猫国际商家进行排名决定，末尾10%的商家将被限制参加营销活动。洋码头也在《用户信用评价总则》中对洋码头买手评价提出具体要求，以便于为其他用户的购物决策和买手的店铺经营提供参考。

2) 纠纷处理规则

对于纠纷处理规则，多数平台都将其与买家权益保护相关联。为了提高买家的体验和对平台及平台卖家的信心，各平台都鼓励买卖双方积极协商，尽早达成协议。如《京东国际开放平台交易纠纷处理总则》规定："买卖双方就订单产生交易纠纷时，买卖双方可以选择自行协商。如消费者提起交易纠纷申请后36小时内，买卖双方协商未果或商家未作处理，则京东国际开放平台介入处理。由京东国际开放平台介入，京东国际开放平台有权根据本规则对纠纷进行处理。"此外京东国际针对不同的纠纷类型分别规定了相应的处理细则，包括"跨境电商综合税、行邮税、通关问题""定制类商品问题""运费问题""商品质量问题""售后问题""签收问题"等多项内容。此外，各平台在规定纠纷处理规则的同时，针对交易过程规范也作出了明确的要求，包括交易标的、交易行为(包括发货、签收、退货)、物流(包括运费、税费和通关)。天猫国际也在《天猫国际争议处理规范》中针对具体的纠纷类型规定了处理的基本程序与标准。

二、出口跨境电子商务平台及其规则

(一) 出口跨境电子商务平台的主要模式

出口跨境电商平台根据营业模式的不同可以分为四种。

1. B2B模式下的信息服务平台

从跨境B2B的整体链条来看，大多数企业是以提供信息服务为中心的，"信息+广告"服务的模式经历时间较长。这种模式下，电商平台作为第三方主要进行信息发布或提供信息检索以撮合交易，为国内生产企业与国外采购者之间搭建起信息沟通的平台，其盈利主要来自会员权益和增值服务。会员权益即卖家每一年交纳一定的VIP会员费后享有平台出示的各种服务项目。会员费是信息服务平台主要的收入来源，但是这一盈利空间基本饱和，所以信息服务平台正在转型。增值服务，即买卖双方免费成为平台会员后，平台为买卖双方提供增值服务，包括竞价排名、点击付费及展位推广等。其中，竞价排名是信息服务平台进行增值服务最为成熟的盈利模式。这类平台的代表为环球资源网等。

2. B2B模式下的交易服务平台

此类平台可以实现交易双方企业之间的网上交易和线上电子付款的一种运营模式，买卖供需双方借助互联网技术在平台上实现在线交易、支付与结算。此类平台具有对信息流、物流、资金流等资源进行整合的优势，能够为中小企业提供海外营销、商品通关、物流仓储、退税结汇等服务，满足国际贸易经营模式创新与服务综合化的要求，其盈利模式主要是收取佣金和展示费。收取佣金是在不收取会员费的情况下，以交易量按占比扣除一定的提成，不同行业佣金收取比例不同。展示费是交易服务平台在卖家上传产品时向其收取的费用，无论展位大小，卖家只要展示产品信息便要在线上支付展示费。此类平台的代表有敦煌网、大龙网等。

3. B2C模式下的平台型网站

此类平台也称开放平台，其对外开放的内容涉及出口电子商务的重要环节，除对外开放顾客和商家数据信息外，还包含对外开放商品、店铺、交易、物流、评价、仓储、营销推广等各阶段和步骤的业务流程，实现运用和平台专业化连接。B2C模式下的平台型网站在流量、商品品类方面具有显著优势，目前平台内规模较大的商家数量占比不高。此类平台的代表企业有亚马逊、速卖通等。

4. B2C模式下的自营型网站

此类平台对其运营的商品开展统一生产制造或购置、商品展示、线上交易，并根据物流运输将商品推广到最后顾客人群的个人行为。自营平台的商品来源与品牌商比较接近，省去了中间环节的部分成本，其商品在价格上的优势明显。B2C模式下的自营型平台在产品的导入、归类、展示、交易、物流运输、售后服务等全部交易步骤的每个关键阶段的管理上均进行了合理布局，根据互联网技术IT系统管理方法、建设大中型物流仓储管理体系，可以实现对全交易步骤的即时管理。此类平台的代表企业有环球易购、兰亭集势等。

(二) 出口跨境电子商务B2B平台的主要规则

我国作为世界上最重要的线上商品出口国，出口跨境电子商务面向全球200余个国家和地区，共有70亿消费者。B2B跨境电子商务一直以来都是跨境电商主体。B2B由于交易量较大且订单比较稳定，在可预见的未来仍然是中国企业开拓海外市场的最重要模式。随着利好跨境电子商务B2B出口政策的相继出台，B端数字化水平逐渐提高，以及B端配套设施服务的持续构建和完善，未来B2B的渗透率将加速提升，B2B的主体地位将不断强化。“电数宝”电商大数据库显示，2021年上半年中国跨境电子商务的交易模式中，跨境电商 B2B交易占比达77.2%，跨境电商B2C交易占比 22.8%，如图2-3所示。

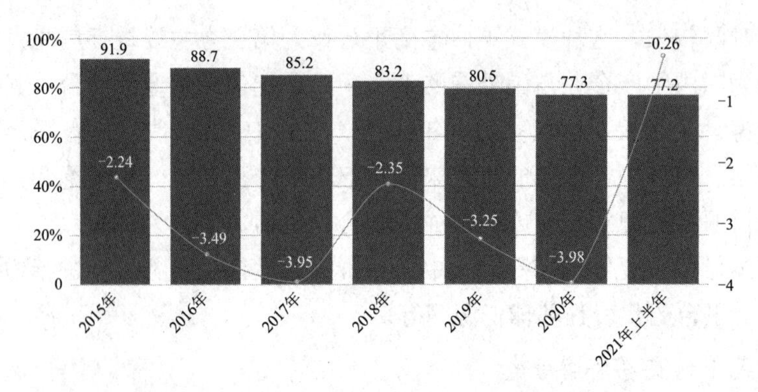

图2-3 2015—2021年跨境电商B2B交易模式占比数据

目前主流出口跨境电子商务B2B平台包括环球资源网、中国制造网和敦煌网等。考察这几大平台，不难发现，目前出口跨境电子商务B2B平台规则主要包括以下几个方面。

1. 平台注册和产品发布规则

1) 平台注册规则

一般而言，平台上的卖家账户分为个人卖家和企业卖家。个人卖家的账户持有人为该注册人本人(个人卖家需经市场主体登记为个体工商户)；企业卖家的账户持有人为该注册公司。根据《民法典》的相关规定，个人卖家注册人年龄须在18周岁以上(部分平台规定了年龄的上限，如敦煌网规定到70周岁以下)；企业卖家一般要求为中国大陆或香港地区企业。在平台注册卖家账户时提交的相关资料，包括注册人姓名、身份证号码、公司名称、营业执照号码等。平台会根据卖家提供的电子邮箱地址、手机号码、身份证件以及企业资质信息进行验证。使用相同的身份信息或相同的企业营业执照可注册的卖家店铺也有规定。例如敦煌网规定使用同一营业执照注册的企业卖家账户数量不得超过10个；使用同一身份信息注册的个人卖家账户数量仅限1个。

2) 产品发布规则

各大平台对在本平台上发布的产品都提出了明确的要求，主要包括以下内容。

(1) 产品信息发布要求。总结主流平台产品发布相关规范，发现各大平台均规定发布产品时禁止包含下列信息：色情文字、图片；攻击性语言，如谩骂、诋毁、蔑视、嘲笑等侮辱歧视性的语言；中文字符，中文品牌名称、包装展示中文说明除外；私人联系方式、外网链接，如QQ、MSN、WeChat、Instagram、私人网址、电话、邮箱等联系方式；禁限售的商品或信息。此外，卖家须自主编辑产品信息，不得盗用他人的文字、图片等信息；禁止在未经授权或无合法来源的情况下使用他人的商标等知识产权信息；禁止出现与产品实际品牌不符的宣传词及带有强暗示性的信息，如刻意使用侵权品牌变形词指代品牌名，或暗示商品实际图片具有侵权品牌的相关信息等；产品信息不得与其他商品、店铺相类比，不得涉及其他店铺的商品、店铺的负面信息，不得贬损第三方商品、店铺。

(2) 禁限售产品。禁售产品是指平台禁止发布的产品。限制销售的产品，指需要取得商品销售的前置审批、凭证经营或授权经营等许可证明，才可以发布的产品。卖家须将已取得的合法许可证明提前提交至平台授权邮箱进行审核，审核通过后，方可发布。例如，敦煌网明确规定了包括毒品类、化学品类、色情暴力类、烟酒类等在内17类禁售产品，以及I类、II类医疗器械和食品饮料两类限售产品。敦煌网平台会随机对店铺商品信息做巡检抽查，若涉及禁限售产品，平台会根据禁限售违规规定进行相关处罚。

2. 知识产权规则

根据知识产权相关制度的规定，侵犯知识产权的违规一般分为以下三种类型。

1) 侵犯知识产权权利人专利权

侵犯知识产权权利人专利权是指以营利为目的，没有得到专利权人的许可，实施其专利的行为。侵犯专利权即假冒他人专利，其行为分为以非专利产品冒充专利产品、以非专利方法冒充专利方法两种。具体行为包括但不仅限于以下几项：在其制造或者销售的产品、产品的包装上标注他人的专利号；在广告或者其他宣称材料中使用他人的专利号，使人将所设计的技术误认为是他人的专利技术；在合同中使用他人的专利号，使人将合同设计的技术误认为是他人的专利技术；伪造或者变造他人的专利证书、专利文件或者专利申请文件。

2) 侵犯知识产权权利人商标权

侵犯知识产权权利人商标权是指以营利为目的，未经权利人许可，侵犯他人注册商标专用权的行为。具体行为包括但不仅限于以下几项：未经注册商标所有人的许可，在同种产品或者类似产品上使用与其注册商标相近或者近似的商标的；销售明知是假冒注册商标的产品的；伪造、擅自制造他人注册商标标识或者销售伪造、擅自制造的注册商标标识的；故意为侵犯注册专用权的行为提供便利条件的；给他人注册商标专用权造成其他损害的。

3) 侵犯知识产权权利人著作权

侵犯知识产权权利人著作权是指以营利为目的，未经著作权人许可，侵犯他人的著作权，违法所得数额较大或者有其他严重情节的行为。具体包括但不仅限于以下几项：未经著作权人许可，发表其作品的；剽窃他人作品的；使用他人作品，应当支付报酬而未支付的；未经电影作品和以类似摄制电影的方法创作的作品、计算机软件、录音录像制品的著作权人或者与著作权有关的权利人许可，出租其作品或者录音录像制品的；未经出版者许可，使用其出版的图书、期刊的版式设计。

3. 平台收费和卖家放款规则

1) 平台收费规则

平台收费分为平台使用费和佣金两种。平台使用费的缴费标准分为标准档缴费和增值档缴费(仅限新注册卖家)。增值档一般附随赠送广告费、店铺模板和商品流量快车等增值服务。有的平台会根据单笔订单金额采用“阶梯佣金”的收取方式计算佣金。不同类目的佣金收取比例也有所区别。另外，平台仅针对最终成交的订单金额收取佣金如订单取消、卖家退款等，佣金将按对应比例退还。

2) 卖家放款规则

放款是指平台将卖家已交易完成订单所对应的款项记录到卖家资金账户里。以敦煌网为例，目前敦煌网支持EMS、DHL、FedEx、UPS、TNT、USPS、HK Post、China Post、燕文、Equick等可在线跟踪的货运方式。针对有货运跟踪号的放款方式，订单放款规则如下：买家确认签收的订单(除被风控调查订单)，敦煌网会对订单的货运信息进行核实，如果订单查询妥投，会根据妥投信息作出放款处理；买家未主动确认签收的订单，卖家请款后，敦煌网会先根据卖家上传的运单号核实妥投情况并作出相应处理。如在妥投且时间、邮编和签收人都一致的情况下，平台会发送催点信给买家，买家在5天内未发起任何投诉、协议或者纠纷，也没有邮件回复，将该订单款项放款至卖家资金账户，订单完成。如在妥投且时间、邮编和签收任意一项不一致或者部分未妥投、全部未妥投或无查询信息，则账户放款将可能被延迟或暂停。卖家完全发货后，若买家一直未确认签收，并且卖家在订单确认收款后120天内也未请款，平台将在完全发货120天后将该订单款项放款至卖家资金账户，订单完成。

4. 交易纠纷处理规则

多数平台的纠纷处理分为买卖双方协议处理纠纷和平台处理纠纷两个阶段。买家在交易过程中若出现未收到货物或对收到的货物不满意可申请仅退款、退货退款或重发，进入协议纠纷阶段。在此阶段，买卖双方可自主协商，若双方无法协商一致，可由买家主动或系统超期自动将纠纷升级至平台进行人工裁决，进入平台纠纷阶段。例如，敦煌网的VIP及高潜买家可在协议纠纷开启后的3～10个自然日期间申请平台介入；非VIP及非高潜买家可在协议纠纷开启后的5～10个自然日期间申请平台介入，或协议阶段买卖双方未在10个自然日内达成一致，系统自动升级至平台。敦煌网纠纷处理流程如图2-4所示。

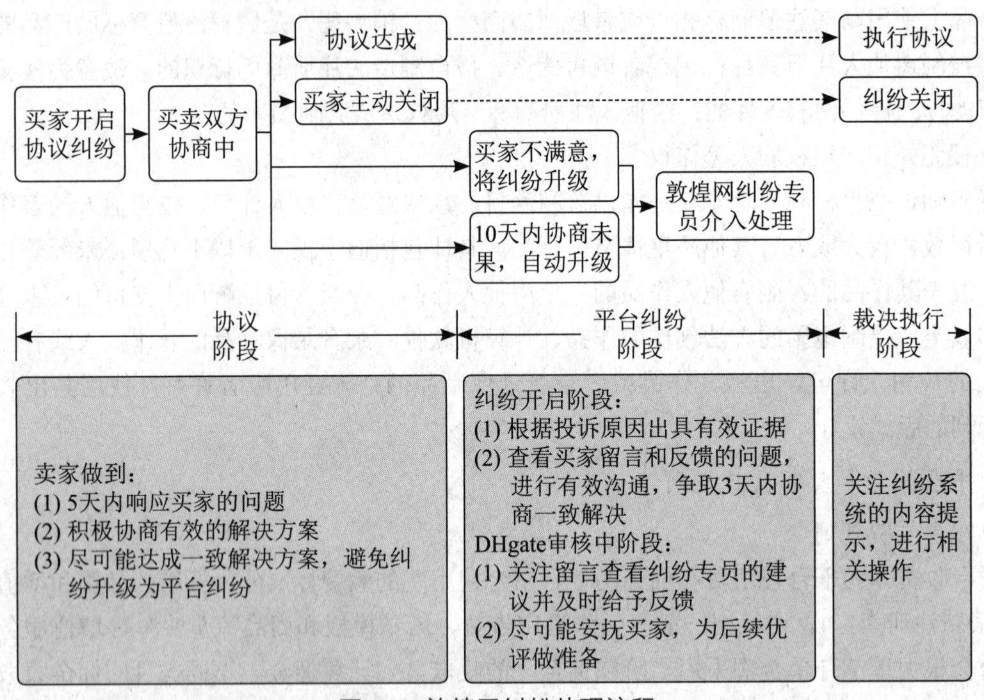

图2-4 敦煌网纠纷处理流程

(三) 出口跨境电子商务B2C平台的主要规则

我国出口跨境电商B2C发展晚于B2B，从2006年开始，以DX、兰亭集势、环球易购等为代表的出口跨境B2C企业先后成立，凭借国内庞大而完善的供应产业链以及电商相关产业链不断成熟，各企业聚焦于最大化缩减产业链中间环节，从产品进销差价中赚取丰厚利润，带动了出口跨境B2C持续快速发展。随着移动互联网技术的发展、智能手机普及、网络购物的兴起以及在线支付、物流体系的逐步完善，跨境电商零售B2C、C2C模式增长势头强劲。未来，中国跨境电子商务B2C将向着进出口交易额规模结构更为均衡、出口商品品类更为丰富、出口目的地偏向新兴市场转变。B2C模式是通过第三方平台和自建网站直接接触国外终端消费者进行售卖。第三方平台型主要依托如亚马逊、eBay、速卖通、Wish等主流跨境平台开设店铺运营，即第三方平台卖家，平台根据销售额收取相应费用(品类佣金、仓储物流等服务费)，属于相对传统的跨境出口B2C卖家模式。自营平台型主要依托公司建立的自有电商网站或App进行销售。目前，综合型的自营型平台主要是商贸零售龙头，如沃尔玛、Tesco、乐天等电商平台。国内出口B2C自营平台型公司多为服装、3C、家居等垂直类目电商平台，如 GearBest、SheIn、Jollychic 等。在平台规则方面，2019年商务部立项《企业对消费者(B2C)电子商务平台经营者交易规则制定指南》(以下简称《指南》)，2022年5月20日核准公布，自2022年12月1日起施行。《指南》规定了B2C电子商务平台经营者交易规则制定时应遵守的基本原则、程序和交易规则基本类别及关键要素，适用于B2C电子商务平台经营者制定交易规则等相关事项。下面就以《指南》的主要规定为主，介绍出口跨境电子商务B2C平台规则。

1. 基本原则

1) 公平公正原则

《指南》要求，电子商务平台经营者在制定、修改交易规则时对待各方主体不得利用交易规则谋取不当利益或者破坏竞争秩序。

2) 多方参与原则

电子商务活动涉及多方主体，平台交易规则是规范多方主体行为的有益补充，应在公开透明的机制下保障、倡导、鼓励多方参与。

3) 适用性原则

交易规则的调整应当同市场发展状况相符合，积极应对市场交易活动的需要。

4) 简单化原则

要求交易规则应分类清晰、文字简洁、易读易懂易使用。

2. 交易规则分类及其要素

《指南》规定平台交易规则应当包含以下内容：通则；入驻规则，一般由平台内经营者资质规则、信息核验披露规则构成；商品和服务保障规则；权益保护规则；数据信息保护规则；符合电子商务平台经营特点的其他特殊规则。

1) 通则

通则部分是对交易规则的基础性说明，包括制定目的、制定原则、适用对象、适用范围、免责声明、规则的溯及力。

2) 入驻规则

入驻规则是指电子商务中规范平台内经营者入驻和开展经营活动的规则，其主要内容包括以下几个方面。

(1) 平台内经营者资质规则。《指南》规定该规则应当对如下事项提出明确要求：平台内经营者的企业名称、完备的市场主体营业执照(依照法律、行政法规不需要进行市场主体登记的除外)、行政许可信息、地址以及联系方式；平台入驻的条件和审核流程；平台内经营者的申请流程；相关资质不符合要求的处理措施。

(2) 信息核验披露规则。该规则中的要素应当包括以下内容：明确信息核验的范围及要求；规定对平台内经营者提供的经营者身份、行政许可等信息进行核验登记的流程，建立登记档案，以及定期或不定期核验等；规定经营者申诉以及平台处理申诉的流程和期限；明确对平台内经营者信息公示的督促和定期核验管理。

例如，速卖通招商规则要求入驻速卖通必须是依照中国大陆地区法律设立、存续、正常经营的个体工商户、有限责任公司或股份有限公司，并可以通过速卖通企业认证流程(包括但不限于通过支付宝企业账号验证)，明确规定自然人不能入驻成为卖家。

3) 商品和服务保障规则

商品和服务保障规则，一般由商品和服务资质规则、商品和服务发布规则、质量检查规则、禁限售规则、营销规则、信用评价规则等构成。

(1) 商品和服务资质规则。该规则中的要素应当包括以下内容：明确电子商务经营者提供商品或服务的资质要求；规定商品或服务在平台进行资质备案的方式和程序；明确资质不符合要求时的处理程序。

(2) 商品和服务发布规则。该规则中的要素应当包括以下内容：明确商品和服务的发布信息，包括但不限于标签、说明书、外包装等；规定发布商品和服务的展示方式和宣传要求；规定禁止发布的情形，包括但不限于盗用、冒用他人标签、说明、包装、图片等情形；规定对违规发布的处置措施。例如，速卖通平台规定对商品如实描述是卖家的义务。商品如实描述，是指卖家在商品描述页面、店铺页面、贸易通等所有速卖通提供的渠道中，应当对商品的基本属性、成色、瑕疵等必须说明的信息进行真实、完整的描述。同时，卖家应保证其出售的商品在进口国法律规定的合理期限内可以正常使用，包括商品不存在危及人身财产安全的不合理危险、具备商品应当具备的使用性能、符合商品或其包装上注明采用的标准等。

(3) 质量检查规则。该规则中的要素应当包括以下内容：规定商品和服务的检测项目、检验流程、样本处理等内容；明确商品和服务检验标准；规定申诉、复检等事项；确定检验不合格的处理方式。

(4) 禁售和限售规则。该规则中的要素应当包括以下内容：认定商品交易或服务禁限售的流程；规定禁止和限制销售商品或提供服务的情形；明确规避平台禁限售管理措施的行为的处理方式。多数平台将毒品、易制毒化学品及毒品工具、危险化学品、枪支弹药、管制器具、军警用品等商品均列为禁限售产品。违规发布禁限售产品，平台将作出扣分、删除商品，情节严重的，会对全店进行冻结等处罚。

(5) 营销规则。该规则中的要素应当包括以下内容：规定商品的价格管理、质量控制和物流管理等内容；规定订单确认、网络支付、单据管理及保存等内容；规定违规营销行为及处置措施；规定平台经营者与平台内经营者的结算规则，包括但不限于结算期间、结算方式等。

(6) 信用评价规则。该规则中的要素应当包括以下内容：规定信用评价的方法，评价要素包括但不限于商品质量、服务态度、物流速度以及争议处理情况等；明确信用评价流程及期间；明确违规利用评价规则的后果和处置措施；处理结果的公示方式。例如，速卖通的《全球速卖通跨境商家服务能力考核标准》就设立了履约指标和品质指标两个标准，分为5个层面对卖家进行考核。对于服务指标考核不合格商家，平台将做出包含但不限于流量限制，商品下架和删除，店铺扣分、冻结、关店等处置。

4) 权益保护规则

权益保护规则，一般由知识产权保护规则、消费者权益保护规则、消费争议解决规则等构成。

(1) 知识产权保护规则。该规则中的要素应当包括以下内容：规定知识产权保护的客体；规定投诉启动程序及平台处理程序；明确平台内经营者的申诉程序；规定知识产权侵权结果信息的公开；规定知识产权滥用及处置措施，包括但不限于恶意投诉；明确在平台内侵犯知识产权的处罚措施。

一般平台都严禁用户未经授权发布、销售涉嫌侵犯第三方知识产权的商品或发布涉嫌侵犯第三方知识产权的信息。按照知识产权保护客体不同，知识产权侵权行为可分为商标侵权、著作权侵权和专利侵权三种类型。商标侵权，即未经注册商标权人许可，在同一种商品上使用与其注册商标相同或相似的商标或其他未经权利人许可使用他人商标的情况。著作权侵权，即未经权利人授权，擅自使用受版权保护的作品材料，如文本、照片、视频、音乐和软件，构成著作权侵权。著作权侵权还分为实物层面侵权和信息层面侵权。实物层面侵权主要指盗版实体产品或其包装；信息层面侵权是指产品及其包装不侵权，但未经授权在店铺信息中使用图片、文字等受著作权保护的作品。专利侵权，即侵犯他人外观专利、实用新型专利、发明专利、外观设计。平台会按照侵权商品投诉被受理时的状态，根据相关规定对相关卖家实施适用处罚。

(2) 消费者权益保护规则。该规则中的要素应当包括以下内容：规定平台内经营者对商品和服务质量的保证金；规定平台内经营者对商品和服务质量的保障时限；规定平台内经营者违反商品和服务质量承诺时，保证金的处置措施；规定七天无理由退货规则；明确退货时附属品的处理规则。

(3) 消费争议解决规则。该规则中的要素应当包括以下内容：规定平台经营者提供纠纷解决服务的受理条件；规定平台内经营者违反约定的判定标准、流程和处理方式等；明确平台争议解决的程序及机制；确定争议解决费用的承担。

一般平台都会规定，卖家发货并填写发货通知后，买家如果没有收到货物或者对收到的货物不满意，最早可以在卖家全部发货固定期限后申请退款，买家提交退款申请时会在平台系统中生成争议流程。如卖家不同意买家提出的纠纷诉求，卖家应在买家提起纠纷之日起固定期限内与买家进行自主协商；协商后仍无法解决的，纠纷将在上述期限后提交至平台进行仲裁。平台鼓励卖家积极与买家协商；协商不一致的情况，平台将主动介入给出建议方案解决。

5) 数据信息保护规则

数据信息保护规则是电子商务活动中关于数据信息收集、利用和保护的规则。根据相关法律规定，受保护的个人信息包括但不限于姓名、性别、身份识别号码、生物信息特征、个人生活轨迹等。

(1) 平台信息保护规则。该规则中的要素应当包括以下内容：规定用户账户注销、信息删除的方式；用户信息保护方式和保护等级，保护方式包括但不限于加密、数据库隐藏、数据追溯等；规定平台内经营者处理和保护消费者个人信息的一般规则；敏感信息保护的规则；信息共享和转让的方式；信息处理活动中的风险监测；信息安全风险的补救和赔偿措施。

(2) 信息收集利用规则。该规则中的要素应当包括以下内容：明确平台经营者收集、使用个人注册、商品交易等信息的目的、方式和范围；披露平台经营者使用信息收集技术的方式和内容；收集敏感个人信息的方式。

6) 其他特殊规则

鼓励电子商务平台经营者制定符合自身特点的交易规则，可以制定如下规则：团购规则；直播行销；跨境电商的退换货；特殊商品的交易规则；紧急情况下的交易管理规则；涉及国家利益、社会公共利益的交易的适用规则；特殊形式的交易管理规则；其他符合自身特点的交易规则。

课堂小活动

请尝试查找速卖通、敦煌网的平台规则，比较两者对卖家的注册规定有何异同。

拓展阅读

跨境电商出口B2C业务合规要点

跨境电子商务作为新型的经济形式和新兴业态，近些年来在我国发展态势迅猛。国家针对跨境电商业务频出的优惠政策以及对创新模式的鼓励，推动了跨境电商行业的发展，也促使其进一步提质增效。出口B2C业务是跨境电商出口业务的一个分支，很多中小型卖家通过在境外电商平台开设店铺或建立独立站的方式开展跨境电商出口B2C业务。

跨境电商出口B2C业务一般指跨境电子商务零售出口业务。根据《关于实施支持跨境电子商务零售出口有关政策意见的通知》(以下简称《通知》)，跨境电子商务零售出口是指我国出口企业通过互联网向境外零售商品，主要以邮寄、快递等形式送达的经营行为，即跨境电子商务的企业对消费者出口。

开展跨境电商出口B2C业务，应同时具备以下几个特征：销售平台为互联网；销售模式为零售；运输方式为邮寄、快递等；销售对象为消费者。

根据《通知》规定，跨境电商出口企业分为三种：一是自建跨境电子商务销售平台的电子商务出口企业；二是利用第三方跨境电子商务平台开展电子商务出口的企业；三是为电子商务出口企业提供交易服务的跨境电子商务第三方平台。本文主要就第二种跨境电商企业开展出口B2C业务相关合规要点进行介绍。

1. 基本资质

(1) 在市场监督管理部门办理营业执照。依据《中华人民共和国市场主体登记管理条例》，市场主体应当依法办理市场主体登记，未经登记，不得以市场主体名义从事经营活动。法律、行政法规规定无需办理登记的除外。《市场监管总局关于做好电子商务经营者登记工作的意见》中规定，电子商务经营者申请登记为个体工商户的，允许其将网络经营场所作为经营场所进行登记。但值得注意的是，个体工商户从法律主体上区分仍属自然人主体。

(2) 在住所地海关办理备案登记。依据《海关总署关于跨境电子商务零售进出口商品有关监管事宜的公告》的规定，开展跨境电商出口B2C业务的企业，需前往企业注册地所在海关办理海关备案登记，并获得海关十位编码。跨境电子商务企业参与跨境电子商务零售出口业务的，应当向所在地海关办理信息登记；如需办理报关业务，向所在地海关办理注册登记。据此，跨境电商企业应根据业务需要办理相应备案登记。

2. 其他资质

开展出口B2C业务的跨境电商企业除应具备上述基本资质外，如根据业务需要，需开展其他许可类业务的，应根据具体业务类型和需求办理相应资质或许可。

第一种情况是如果跨境电商企业打算同时开展报关业务。首先，依据《对外贸易经营者备案登记办法》《国务院关于在自由贸易试验区开展“证照分离”改革全覆盖试点的通知》的规定，需要在商务部或商务部委托机构办理对外贸易经营者备案登记。其次，依据《中华人民共和国海关法》《中华人民共和国海关报关单位备案管理规定》的规定，如果跨境电商企业注册在自贸区，则无需办理对外贸易经营者备案登记。跨境电商出口企业可根据业务模式需要选择办理进出口收发货人备案登记或报关企业备案登记。这里的进出口货物收发货人系指依法直接进口或者出口货物的中华人民共和国境内的法人、其他组织或者个人。办理“进出口货物收发货人备案登记”的前置条件为企业已依法办理对外贸易经营者备案。报关企业系指接受进出口货物收发货人的委托，以委托人的名义或者以自己的名义，向海关办理代理报关业务，从事报关服务的中华人民共和国境内的企业法人。再次，依据《国家外汇管理局关于印发货物贸易外汇管理法规有关问题的通知》《国家外汇管理局关于进一步促进跨境贸易投资便利化的通知》，企业需在住所地外汇局办理贸易外汇收支企业名录登记(以下简称名录登记)。办理名录登记的前置条件为企业已依法办理对外贸易经营者备案(取得对外贸易经营权)。年度货物贸易收汇或付汇累计金额低于20万美元的(不含)小微跨境电商企业可免于办理名录登记。外汇局依法对免于办理名录登记的小微跨境电商企业实施监督检查。此外，根据《关于企业报关报检资质合并有关事项的公告》，报关报检资质合并。企业完成海关进出口货物收发货人备案后同时取得报关和报检资质，或自2018年4月20日起，企业在海关注册登记或者备案后，将同时取得报关报检资质。

第二种情况是如果跨境电商企业打算销售需取得相关行政许可的商品。跨境电商企业若打算销售特殊商品，还需取得相关监管部门的行政许可，例如，销售食品应取得《食品经营许可证》，销售药品应取得《药品经营许可证》。

任务三　电子商务平台(网站)的法律法规

关于电子商务平台，《中华人民共和国电信条例》《互联网信息服务管理办法》《网络交易管理办法》《网络交易监督管理办法》等法规均作出了相应的规定。2018年8月31日，第十三届全国人民代表大会常务委员会第五次会议通过了《中华人民共和国电子商务法》(以下简称《电子商务法》)，该法律一共分为七章89条款，已于2019年1月1日正式实施。《电子商务法》的颁布和实施是我国建构与互联网时代的社会经济生活相适应的法律体系的重要立法举措，是我国电子商务发展史上的一个里程碑。该法的制定对我国电子商务的健康可持续发展产生深远的影响。《电子商务法》的重要任务之一就是针对新型的市场主体——电子商务平台经营者来建章立制。该法用了接近一半以上的条文对平台的法律地位、权利、义务与责任作出详尽规定。

随着电子商务在我国的飞速发展，平台这种新型的市场主体强势崛起，成为电子商务活动的组织者、引领者。一些巨型的平台型企业，日益对社会生活产生举足轻重的影响。以淘宝、京东等为代表的购物平台，以美团点评为代表的生活服务平台，以滴滴为代表的交通出行平台，以携程为代表的旅游服务平台，以亚马逊为代表的跨境电商平台，都正在重新塑造中国普通民众日常购物和生活消费习惯，深刻影响中国当下的商业生态。

《电子商务法》针对平台经营者的实际业务内容，有针对性地设立法律规则，对电子商务经营者、电子商务合同的订立与履行、电子商务争议解决、电子商务促进、法律责任五大方面作了明确规定。《电子商务法》将法律条文对照到真实的电子商务场景中，突出经营主体的登记、纳税、平台经营者的责任与义务、知识产权保护等问题，为平台这种新型的市场主体明确了行为规范。

一、平台经营者的法律地位

《电子商务法》第9条规定，电子商务经营者，是指通过互联网等信息网络从事销售商品或者提供服务的经营活动的自然人、法人和非法人组织，包括电子商务平台经营者、平台内经营者以及通过自建网站、其他网络服务销售商品或者提供服务的电子商务经营者。可见，电子商务经营者包括两类：一类是电子商务平台经营者；另一类是除平台经营者之外的其他的电子商务经营者，包括自建网站经营者、平台内经营者、通过其他网络进行电子商务经营活动的经营者。

所谓的电子商务平台经营者，是指在电子商务中为交易双方或者多方提供网络经营场所、交易撮合、信息发布等服务，供交易双方或者多方独立开展交易活动的法人或者非法人组织。而其他电子商务经营者，是指除电子商务平台经营者以外，通过互联网等信息网络销售商品或者提供服务的经营活动的自然人、法人和非法人组织。

电子商务活动是一项经营活动，按照我国对经营活动的一般管理原则，需要经营者办理工商登记。《电子商务法》第10条规定：“电子商务经营者应当依法办理市场主体登记。”

二、平台经营者的管理义务

(一) 对平台内经营者主体身份的核验义务

平台经营者应建构一个网络交易空间，让其他经营者入驻，成为平台内经营者，并且独立开展交易活动。针对这一特点，《网络交易监督管理办法》规定，网络交易经营者应当依法办理市场主体登记，同时应当在其网站首页或者从事经营活动的主页面显著位置，持续公示经营者主体信息或者该信息的链接标识，鼓励网络交易经营者链接到国家市场监督管理总局电子营业执照亮照系统，公示其营业执照信息。网络交易平台经营者应当要求申请进入平台销售商品或者提供服务的经营者提交其身份、地址、联系方式、行政许可等真实信息，进行核验、登记，建立登记档案，并至少每6个月核验更新一次。《电子商务法》第27条也明确要求平台经营者把好入门关，对进入平台开展经营活动的主体的真实身份信息进行核验登记，建立登记档案并且定期核验更新。这一规定的目的在于保护消费者以及与平台内经营者发生交易的相对人。如果因为平台经营者没有把好入门关，导致消费者遭受平台内经营者的侵害，却无法得知其身份，获得其有效联系方式，那么平台经营者应当承担责任。网络交易平台经营者应当以显著方式区分标记已办理市场主体登记的经营者和未办理市场主体登记的经营者，确保消费者能够清晰辨认。

(二) 信息保存和报送义务

《电子商务法》第28条规定，平台经营者必须向市场监督管理部门报送平台内进行经营活动的主体信息，向税收管理部门报送平台内发生的涉税信息。《网络交易监督管理办法》更是明确要求网络交易平台经营者应当分别于每年1月和7月向住所地省级市场监督管理部门报送平台内经营者的名称(姓名)、统一社会信用代码、实际经营地址、联系方式、网店名称以及网址链接等身份信息。这种信息报送，是平台经营者配合主管部门履行监督和管理职责的表现。

电子商务平台是各种交易发生的场所，一旦当事人因此产生争议，或者平台内经营者的行为侵害消费者的权益或者涉嫌违法，唯有平台保存各种交易数据信息，才能够帮助还原事情的真相。为此《电子商务法》第31条要求，平台经营者应完整保留交易数据信息，商品和服务信息、交易信息保存时间自交易完成之日起不少于三年。这一规定相当于要求平台经营者在平台内安装"摄像头"，这对于解决纠纷，避免扯皮以及监督执法非常有意义。

(三) 维护平台安全稳定义务

巨型的电子商务平台在生活中日益发挥重要作用，甚至对国民经济的稳定运行会产生重大影响，因此《电子商务法》第30条规定，平台经营者确保平台安全、稳定运行，防范网络违法犯罪活动，有效应对网络安全事件，保障电子商务交易安全。针对特殊的事件，电子商务平台要建立安全事件应急预案，一旦发生紧急事件要迅速采取措施，并且向有关部门报告。这一要求与平台在社会经济生活中发挥的重要作用相适应，也与我国《网络安全法》的规定相联系。

(四) 安全保障义务

电子商务平台经营者通过建构和开启一个网络交往的空间，供他人独立开展活动，平台内经营者销售的商品或者提供的服务应当符合保障人身、财产安全的要求和环境保护要求。对此《电子商务法》第38条规定，电子商务平台经营者知道或者应当知道平台内经营者销售的商品或者提供的服务不符合保障人身、财产安全的要求，或者有其他侵害消费者合法权益行为，未采取必要措施的，依法与该平台内经营者承担连带责任。对于关系消费者生命健康的商品或者服务，电子商务平台经营者对平台内经营者的资质资格未尽到审核义务，或者对消费者未尽到安全保障义务，造成消费者损害的，依法承担相应的责任。也就是说，电子商务平台经营者要承担与其未履行安全保障义务所存在的过错相适应的法律责任。

课堂小活动

讨论：跨境电商平台经营者的义务和责任有哪些？

三、建立平台规则和制度

《电子商务法》重视平台经营者与平台内经营者之间所存在的结构性的差别，规定了一系列的制度来限制平台经营者不滥用其影响力侵害平台内经营者的经营自主权，并且保护消费者的合法权益。

(一) 平台制定规则的基本要求

平台经营者在制定交易规则与服务协议的过程中享有巨大影响力，并且可能会利用自己的影响力，通过交易规则和服务协议，设置不合理的交易条件。为此，《电子商务法》通过一系列的规则(第32条到第36条)，要求平台经营者基于公开、公平、公正的原则来确定服务协议和交易规则的内容。

平台经营者应当建立平台内交易规则、交易安全保障、消费者权益保护、不良信息处理等管理制度。《电子商务法》规定平台的服务协议和交易规则的内容应当包括以下几项：进入和退出平台、商品和服务质量保障、消费者权益保护、个人信息保护等方面的权利和义务。

1. 平台规则的公开、公示原则

《电子商务法》第33条规定："电子商务平台经营者应当在其首页显著位置持续公示平台服务协议和交易规则信息或者上述信息的链接标识，并保证经营者和消费者能够便利、完整地阅览和下载。"第34条规定："电子商务平台经营者修改平台服务协议和交易规则，应当在其首页显著位置公开征求意见，采取合理措施确保有关各方能够及时充分表达意见。修改内容应当至少在实施前七日予以公示。平台内经营者不接受修改内容，要求退出平台的，电子商务平台经营者不得阻止，并按照修改前的服务协议和交易规则承担相关责任。"《网络交易监督管理办法》在此基础上补充要求，网络交易平台经营者修改平台服务协议和交易规则的，应当完整保存修改后的版本生效之日前三年的全部历史版本，并保证经营者和消费者能够便利、完整地阅览和下载。

2. 平台规则的公平、公正原则

《电子商务法》第35条规定："电子商务平台经营者不得利用服务协议、交易规则以及技术等手段，对平台内经营者在平台内的交易、交易价格以及与其他经营者的交易等进行不合理限制或者附加不合理条件，或者向平台内经营者收取不合理费用。"这一条就是针对现实中屡禁不止的大型平台搞"二选一"，逼迫平台内经营者只与自己独家合作的行为。

(二) 建立健全信用评价体系

平台信用评价体系包括消费者对平台的信用评价和平台的竞价排名。

1. 消费者对平台的信用评价

除了制定服务协议与交易规则，平台经营者还会对平台内经营者开展信用评价，进行信用管理。平台经营者应当为交易当事人提供公平、公正的信用评价服务，对经营者的信用情况客观、公正地进行采集与记录。对此《电子商务法》第39条明确要求，平台内经营者必须建立健全信用评价制度，公示信用评价规则，以确保消费者能够对相关的商品或者服务进行评价。这一要求可以细分为几个方面：一是平台经营者应当建立信用评价体系。相应的评价体系必须健全、运作良好，对于平台内经营者的相关行为有积极的引导功能。二是平台经营者必须公示信用评价规则。该公示的要求主要针对平台经营者如何设立相应的评价标准，对相关的事项如何赋值，如何确保信用评价体系客观、公正和合理。三是平台必须为消费者和用户提供对平台内销售的商品或者提供的服务进行评价的途径。一般来说，相关的评价应该是公开的，可以被其他用户查询和作为参考，没有合理理由不得屏蔽和删除。

此外，《电子商务法》第39条还规定了平台经营者对消费者评价的处理问题。原则上电子商务平台经营者不得删除消费者对其平台内销售的商品或者提供的服务的评价。这一规定是强制性的规定，主要目的是确保消费者评价能够发挥良好的作用，促进平台经营者以及平台内经营者诚实经营。但是，如果消费者评价中包含法律、行政法规、规章禁止发布或者传输的信息的，网络交易经营者可以依法予以技术处理。需要说明的是，即使予以删除评价，也应当依照平台的信息记录和保留的义务，在后台记录和保存信息，以便于在必要时查询。在实践中，哪些信息属于依照法律、行政法规禁止发布或者传输的信息，需要依照相关法律的规定予以认定。如侮辱、诽谤性质的信息，以及违反公序良俗的信息，属于《电子商务法》第39条提到的违法的信息的类型。

2. 平台的竞价排名

竞价排名一直是很多大型电子商务平台经营者的主要利润来源。《电子商务法》第40条明确要求，如果电子商务平台经营者通过竞价排名的方式来决定搜索结果，那么必须将相应的搜索结果显著标明为“广告”。这是一个重要的立法层面上的发展，对未来的互联网搜索服务的规范化，会起到巨大的影响。此外，第40条还要求电子商务平台经营者必须依据商品的销量、价格、信用等多种方式，向消费者展示搜索结果。这在一定程度上约束了平台经营者利用其提供的搜索服务来垄断和控制信息展示渠道的影响力。

(三) 知识产权保护规则

《电子商务法》第41条至第45条规定了平台经营者的知识产权保护义务。《电子商务法》第41条明确规定：“电子商务平台经营者应当建立知识产权保护规则，与知识产权权利人加强合作，依法保护知识产权。”电子商务平台知识产权保护制度，由平台经营者知识产权保护规则、治理措施与法律责任组成。这里所说的“与知识产权权利人加强合作”包括两个层面意思，即与平台内的权利人合作及与平台外的权利人合作，通过合作来解决存在的问题。第42条规定：“知识产权权利人认为其知识产权受到侵害的，有权通知电子商务平台经营者采取删除、屏蔽、断开链接、终止交易和服务等必要措施。通知应当包括构成侵权的初步证据。电子商务平台经营者接到通知后，应当及时采取必要措施，并将该通知转送平台内经营者；未及时采取必要措施的，对损害的扩大部分与平台内经营者承担连带责任。”第45条也规定：“电子商务平台经营者知道或者应当知道平台内经营者侵犯知识产权的，应当采取删除、屏蔽、断开链接、终止交易和服务等必要措施；未采取必要措施的，与侵权人承担连带责任。”

四、《电子商务法》对跨境电子商务的规定

《电子商务法》第71条提出了我国关于跨境电子商务的原则性规定，即国家促进跨境电子商务发展。为了支持跨境电子商务平台经营者等为跨境电子商务提供仓储物流、报关、报检等服务，相关部门需要建立健全适应跨境电子商务特点的海关、税收、进出境检验检疫、支付结算等管理制度，提高跨境电子商务各环节便利化水平。《电子商务法》第71条还特别指出，国家支持小型微型企业从事跨境电子商务。该条规定表明了国家支持与促进跨境电子商务发展的政策性主张，指出了关于跨境电子商务法律制度发展的方向，包括构建适应跨境电子商务特点，提高贸易便利化水平的政府管理制度，认可与支持跨境电子商务综合服务，支持小型微型企业参与跨境电子商务活动。

目前跨境电子商务主要是货物进出口和国际服务贸易，未来视情况发展还可以延伸到技术进出口、数字产品的进出口等。跨境电子商务不仅具有电子商务的特点，还具有跨境化、国际化的特点，与政府进出口管理法律制度联系紧密。因此，政府管理制度是否适应跨境电子商务的特点、是否提高了进出口贸易的便利化水平，对于跨境电子商务具有极大的影响。

拓展阅读

违反电商法，58同城未核验商户真实信息被罚4.8万

2022年1月，北京五八信息技术有限公司成都分公司因未按规定对入驻平台内的经营者核验行政许可等真实信息尽到审核义务，且逾期未改正，被成都市市场监督管理局处罚4.8万元。

成都市市场监督管理局认为，当事人作为58同城平台经营者未按规定对入驻平台内的经营者核验行政许可等真实信息尽到审核义务的行为，违反了《电子商务法》第27条“电子商务平台经营者应当要求申请进入平台销售商品或者提供服务的经营者提交其身份、地址、联系方式、行政许可等真实信息，进行核验、登记，建立登记档案，并定期核验更新”的规定，已构成违法行为。

在案件调查过程中，发现当事人在2020年11月30日，因未按规定进行核验登记的行为，被锦江区市场监管局下达了立即整改《责令改正通知书》，鉴于当事人没有履行整改要求，存在逾期没有改正的行为，决定给予行政罚款处罚。

《电子商务法》第80条规定，不履行本法第二十七条规定的核验、登记义务的，处2万元以上10万元以下的罚款。故对当事人的违法行为，成都市市场监督管理局决定处以4.8万元罚款。

据悉，这并非平台型互联网企业首次违反《电子商务法》而遭到被罚。2020年初，饿了么的运营主体上海拉扎斯信息科技有限公司也曾因违反《电子商务法》遭到了上海市市场监督管理局行政处罚，处罚金额高达20万人民币，具体处罚事由为当事人对入网经营者“杭州小笼包”等52户入网食品经营者未尽到审查资质的义务。

课后训练

一、单项选择题

1. “平台销售的商品种类相对集中并专注于某个特定的领域或针对某种特定的需求，为该领域或该需求提供深度信息与服务。”这是对(　　)平台的描述。

A. 垂直型电商　　B. 自营型电商　　C. 综合型电商　　D. 平台型电商

2. 下列不属于出口跨境B2C的平台有(　　)。

A. DX　　B. 兰亭集势　　C. 环球易购　　D. 敦煌网

3. 电子商务经营者不包括(　　)。

A. 电子商务平台经营者

B. 平台内经营者

C. 通过自建网站、其他网络服务销售商品或者提供服务的电子商务经营者

D. 通过电子商务平台购买商品或者服务的消费者

4.《电子商务法》第31条要求平台经营者完整保留交易数据信息。商品和服务信息、交易信息保存时间自交易完成之日起不少于(　　)年。

A. 1　　B. 3　　C. 5　　D. 10

5. 根据《电子商务法》的规定，经营者和消费者不能对平台经营者提供的平台服务协议和交易规则(　　)。

A. 阅览　　B. 下载　　C. 表达意见　　D. 修改

二、多项选择题

1. 我国进口跨境电子商务发展历程可分为(　　)。

A. 探索期　　B. 启动期　　C. 发展期　　D. 成熟期

2. 以平台运营方式进行分类，进口跨境电子商务平台可分为(　　)。

A. 平台型电商　　B. 自营型电商　　C. B2B　　D. B2C

3. 根据营业模式的不同，出口跨境电商平台可分为(　　)。

A. B2B模式下的信息服务平台　　B. B2B模式下的交易服务平台

C. B2C模式下的平台型网站　　D. B2C模式下的自营型网站

4. B2B模式下的交易服务平台的代表企业有(　　)。

A. 敦煌网　　B. 大龙网　　C. 环球资源　　D. 亚马逊

5. 下列对敦煌网用户注册要求描述正确的是(　　)。

A. 敦煌网卖家账户分为个人卖家和企业卖家

B. 个人卖家的账户持有人为该注册人本人，企业卖家的账户持有人为该注册公司

C. 个人卖家注册人年龄须在18周岁到70周岁之间

D. 企业卖家仅限中国大陆的企业

三、判断题

1. “洋码头”的用户必须是具备完全民事行为能力的自然人，或者是具有合法经营资格的实体组织。(　　)

2. 考拉海购是综合自营型跨境电商平台。(　　)

3. 平台商家若发布、销售涉嫌侵犯第三方知识产权的商品，只能由知识产权所有人投诉。(　　)

4. 2004—2012年是我国出口跨境电商起步时期，又被称为出口跨境电商1.0时代。(　　)

5. 平台内经营者必须建立健全信用评价制度，公示信用评价规则，以确保消费者能够对相关的商品或者服务进行评价。(　　)

四、问答题

1. 什么是跨境电子商务平台？

2. 请选择一个跨境电子商务平台，查看平台规则，总结其规则的特点。

3. 根据《电子商务法》的要求，跨境电子商务平台规则的基本内容应该包括哪几方面？

4. 简单分析《电子商务法》第71条对跨境电子商务的规定。

五、分析题

表2-2中各进口跨境电子商务平台属于哪一类型？对比各个平台，简要分析其特点和优劣势。

表2-2　各进口跨境电子商务平台分析

平台名称	类型	特点	优势	劣势
洋码头				
京东全球购				
唯品国际				
考拉海购				
蜜芽				

项目三　电子商务合同及相关法律法规

知识目标

使学生掌握电子商务合同的概念和特征；明确电子商务合同的法律效力及其履行的基本原则；理解电子签名和对电子认证的法律效力。

技能目标

使学生能够识别不同类型的电子商务合同；能够在订立电子商务合同的过程中领会电子商务合同的成立和法律效力；能够正确运用电子商务合同违约的救济方式进行维权。

课程思政

培养学生诚信、法治等社会主义核心价值观内容，帮助学生树立公平有序、合法经营、良性竞争、营造健康的市场环境的道德理念；在教会学生合同法维权意识的同时，让学生感知行业的法律风险和职业操守。

知识导图

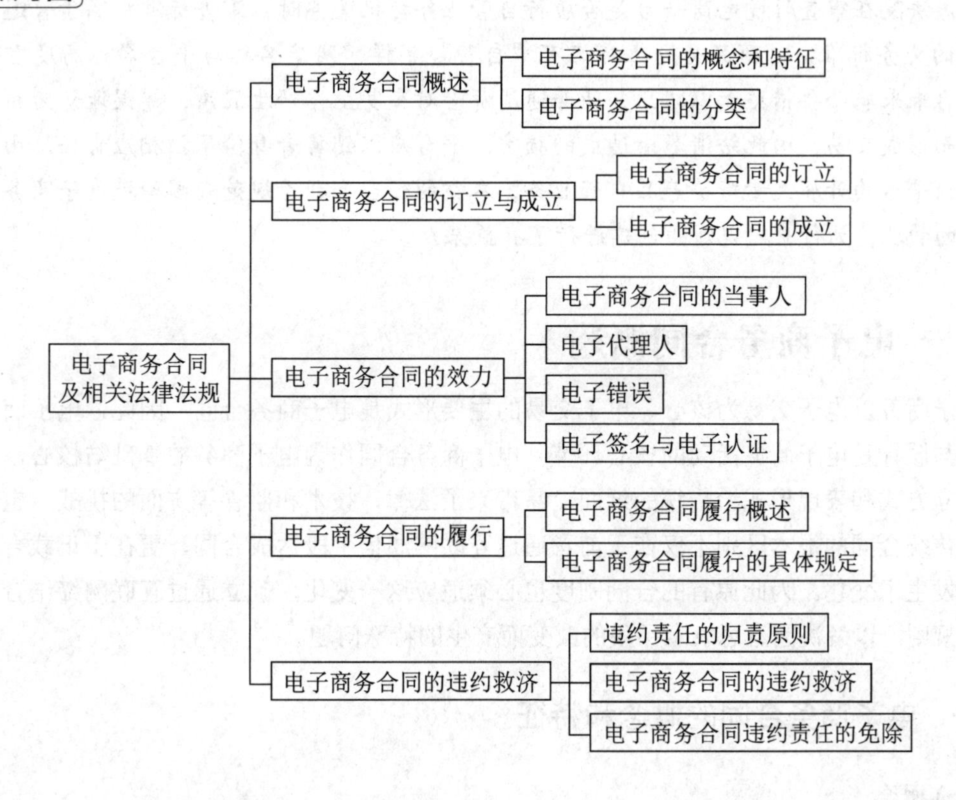

引导案例

跨境电商“自营”标记混淆案

原告系新加坡公民，2019年5月18日，其在新加坡通过我国某跨境电商平台购买了一件商品名标有“自营”字样的联想笔记本电脑。原告收到产品后认为该笔记本电脑非全新且没有按照买卖双方的约定安装正版的office办公软件，只安装了试用版的office365软件，严重影响该笔记本电脑的正常使用。销售方在销售过程中存在欺诈，原告随后与平台方售后人员协商解决，但双方未能达成一致意见，遂以该平台经营者为被告提起诉讼，要求平台经营者承担退一赔三的责任。被告主张案涉笔记本电脑的实际销售者为案外人某公司，被告仅是平台服务提供方，并非案涉商品的销售者，未实施销售行为，同时被告作为平台服务提供方，已经根据网络服务合同约定全面履行义务，不存在销售欺诈行为。

本案在审理过程中，双方当事人达成和解，被告承担了全部赔偿责任，原告撤回起诉。

【引例分析】本案是国内首例跨境电子商务平台经营者因未履行《电子商务法》第37条“自营业务标记义务”，而以商品销售者身份向消费者承担赔偿责任的案件。跨境电商平台将远隔万里的交易主体联系在一起，极大地促进了商品、服务在全球范围的流通，为消费者提供了多元的购物选择空间，但同时也增加了对商品的维权成本。信用良好、资金雄厚的跨境电商平台的自营商品是跨境交易消费者的首选，消费者基于对平台自营业务的信赖进行交易，跨境电商平台更应严格妥善履行自营业务标记义务。

人民法院在审查跨境电商平台是否履行自营业务标记义务时，审查标准应高于普通电商平台应尽的义务标准，对商品标题上标记有“自营”字样、网店名称与平台名称高度重合等情形，平台未采取必要措施予以纠正，使普通消费者对交易主体产生混淆，错误地认为系平台自营业务而形成交易，由此给消费者造成的损害，平台应以销售者身份承担相应责任。由于国内各大电商平台均开展大量跨境产品自营业务，本案的处理有利于规范我国跨境电子商务平台自营业务的管理，为行业内规则的创建进行了有益探索。

任务一 电子商务合同概述

电子商务以电子交易为核心，电子交易的主要形式是电子商务合同。因此，电子商务合同的订立与履行是电子商务活动的核心环节。电子商务合同作为电子商务的基础与核心，以其独特的订立方式和表现形式给传统的纸面交易带来了法律、技术和监管等方面的挑战。电子商务合同与传统合同的根本区别不仅在于前者通过互联网通信手段达成合同，更在于记载合同内容的形式发生了变化。为此原有的合同制度也必须适应这一变化，确立通过互联网缔结合同的一些特殊规则，以解决因意思表示手段的改变而产生的特殊问题。

一、电子商务合同的概念和特征

(一) 概念

合同，亦称契约，是当事人之间达成的对彼此具有法律约束力的协议。我国《民法典》对合同的定义是“民事主体之间设立、变更、终止民事法律关系的协议”。20世纪末，随着计算机技术和互联网系统的迅猛发展，越来越多的协议通过电信网络达成，出现了新的合同形式——电子商务合同。

电子商务合同是伴随着数字信息时代的来临而出现的一种新兴的电子交易形式。传统合同有口头形式和书面形式两种。通信技术的进步，以及电话、电报、传真的使用，使得合同形式日益电子化，通常把以电话沟通达成的合同归类为口头合同，把以电报、传真沟通达成的合同归类为书面合同。

1996年6月，联合国国际贸易法委员会通过了《电子商务示范法》，该法第2条规定：“‘数据电文’系指经由电子手段、光学手段或类似手段生成、存储或传递的信息，这些手段包括但不限于电子数据交换(EDI)、电子邮件、电报、电传或传真等传递的信息。”可见，《电子商务示范法》承认了数据电文和书面文件一样具有法律效力。虽然《电子商务示范法》并不能作为法律渊源而直接使用，但它对各国电子商务的立法影响深远。

我国商务部于2013年6月14日发布的《电子商务合同在线订立流程规范》将“电子商务合同”的概念表述为：“电子商务合同是平等主体的自然人、法人、其他组织之间以数据电文为载体，并利用电子通信手段设立、变更、终止民事权利义务关系的协议。”

《民法典》第469条规定：“书面形式是合同书、信件、电报、电传、传真等可以有形地表现所载内容的形式。以电子数据交换、电子邮件等方式能够有形地表现所载内容，并可以随时调取查用的数据电文，视为书面形式。”

根据联合国国际贸易法委员会的《电子商务示范法》，结合我国《电子商务合同在线订立流程规范》和《民法典》的规定，本书将“电子商务合同”定义为：“电子商务合同是平等主体之间通过电子信息网络以数据电文、电子邮件等形式达成的设立、变更、终止民事权利义务关系的协议。”在现有的技术条件下，电子商务主要指通过互联网进行的商务活动，为此电子商务合同主要是通过互联网订立的。

(二) 特征

电子商务合同作为一种新的合同形式，仍具有合同的一般特征。此外，与传统合同相比，电子商务合同还具有一定的特殊性，主要体现在以下几个方面。

1. 交易形式的无纸化

传统书面合同的表现形式是纸介质的合同，有原件和复印件之分。电子商务合同通常不以原始纸张作为记录凭证，而是将信息或数据记录在计算机中，或记录在磁盘和软盘等中介载体中，因此以电子商务合同形式所进行的交易，又称为无纸贸易。这种无纸性，大大降低了交易的成本，加快了文件周转速度，但也正是这种无纸性，使得电子商务合同出现两个弊端，即电子数据的易改动性和电子数据作为证据的局限性。

2. 交易主体的虚拟化

传统合同是交易双方通过面对面的协商订立的，而电子商务合同的签订，双方当事人往往互不相识，只通过在互联网上活动即可完成。当事人完全是在虚拟的网络世界里进行交易，其信用依靠的是密码的辨认或者认证机构的认证，既节约了交易成本，又提高了办事效率和经济效益，同时也避免了履行中可能发生的各种意外。但也正是这种虚拟性，导致了以下两个问题：一是当事人的身份、信用度如何，对方是不是合格的民事主体，有无缔约能力等，通过计算机是难以验证的；对于当事人的行为能力，电子商务立法一般规定，除有相反证据外，在电子商务中推定当事人具有相应的民事行为能力。二是一方收到的信息是否为对方真实的意思表示，接收方也是很难认定的。

3. 订立过程的电子化

电子商务合同是通过电信网络订立的，包括互联网、电子数据交换、电报、电传和传真等形式。传统合同订立需要的要约和承诺过程，电子商务合同也同样要求具备，只是需采用电子形式完成。尤其是在以电子数据交换(EDI)方式订立的合同中，当事人一般通过输入相关的符合预先设定的程序的信息，计算机就可以通过自动信息系统作出相应的意思表示，订立过程可以无须人工干预。《电子商务法》第48条规定："电子商务当事人使用自动信息系统订立或者履行合同的行为对使用该系统的当事人具有法律效力。"

4. 成立生效的技术化和标准化

电子商务合同是通过计算机网络进行的，它有别于传统的合同订立方式，电子商务合同的整个交易过程往往需要一系列的国际国内技术标准予以规范，如电子签名、电子认证等。这些具体的标准是电子商务合同效力的重要保障，如果没有相关的技术与标准，电子商务合同是无法实现和存在的。

电子商务合同生效的方式、时间和地点与传统合同不同，不需要经过传统的签字。传统合同一般以当事人签字或者盖章的方式表示合同生效，而电子合同因其存在方式的特殊性只能采用电子签名方式使合同生效。

课堂小活动

讨论：你是否与别人订立过电子商务合同？你认为电子商务合同与传统合同的区别有哪些？

二、电子商务合同的分类

对合同分类的法律意义在于掌握同类合同的共同特征以及其成立、生效的要件，从而有助于合同法的妥当适用、合同当事人顺利地订立和履行合同。电子商务合同作为合同的一种，可以按照传统合同的分类方式进行划分。但基于其特殊性，电子商务合同可分为以下几种类型。

(一) 按合同订立方式划分

按照合同订立的方式，可将电子商务合同分为以电子数据交换订立的合同、以电子邮件方式订立的合同和点击合同。

1. 以电子数据交换订立的合同

电子数据交换(electronic data interchange，EDI)，是指按照统一规定的一套通用标准格式，将标准的经济信息，通过通信网络传输，在贸易伙伴的电子计算机系统之间进行数据交换和自动处理。它是由国际标准化组织(ISO)推出使用的国际标准，是一种为商业或行政事务处理，按照一个公认的标准，形成结构化的事务处理或信息报文格式，是从计算机到计算机的电子传输方法，也是计算机可识别的商业语言。简单而言，EDI就是按照商定的协议，将商业文件标准化和格式化，并通过计算机网络，在贸易伙伴的计算机网络系统之间进行数据交换和自动处理。当企业收到一份EDI订单，信息系统就会自动处理该订单，检查订单是否符合预先设定的要求，如果符合要求，就通知企业内部管理系统组织生产履行合同。相对于传统的交易方式，EDI的突出价值就在于以电子资料交换取代了书面贸易文件，大大节约了交易的时间和费用，使贸易流转更为迅速，从而实现了低费率、高效益的基本商业目的。目前，EDI广泛应用于金融、保险、商检、外贸、通关报关、制造业、运输业和仓储业等领域。

2. 以电子邮件(E-mail)方式订立的合同

电子邮件是以网络协议为基础，从终端机输入信件、便条、文件、图片或声音等，最后通过邮件服务器将其传送到另一端的终端机上的信息。电子邮件具有快捷、方便、低成本的优势，是互联网上较频繁的应用之一，在许多方面都超过了传统的邮件投递业务。与EDI合同相比，以电子邮件方式订立的合同更能清楚地反映订约双方的意思表示。但电子邮件在传输过程中容易被截取、修改，故安全性较差。为此，在电子交易中，应当鼓励订约双方使用电子签名，以确保电子邮件的真实性。当然，对于现实生活中大量存在的双方在交易过程中均认可的未使用电子签名的邮件，仍应依当事人的约定确认其效力。

3. 点击合同

根据我国相关法律的规定，点击合同一般指的是在电子商务中由销售商或其他经营者通过互联网发出要约，用户以其“点击”行为表示承诺从而达成意思表示一致的合同，其条款是定型化的，相对人[①]的意思具有附和性，即电子形式的格式合同。格式合同或格式条款，是当事人为了重复使用而预先拟定，并在订立合同时未与对方协商的条款。格式合同较多体现了提供方的意志，合同使用人的意志被提供人的意志吸收。点击合同在电子商务活动中应用非常广泛，这与互联网技术的高度智能化有关。目前几乎所有的电子商务企业和网站都会运用点击合同来规定其与消费者或用户之间的一般性权利和义务。《民法典》第496条对格式条款的使用作出了明确规定，采用格式条款订立合同的，提供格式条款的一方应当遵循公平原则确定当事人之间的权利和义务，并采取合理的方式提示对方注意免除或者减轻其责任等与对方有重大利害关系的条款，按照对方的要求，对该条款予以说明。需要注意的是，签订合同时，提供格式条款的一方有提示或者说明义务，如未履行该义务致使对方没有注意或者理解与其有重大利害关系的条款的，对方可以主张该条款不成为合同的内容。

(二) 按标的物属性划分

按照电子商务合同标的物属性划分，可将电子商务合同分为信息产品合同和非信息产品合同。

信息产品，是指可以被数字化并能通过网络来传输的商品，如计算机软件、多媒体交互产品、计算机数据和数据库、在线服务等。标的物为信息产品的合同，是信息产品合同；反之，为非信息产品合同。根据数字化的信息是否需要提供物质载体，信息产品可分为有形信息产品

① 相对人就是合同的对方当事人。

和无形信息产品。有形信息产品是指数字化信息附着在有形载体(如光盘、U盘)上的产品，此类信息产品的交付需要在线下进行；无形信息产品是指数字化的、不存在有形载体的信息产品，合同当事人可以直接通过网络在线下载或订阅以完成交付。非信息产品合同的标的物和有形信息产品的交付可以直接适用我国《民法典》合同编的有关规定，而无形信息产品在履行时间、履行方式、检验退货和风险承担等方面都有其特殊性。

(三) 按当事人性质划分

按照电子商务合同当事人性质划分，可将电子商务合同分为电子代理人订立的合同和合同当事人本人订立的合同。

1. 电子代理人订立的合同

电子代理人的概念最早见于美国1999年颁布的《统一电子交易法》，该法案将电子代理人定义为："不需要人的审查或操作，而能用于独立地发出、回应电子记录，以及部分或全部地履行合同的计算机程序、电子或其他计算机自动化手段。"目前被称为"电子代理人"的网上自动交易系统正被广泛应用。这些网上自动交易系统能够自动地发送、接收、处理交易信息，完成合同的要约、承诺直至确认合同订立的全过程，较少甚至不需要人工介入合同的协商。网上自动交易系统在网上购物、网上银行、企业之间的电子批发商务、各种网络服务商提供的集中竞价的电子交易平台等应用较为广泛。可以说，网上自动交易系统使现代交易效率得到了一个质的飞跃。《电子商务法》第48条的规定承认了自动信息系统自动性的法律效力，当事人通过自动信息系统发送或接收数据电文与对方(自然人或法人)的系统之间进行信息交互时，即使无自然人进行确认，也不代表订立或者履行合同的行为无效。

需要注意的是，电子代理人虽然使用了"代理"一词，但与民商法理论中的"代理"有本质的区别。电子代理人并不是具有法律人格的主体，不能独立地承担民事责任。它只是合同当事人预先设定的程序，该程序涵盖了当事人预先设定的要约、承诺条件、订立和履行合同的方式，是当事人意思的全面反映，只要不存在电子错误的情况，几乎等同于当事人本人的意思表示。因此，电子代理人在收到交易相对方的意思表示后作出自动反应，可以达成合意，电子商务合同有效。

2. 合同当事人本人订立的合同

合同当事人双方由本人亲自协商后订立合同。例如，通过电子邮件订立的合同，合同双方的当事人直接通过电子邮件对合同条款进行协商，并最终达成意思表示一致，订立合同。

任务二　电子商务合同的订立与成立

一、电子商务合同的订立

合同的订立过程就是合同当事人经过一系列行为达到合同成立的过程。因此，电子商务合同的订立是指缔约人作出意思表示并达成合意的行为和过程。传统方式下，合同的签订一般都需要经由当事人之间进行协商、谈判并最终达成一致意见。尽管电子商务合同是通过互联网，采取数据电文的方式表达完成的，但其订立过程也要遵循传统合同订立的基本原理。我国《民法典》规定，当事人订立合同，可以采取要约、承诺方式或者其他方式。为此，电子商务合同的订立也应包括要约和承诺两个阶段才能完成。

(一) 电子商务合同的要约

1. 电子要约与要约邀请

在合同订立的规则中，有一对概念是需要特别加以区分的，那就是要约与要约邀请。根据《民法典》的规定，要约是希望与他人订立合同的意思表示，发出要约的当事人为要约人，对方为受要约人。有效的要约应当符合下列条件：①内容具体确定；②表明经受要约人承诺，要约人即受该意思表示约束。要约邀请是希望他人向自己发出要约的表示。

要约和要约邀请的区别主要包括以下两点：①要约的内容应当具体明确，如果缺少某一主要条款(如商品名称、数量、价款)，则属于要约邀请；②发送人有约束自己的条款的，是要约，而表明不受约束的是要约邀请。要约具有法律约束力，而要约邀请没有法律约束力。如拍卖公告、招标公告、招股说明书、债券募集办法、基金招募说明书、商业广告和宣传、寄送的价目表等为要约邀请。需要注意的是，商业广告和宣传的内容符合要约条件的，构成要约。目前在电子商务平台网页登载的广告或商务信息，以及商家店铺的产品信息等都属于要约邀请。

2. 电子要约的生效

各国对电子要约何时生效有不同的规定，大陆法系国家采用“到达主义”原则，英美法系则采用“投邮主义”原则。电子商务环境下，当事人一般以电子数据作出要约。由于网络传输速度很快，在此种情况下，要约一经发出即刻便可到达受要约人，所以无论是采用“到达主义”原则还是“投邮主义”原则，对电子要约生效的时间都没有太大的影响。

我国对要约采用到达生效原则。要约生效的时间适用《民法典》第137条的规定，主要分为以下几种情况：①以对话方式作出的意思表示，相对人知道其内容时生效。②以非对话方式作出的意思表示，到达相对人时生效。③以非对话方式作出的采用数据电文形式的意思表示，相对人指定特定系统接收数据电文的，该数据电文进入该特定系统时生效；未指定特定系统的，相对人知道或者应当知道该数据电文进入其系统时生效。当事人对采用数据电文形式的意思表示的生效时间另有约定的，按照其约定。

3. 电子要约的撤回与撤销

依照一般法理，要约可以撤回。要约的撤回，是指要约人在发出要约后，到达受要约人之前，取消要约的行为。《民法典》第141条规定：“行为人可以撤回意思表示。撤回意思表示的通知应当在意思表示到达相对人前或者与意思表示同时到达相对人。”这就意味着，如果要约人想要撤回要约，就需要采用比要约更快捷的传递方式发出撤回要约的通知。例如要约人以邮寄信件的方式发出要约，在要约到达受要约人之前，可以用更快捷的方法，如通过打电话将之撤回。但是，要约人采用快速通信的方法发出信息，就很难撤回了。如要约人向受要约人发传真，在发出的同时，受要约人也就收到了，此时就不存在撤回的余地。要约一旦达到受要约人后就发生效力，要约人便不能撤回要约。

在电子传输的瞬时性下，要约一旦发出，几乎同时到达受要约人。因此在实际应用中，还没有其他方式能够在要约指令到达之前就可以撤回指令。为此，有学者主张，撤回要约在电子商务环境中是不可能的，在电子商务合同中讨论要约的撤回没有意义。另一种观点认为，电子要约的撤回虽然非常困难，但并非绝无可能。在网络拥挤或服务器故障的情况下，数据电文都可能延迟到达，使得撤回要约的通知可能更早到达受要约人。此时，从尊重契约自由原则和维护法律的一致性的角度出发，法律应承认要约人撤回要约的权利。这种观点综合考虑了电子交易的特殊性和法律对双方当事人权益的平等保护，是较为科学的。

要约可以撤销。要约的撤销，是指要约生效后，要约人取消要约的行为。根据《民法典》第476条规定，有下列情形之一的要约不可以撤销：①要约人以确定承诺期限或者其他形式明示要约不可撤销；②受要约人有理由认为要约是不可撤销的，并已经为履行合同做了合理准备工作。《民法典》第477条规定："撤销要约的意思表示以对话方式作出的，该意思表示的内容应当在受要约人作出承诺之前为受要约人所知道；撤销要约的意思表示以非对话方式作出的，应当在受要约人作出承诺之前到达受要约人。"

电子商务活动中，如果要约以电子邮件的方式发出，一般情况下，在受要约人回复之前是可以撤销的；如果当事人采用电子自动交易系统从事电子交易，承诺由交易系统即时自动回复，则要约人基本没机会撤销要约。例如通过EDI发出的要约，接收信息的电子计算机根据预先设定的程序自动进行处理，当即作出接受或拒绝的回复。这种情况下，要约几乎没有一个有效存在的期间，要约的撤销在EDI条件下似乎不大可能。

4. 电子要约的失效

电子要约的失效指的是要约不再对要约人和受要约人产生法律上的约束力。我国《民法典》第478条明确规定了要约失效的几个条件：①要约被拒绝；②要约人依法撤销要约；③承诺期限届满，受要约人未作出承诺；④受要约人对要约的内容作出实质性变更。在电子商务合同的订立过程中，以上使要约失效的4个条件也同样适用。

(二) 电子商务合同的承诺

承诺是受要约人同意要约的意思表示。承诺的法律意义在于承诺生效，则合同成立。

1. 承诺的有效要件

根据《民法典》的规定，一项有效的承诺应当具备以下几个条件。

(1) 承诺必须由受要约人向要约人作出。受要约人以外的第三人即便知道要约的内容并作出同意要约的意思表示，合同也不能因此成立。

(2) 承诺的内容不能对要约的内容作出实质性的变更。受要约人必须完全同意要约意思表示，才能构成承诺，合同才能成立。如果受要约人对要约的内容作出实质性的变更则为新要约。如果受要约人对要约的内容作出非实质性的变更，除非要约人及时表示反对或者要约表明承诺不得对要约的内容作出任何变更的以外该承诺有效。合同的内容以承诺的内容为准。对于合同标的、数量、质量、价款或者报酬、履行期限、履行地点和方式、违约责任和解决争议方法等内容的变更，是对要约内容的实质变更。

(3) 承诺应当在要约确定的期限内到达要约人。依《民法典》规定，要约没有确定承诺期限的，承诺应当依照下列规定到达：要约以对话方式作出的，应当即时作出承诺；要约以非对话方式作出的，承诺应当在合理期限内到达。“合理期限”可理解为依通常情形可期待承诺到达的时间。对电子商务合同而言，以上规则也完全适用。由于网络的虚拟性，确定承诺的生效就成为判断电子商务合同成立的非常重要的问题。要约以电话、传真、电子邮件等快速通讯方式作出的，承诺期限自要约到达受要约人时开始计算。

2. 电子承诺的生效

(1) 关于承诺的方式。《民法典》第480条规定：“承诺应当以通知的方式作出；但是，根据交易习惯或者要约表明可以通过行为作出承诺的除外。”若要约人规定了承诺的方式，则承诺应该符合该方式的要求；若没有规定，则应以合理的方式作出。依照一般法理，承诺的表示方式应与要约一致，即要约以什么方式作出，承诺也应以什么方式作出。

(2) 关于承诺生效的时间。《民法典》第481条规定：“承诺应当在要约确定的期限内到达要约人。要约没有确定承诺期限的，承诺应当依照下列规定到达：(一)要约以对话方式作出的，应当即时作出承诺；(二)要约以非对话方式作出的，承诺应当在合理期限内到达。”可见，《民法典》采用到达生效原则。关于承诺期限计算方法，《民法典》第482条作出规定：“要约以信件或者电报作出的，承诺期限自信件载明的日期或者电报交发之日开始计算。信件未载明日期的，自投寄该信件的邮戳日期开始计算。要约以电话、传真、电子邮件等快速通讯方式作出的，承诺期限自要约到达受要约人时开始计算。”关于承诺到达时间的判断，见前述《民法典》第137条的规定。

受要约人超过承诺期限发出承诺，或者在承诺期限内发出承诺，按照通常情形不能及时到达要约人的，为新要约；但是，要约人及时通知受要约人该承诺有效的除外。

受要约人在承诺期限内发出承诺，按照通常情形能够及时到达要约人，但是因其他原因致使承诺到达要约人时超过承诺期限的，除要约人及时通知受要约人因承诺超过期限不接受该承诺外，该承诺有效。

3. 电子承诺的撤回

承诺的撤回，是指受要约人在承诺生效之前将其取消的行为。对于承诺能否撤回的问题，英美法系和大陆法系持截然相反的态度。英美法系立法一般对承诺生效采用“投邮主义”原则，承诺一经发出即告生效，不存在撤回问题。大陆法系立法一般对承诺生效采用“到达主义”原则，承诺到达要约人时才发生效力，因此允许受要约人撤回承诺。我国《民法典》也采取“到达主义”原则。根据《民法典》第141和485条的规定，承诺可以撤回。撤回承诺的通知应当在承诺通知到达要约人之前或者与承诺通知同时到达要约人。

理论上，电子商务合同中关于要约撤回的规则同样适用于承诺的撤回，以数据电文发出的承诺可以撤回。在电子商务活动中，数据电文的传输可能遇到网络故障、停电断电、信息系统感染病毒等情况，使承诺不能在发出后即刻到达。因此，受要约人撤回承诺的情形是存在的。从尊重契约自由的原则和诚实信用原则出发，我们应当认可要约人或者承诺人的撤回通知，以使电子商务合同的成立要件既不优于也不劣于传统合同方式订立的合同。要约和承诺的撤回在现实中某些特殊情况下是具有可能性和必要性的。

课堂小活动

实践：请亲自体验订立电子商务合同的全过程，思考在此过程中可能存在的法律问题。

二、电子商务合同的成立

合同的成立，是指当事人经由要约、承诺，就合同的主要条款达成合意，即双方当事人意思表示一致而建立合同关系。合同的成立与合同的订立是两个不同的概念，两者既有联系又有区别。合同订立是行为和过程，合同成立是结果。

(一) 电子商务合同成立的时间

一般情形下，合同的成立时间就是合同生效的时间。《民法典》规定，依法成立的合同，自成立时生效。电子商务合同成立的时间就是电子商务合同开始对当事人产生法律约束力的时间。根据《民法典》的规定，收件人收到数据电文的时间即为电子商务合同到达生效的时间。对于电子商务合同，如果收件人指定特定系统接收数据电文的，该数据电文进入该特定系统时生效；未指定特定系统的，收件人知道或者应当知道该数据电文进入其任一系统时生效。当事人对采用数据电文形式的意思表示的生效时间另有约定的，按照其约定。此外，《民法典》第491条规定："当事人采用信件、数据电文等形式订立合同要求签订确认书的，签订确认书时合同成立。当事人一方通过互联网等信息网络发布的商品或者服务信息符合要约条件的，对方选择该商品或者服务并提交订单成功时合同成立，但是当事人另有约定的除外。"此条规定与《电子商务法》第49条的规定一致。

(二) 电子商务合同成立的地点

承诺生效的地点就是合同成立的地点，而合同成立的地点又关系到合同争议的管辖权、法律适用及裁决承认和执行等问题，因而具有十分重要的法律意义。《民法典》第492条第2款规定："采用数据电文形式订立合同的，收件人的主营业地为合同成立的地点；没有主营业地的，其住所地为合同成立的地点。当事人另有约定的，按照其约定。"

拓展阅读

京东用户协议关于平台要约与承诺的规定

(1) 在您使用本网站下订单时，请您仔细确认所购商品的名称、价格、数量、型号、规格、尺寸、联系地址、电话、收货人等信息。收货人的行为和意思表示视为您的行为和意思表示，您应对收货人的行为及意思表示的法律后果承担连带责任。

(2) 您理解并同意：本网站上销售商展示的商品和价格等信息仅仅是要约邀请，您下单时须填写您希望购买的商品数量、价款及支付方式、收货人、联系方式、收货地址(合同履行地点)、合同履行方式等内容；系统生成的订单信息是计算机信息系统根据您填写的内容自动生成的数据，仅是您向销售商发出的合同要约；销售商收到您的订单信息后，只有在销售商将您在订单中订购的商品从仓库实际直接向您发出时(以商品出库为标志)，方视为您与销售商之间就实际直接向您发出的商品建立了合同关系；如果您在一份订单里订购了多种商品并且销售商只给您发出了部分商品时，您与销售商之间仅就实际直接向您发出的商品建立了合同关系，只有在销售商实际直接向您发出了订单中订购的其他商品时，您和销售商之间就订单中其他已实际直接向您发出的商品才成立合同关系；对于电子书、数字音乐、在线手机充值等数字化商品，您下单并支付货款后合同即成立。当您作为消费者为生活消费需要下单并支付货款的情况下，您货款支付成功后即视为您与销售商之间就已支付货款部分的订单建立了合同关系。

任务三　电子商务合同的效力

合同生效是指已经成立的合同在当事人之间产生了一定的法律约束力。合同成立是合同生效的前提，但成立后的合同并不必然产生当事人所追求的法律效果，只有符合法律规定的生效要件的合同才会产生法律约束力。成立后的合同不符合相应生效要件的，则分别成为无效合同、可撤销合同和效力待定合同，并产生相应的法律后果。

我国《民法典》第143条规定了民事法律行为的生效要件为：①行为人具有相应的民事行为能力；②意思表示真实；③不违反法律、行政法规的强制性规定，不违背公序良俗。一般而言，电子商务合同作为民事法律行为应符合上述要件才能生效。但由于电子商务合同订立过程中使用了现代的通信手段，产生了一些新的问题，如对电子商务合同当事人身份和行为能力的确认、电子代理人及电子错误对合同效力的影响等问题，这些都对电子商务合同的效力产生了一定的影响。

一、电子商务合同的当事人

(一) 当事人身份的确认

在传统的合同订立过程中，当事人依靠面对面的洽谈交易、对照印鉴或署名等方式来确认对方当事人的身份。在电子交易中，由于电子商务活动是在虚拟空间进行的，当事人基于对自身个人信息保护等方面的考虑，可能以昵称或代码进入某商业网站平台，所登录的身份往往与真实情况不符。因此，在电子交易中，如何识别当事人的身份是一个十分重要的问题。电子商务合同中，数据电文所载明的发件人是否是真正的发件人，当事人无法通过直观感知的方式进行确认。因此，在电子商务实践中便形成了以密码、电子签名、文件加密、回电确认等方式确认当事人身份的方式。目前，以成文法的方式确立电子签名的法律效力，是各国普遍采纳的有效方法。我国《电子签名法》第14条规定："可靠的电子签名与手写签名或盖章具有同等的法律效力。"此条规定确立了电子签名在我国的法律地位。

(二) 当事人缔约能力的认定

1. 自然人缔约能力的认定

当事人订立合同，应当具有相应的民事权利能力和民事行为能力。这个要求对电子商务合同同样适用。根据《民法典》的规定，无民事行为能力人缔结的合同无效。限制民事行为能力人超出其年龄、智力、精神健康状况缔结的合同须经其法定代理人同意或者追认后方才有效。而电子交易虚拟性的特点使得在电子商务活动中判断对方当事人的缔约能力有一定的困难。为此，我国《电子商务法》第48条第2款明确规定："在电子商务中推定当事人具有相应的民事行为能力。但是，有相反证据足以推翻的除外。"

2. 企业或非企业组织缔约能力的认定

在电子商务合同订立过程中，对企业或非企业组织缔约能力的认定，相对于自然人而言较为有据可依。企业或非企业组织多指电子商务经营者。前文提及电子商务经营者主要包括电子商务平台经营者、平台内经营者以及通过自建网站、其他网络服务销售商品或者提供服务的电子商务经营者。首先，根据我国《电子商务法》的规定，电子商务经营者除个人销售自产农副产品、家庭手工业产品，个人利用自己的技能从事便民劳务活动和零星小额交易活动的外，应当依法办理市场主体登记，而且电子商务经营者应当在其首页显著位置，持续公示营业执照信息、与其经营业务有关的行政许可信息。其次，电子商务平台经营者都会要求申请进入平台销售商品或者提供服务的经营者提交其身份、地址、联系方式、行政许可等真实信息，进行核验、登记，建立登记档案，并定期核验更新。另外，平台经营者还必须按照规定向市场监督管理部门报送平台内经营者的身份信息，提示未办理市场主体登记的经营者依法办理登记，并配合市场监督管理部门。当事人可以通过合法手段查询、认证。

二、电子代理人

(一) 电子代理人的含义

前文提及，电子代理人是指不需要人的审查或操作，而能用于独立地发出、回应电子记录，以及部分或全部地履行合同的计算机程序、电子的或其他自动化手段。

在电子商务活动中，当事人订立电子商务合同，是由交易双方通过电子数据传递实现的，一些商家在电子商务中采用了智能化交易系统(即电子代理人)自动发送、接收，或处理数据电文，甚至部分或全部地履行合同，这种交易方式被称为电子自动交易。这些电子交易系统具有按照预定程序审单判断的功能，可以执行数据电文发送、接收、确认等任务，从而完成合同的订立。在现有的技术环境下，电子商务活动中主要存在三种电子自动交易情形：①企业间使用固定的信息系统，以标准化的格式传输和处理商业文件，即EDI；②一方当事人使用自动交易系统销售其产品，多见于B2C交易之中；③自动竞价交易平台，如易趣、淘宝等C2C平台或者网络证券买卖系统[①]。

(二) 电子代理人的法律性质

电子代理人虽然也使用了"代理"一词，但与民商法理论中之"代理"截然不同，只是具备了后者的某些外部特征而已。在传统民事代理中，代理人在代理权限内，以被代理人的名义实施民事法律行为。被代理人对代理人的代理行为承担民事责任。在电子代理中，电子代理人几乎完全是按照被代理人即系统用户的意思行事，没有独立的意思思维和能力。它本身只是一种智能化交易系统，由使用人(即用户)预先设置好自动应答程序进行信息处理。因此，电子代理人并不具有法律人格，只是一种能够执行当事人意思的智能化交易工具，其智能功能是当事

① 张楚. 电子商务法教程[M]. 北京：首都经济贸易大学出版社，2017：78.

人根据需求按程序预设的。因此，电子代理人所发出的数据电文的法律效力完全归属于用户，一旦出现错误，法律责任也由用户承担。而且，虽然电子代理人能进行信息的自动交流和处理，但都是遵从用户预先设定好的程序作出反应，且用户在程序运行中可以随时介入，其行为的结果理应由用户承担。对此问题，1992年欧共体(现欧盟)委员会在其提出的《通过EDI订立合同的研究报告》中指出，可以把对计算机(电子代理人)的运作拥有最后支配权的人，视为该计算机(电子代理人)所发出的要约或承诺的责任人。对电子代理人行为的法律效力问题，我国《电子商务法》第48条第1款明确规定："电子商务当事人使用自动信息系统订立或者履行合同的行为对使用该系统的当事人具有法律效力。"

课堂小活动

案例分析：电子代理人的代理行为是否有效?

2000年1月，能光信息网站上竞拍"3721"的黄金中文"免费邮箱""软件下载""招聘"网址1年的使用权。竞拍规则称：商家在规定的2小时内，谁出价最高，黄金中文网址1年的使用权就归谁。拍卖结果是三个中文网址使用权分别以2.4万元、2.4万元、4万元的价格由三家公司获得。

但浪勃公司对拍卖结果提出异议，表明怀疑其结果的公正性。浪勃公司发言人描述的拍卖过程如下：浪勃公司于1月10日中午12时开始应价竞买"招聘"中文网址；12时57分，输入应价37 000元；12时59分，发现其他竞买人出价40 000元，遂迅速输入应价41 000元，点击应价键后，并"确认"，系统接受应价，并在拍卖网页头条显示出来，随即变灰失效，应价活动自动停止。5分钟后，浪勃公司收到"3721"发来电子邮件，恭贺其获得"招聘"中文网址，邀请该公司参加1月11日的新闻发布会并安排进行短暂演讲。不料当日下午6时，能光信息网站忽然通知，称浪勃公司最后竞买超过规定时间17秒，应价失败，"招聘"中文网址由另一家公司竞得，并称能光信息网站对此次活动拥有最后解释权。

请问：计算机代替人的行为是否有效，即电子代理人的代理行为是否应当承担责任。

三、电子错误

(一) 电子错误的含义

合同法律制度中的错误即重大误解，是指行为人对行为的性质、对方当事人及标的物的品种、质量、规格、数量等的错误认识，使行为的后果与自己的意思相悖，造成较大损失的意思表示。电子错误，是指在电子商务合同订立的过程中，双方当事人在使用信息处理系统时产生的错误。

一般而言，电子错误应该满足以下三个要件：①当事人的意思产生了错误；②该错误与使用信息系统存在直接的关系；③该信息系统的程序设置正当，并非由于当事人刻意更改了信息系统的程序而产生的人为错误。

(二) 电子错误的法律责任

由于电子错误并非当事人真实的意思表示，原则上应当允许当事人撤销该交易结果。我国《民法典》第147条规定："基于重大误解实施的民事法律行为，行为人有权请求人民法院或者仲裁机构予以撤销。"但是重大误解的当事人自知道或者应当知道撤销事由之日起90日内没有行使撤销权的该权利消灭。此外，当事人自民事法律行为发生之日起5年内没有行使撤销权的，撤销权消灭。电子商务合同因错误被撤销后，行为人因该合同取得的财产，应当予以返还；不能返还或者没有必要返还的，应当折价补偿。有过错的一方应当赔偿对方由此所受到的损失；各方都有过错的，应当各自承担相应的责任。

四、电子签名与电子认证

电子签名与电子认证作为电子商务的安全保障手段，既是一个将电子商务法律主体的身份与其电子记录联系起来的技术性问题，又是一个重要的法律问题。电子签名侧重于解决当事人身份辨别与文件归属问题，而电子认证解决的是密钥及其持有人的可信度问题。我国《电子签名法》已于2005年4月1日开始实施。《电子签名法》从法律层面确立了电子签名的效力，规范了数据电文、电子签名和电子认证等行为，对于促进我国电子商务发展具有十分重要的意义。自《电子签名法》颁布实施以来，很多领域都开始广泛使用电子签名和电子认证，常见的有网上银行、实体银行、电子政务、电子合同的签署，以及电信、银行营业厅等场所，特别是随着互联网的发展，网上银行采用基于电子签名进行身份认证，应用十分广泛。

(一) 电子签名

1. 电子签名的概念和种类

电子签名是传统签名在信息化时代的发展，电子签名并非书面签名的数字化扫描图像，而是附加于一项数据电文之中或之后的，或与之有逻辑上联系的电子数据信息。它可用来证明数据电讯发出者的身份，确定签名人与数据信息的联系并表明签署者承认该数据电文中所包含的信息内容。目前，国际上并没有统一的定义，根据我国《电子签名法》的规定，电子签名是指数据电文中以电子形式所含、所附用于识别签名人身份并表明签名人认可其中内容的数据。同时《电子签名法》将数据电文定义为"以电子、光学、磁或者类似手段生成、发送、接收或者储存的信息"。在我国，能够有形地表现所载内容并可以随时调取查用的数据电文，视为符合法律、法规要求的书面形式。

《电子签名法》规定，民事活动中的合同或者其他文件、单证等文书，当事人可以约定使用或者不使用电子签名、数据电文，但下列文书除外：①涉及婚姻、收养、继承等人身关系的；②涉及停止供水、供热、供气等公用事业服务的；③法律、行政法规规定的不适用电子文书的其他情形。

电子签名主要包括电子化签名、生理特征签名和数字签名三种。电子化签名是指对手写签名进行模式识别的签名方法。生理特征签名是指使用某种电子传感器收集一些生物特征，进行识别度量并附加到文档作为证据的方法。生物特征识别签名包括指纹、手的几何形状(手指的长度和手掌的大小)、虹膜图案、声音特征，甚至是视网膜图案。这些物理特征中的每一个都具有人类独特性的要求，所以每个特征在某种程度上都可以用作签名。数字签名(又称公钥数字签名)是只有信息的发送者才能产生的别人无法伪造的一段数字串，这段数字串同时也是对信息的发送者发送信息真实性的一个有效证明。可见，数字签名采用了规范化的程序和科学化的方法，能够确保所传输的电子文件的完整性、真实性和不可抵赖性。数字签名是目前在电子商务、电子政务中应用较普遍的一种电子签名方法。

2. 可靠的电子签名

《电子签名法》第13条规定：“电子签名同时符合下列条件的，视为可靠的电子签名：电子签名制作数据用于电子签名时，属于电子签名人专有；签署时电子签名制作数据仅由电子签名人控制；签署后对电子签名的任何改动能够被发现；签署后对数据电文内容和形式的任何改动能够被发现。”

3. 电子签名的效力

《电子签名法》明确规定，可靠的电子签名与手写签名或者盖章具有同等的法律效力。电子签名有两个基本功能：①识别签名人；②表明签名人对内容的认可。为此，如果签名人按照法律要求合法使用了电子签名，该电子签名的法律效力将体现在以下三个方面。第一，对签名人的效力。对签名人而言，电子签名具有与传统签名相同的功能：一是能表明签名人承认其为文件的签署者；二是表明签名人对文件内容的确认；三是表明签名人对文件内容正确性和完整性负责。第二，对数据电文内容的效力。电子签名和数据电文紧密联系，经过电子签名的数据电文即表明其得到了签名人的认可，在符合证据客观性、关联性、合法性等要求的条件下，可以作为证据使用。伪造、冒用、盗用他人的电子签名，构成犯罪的，依法追究刑事责任；给他人造成损失的，依法承担民事赔偿责任。第三，对法律行为的效力。因为电子签名与传统手写签名和盖章具有同等的法律效力，所以当法律规定某种法律行为必须以书面签名形式作出时，以电子签名对数据电文的签署，就充分地满足了这一要求，同时也构成了相应合同成立与生效的时间、地点等重要法律行为因素。

(二) 电子认证

1. 电子认证的概念

电子认证与电子签名一样都是电子商务中的安全保障机制，其对电子商务合同具有十分重要的意义。“认证”一词的传统意思就是鉴别，主要指权威的、中立的、没有直接利害关系的第三人或者机构，对当事人提出的包括文件、身份、物品及其产地、品质等具有法律意义的事实与资格，经审查属实后作出的证明。电子认证是指由特定的第三方机构通过一定的方法对签名者及其所做的电子签名的真实性进行验证的一种活动。我国《电子签名法》首次系统地规定了电子认证服务的相关制度，使电子认证在我国迅速得到推广，并成为解决电子商务当事人信用问题的一个有效途径。

2. 电子认证机构

《电子签名法》第16条规定：“电子签名需要第三方认证的，由依法设立的电子认证服务提供者提供认证服务。”在目前较为普遍应用的数字认证过程中，有一个把数字签名和特定的人或者实体加以联系的专门管理机构，这个特定的机构就是“认证机构”(Certificate Authority，简称CA)。认证机构是一个具有权威性公信力的第三者，作为安全认证机关，是负责发放和管理数字证书的权威机构，并作为电子商务交易中受信任的第三方，承担公钥体系中公钥的合法性检验的责任。认证机构为每个使用公开密钥的用户发放一个认证证书，认证证书的作用是证明证书所列出的用户合法拥有证书中列出的公开密钥。它负责产生、分配并管理所有参与网上交易的个体所需的认证证书，是安全电子交易的核心环节。电子认证的目的是把电子签名和交易联系起来，确保对方得到的电子签名不是其他人假冒的。

在我国，从事电子认证服务，应当向国务院信息产业主管部门提出申请，并符合下列条件：①取得企业法人资格；②具有与提供电子认证服务相适应的专业技术人员和管理人员；③具有与提供电子认证服务相适应的资金和经营场所；④具有符合国家安全标准的技术和设备；⑤具有国家密码管理机构同意使用密码的证明文件；⑥法律、行政法规规定的其他条件。取得认证资格的电子认证服务提供者，应当按照国务院信息产业主管部门的规定在互联网上公布其名称、许可证号等信息。

3. 电子认证的程序

目前，在开放性网络中被广泛使用的电子签名以数字签名为主，因此，认证机构主要是对数字签名的真实性进行确认。发件人在做电子签名前，签署者必须将他的公共密钥送到一个经合法注册的认证中心进行登记并由该认证中心签发电子印鉴证明，然后发件人将电子签名文件同电子印鉴证明一并发送给对方，收件方经由电子印鉴佐证及电子签名的验证，即可确信电子签名文件的真实性和可信性。电子认证的具体工作程序如下：①发件人利用密钥制造系统产生公钥和私钥。②发件人在做电子签名前，必须将他的身份信息和公钥送到认证机构，向该认证机构申请登记并由其签发认证证书。③认证机构根据有关的法律规定和认证规则以及自己和当事人之间的约定，对申请进行审查。如果符合要求，就发给发件人一个认证证书，证明发件人的身份、公开密钥以及其他有关的信息。④发件人对其要约信息以其私钥制作数字签名文件，连同认证证书一并送给收件方，向对方发出要约。⑤收件方接收到电子签名文件和认证证书之后，根据认证证书的内容，向相应的认证机构提出申请，请求认证机构将对方的公开密钥发给自己。⑥收件人通过公钥和电子签名的验证，即可确信电子签名文件的真实性和可靠性。若收件人承诺，则电子商务合同成立。

4. 电子认证的法律关系

电子认证需要多方当事人参与，包括认证机构、电子签名人(证书持有人)和证书信赖人。在电子认证过程中，他们各方享有一定的权利，履行一定的义务，形成了电子认证法律关系。

(1) 认证机构与电子签名人之间的法律关系。认证机构提供电子认证服务，一般是以合同为基础的。也就是说，电子商务认证是基于认证机构与电子签名人之间的合同而产生的服务关系。

根据《电子签名法》的规定，电子签名人作为认证机构的客户承担着两项义务：①真实陈述义务。《电子签名法》第20条规定：“电子签名人向电子认证服务提供者申请电子签名认证证书，应当提供真实、完整和准确的信息。”未向电子认证服务提供者提供真实、完整和准确的信息，或者有其他过错，给电子签名依赖方、电子认证服务提供者造成损失的，应当依法承担赔偿责任。②私人密钥控制义务。《电子签名法》第15条规定："电子签名人应当妥善保管电子签名制作数据。电子签名人知悉电子签名制作数据已经失密或者可能已经失密时，应当及时告知有关各方，并终止使用该电子签名制作数据。"

根据《电子认证服务管理办法》的规定，电子认证服务机构应当履行下列义务：①保证电子签名认证证书内容在有效期内完整、准确；②保证电子签名依赖方能够证实或者了解电子签名认证证书所载内容及其他有关事项；③妥善保存与电子认证服务相关的信息。

(2) 认证机构与证书信赖人之间的法律关系。证书信赖人，也称电子签名依赖方，是指基于对电子签名认证证书或者电子签名的信赖从事有关活动的当事人。其与认证机构之间不一定存在合同关系，但当其基于信赖利用证书而与证书持有人进行交易时，便成为证书服务关系的利害关系人，认证机构在特定情况下需要对其承担责任。《电子签名法》第28条规定："电子签名人或者电子签名依赖方因依据电子认证服务提供者提供的电子签名认证服务从事民事活动遭受损失，电子认证服务提供者不能证明自己无过错的，承担赔偿责任。"

(3) 电子签名人与证书信赖人之间的法律关系。电子签名人与证书信赖人之间多数为商务合同关系，主要受《民法典》调整，一般要求双方作为善意谨慎的交易主体尽到注意义务即可。

拓展阅读

误将24万元的茅台酒标价2.65万元售出，法院会如何处理

2020年3月17日，消费者褚某在淘宝平台上，以26 500元的直购价购得了某淘宝商家的巴拿马国际金奖纪念酒53度60斤装的贵州茅台酒1坛，并支付了全部价款。翌日，网店以价格设置错误为由，要求取消订单，在褚某坚持要求发货后，卖家于3月20日同意发货，在双方协商过程中，褚某承诺自愿补偿给卖家5万元。但卖家发货后告知褚某，货物在装车时发生了损坏且调货有难度，因此无法交付茅台酒。消费者褚某购买后，没有收到货，遂将卖家诉至浙江省天台县人民法院，要求对方交付涉案的1坛茅台酒并赔偿合理费用11 000元。

对此，卖家辩称：公司员工对酒的价格及淘宝网店的相关操作不熟悉，误将进货价为240 000元的涉案茅台酒的直销价，设定为26 500元，少写了一个0。原告褚某以误设的26 500元价格购得涉案茅台酒。被告3月18日发现错误后，及时联系原告进行协商，但是未果。被告认为，合同内容继续履行则会造成显失公平，故不同意继续履行合同。另外，原告褚某在本案交易中并没有实际损失，即使有损失，按照《阿里拍卖平台管理规范》规定，被告的赔付范围仅为原告所付保证金数额的5倍。就此，8月3日被告向天台法院提出反诉请求：要求撤销原、被告于2020年3月17日订立的涉案茅台酒买卖合同。

9月11日，天台法院一审判决被告向原告交付巴拿马国际金奖纪念酒53度60斤装贵州茅台酒1坛，同时，由原告褚某支付被告5万元；驳回褚某要求被告赔偿合理费用11 000元的诉讼请求；驳回被告的反诉请求。

因不服判决，被告向台州市中级人民法院提出上诉。二审中，当事人没有提交新证据。台州中院经审理查明的事实与原审天台法院认定的事实一致，对原审法院认定的事实予以确认。11月20日，台州中院判决：驳回上诉，维持原判。

法官就本案三个争议焦点作了剖析：

(1) 合同订立是否显失公平。卖家主张“显失公平”的请求权基础，《民法总则》[①]对“显失公平”规定了适用条件，即一方利用对方处于危困状态、缺乏判断能力等情形，即应以“乘人之危”为因，以“显失公平”为果。本案的褚某是普通消费者，卖家是网店经营者。在网络购物合同缔约时，卖家显然不存在危困状态或缺乏判断能力等情形，无法满足《民法总则》关于“显失公平”的构成要件。

(2) 卖家申请法院撤销合同的除斥期间是否经过。卖家主张其没有线上销售实践经验，操作不熟悉，因而对涉案茅台酒价格设置错误，将进货价格为240 000余元的商品，“错误标价”为26 500元，致使行为后果与其真实意思相悖，并造成较大损失，该情形更符合法律关于“重大误解”的定义。《民法总则》将基于“重大误解”产生的撤销权除斥期间规定为：知道或者应当知道撤销事由之日起90日内。本案中，卖家自2020年3月18日即发现“错误标价”，但一直未提请人民法院或仲裁机构予以撤销，直到2020年8月3日才提出撤销。此外，疫情虽然给当事人诉讼活动带来一定不便，但也没有导致上诉人无法行使撤销权，故应认定除斥期间已经过，撤销权消灭。此外，卖家知道“错误标价”后又同意发货，并实际下发货单，应视为撤销权人在明知享有撤销权的情况下，主动提交履行，表示卖家放弃了撤销权。

(3) 卖家交付涉案茅台酒是否属于事实上履行不能。涉案茅台酒因限量发行具有一定的稀缺性，但并非独一无二、不可替代。卖家在明知褚某支付的对价与涉案茅台酒进货价格价差的情况下，仍同意发货并下发货单，表明其默认了履行该合同所带来的经济损失。卖家辩称的涉案茅台酒已经毁损灭失，并无证据可以证明，其主张继续履行显著增加成本，不适合继续履行依据不足，故卖家应当遵循诚实信用原则履行合同义务。

(4)《阿里拍卖平台管理规范》是否适用于本案。卖家主张适用该规范有关“成交不卖”的规定，按照褚某所付保证金数额的5倍进行赔付。该规定是电子商务平台经营者针对平台内经营者违规行为的处理条款，并没有免除销售方按照生效的买卖合同履行交付标的物的义务，不能以此作为卖家可以不交付涉案茅台酒的依据。

任务四　电子商务合同的履行

一、电子商务合同履行概述

合同的履行，是指合同生效后，当事人各方按照合同约定或法律的规定，正确、全面、适当地完成合同中规定的各项义务，使债权人的合同债权得以完全实现的过程。合同履行是一个行为过程，是合同法律效力最集中的体现。我国《民法典》第509条规定：“当事人应当按照约定全面履行自己的义务。”这是法律对于合同履行的基本要求。电子商务合同因标的不同分为信息产品合同和非信息产品合同。非信息产品由于有一定的物质载体，仍可遵循传统合同的履行规则，而信息产品的履行存在较强的特殊性。

---

① 因案例中所涉纠纷发生在2020年，当时《民法典》还没有颁布施行，本案例在判决时的法律依据仍然是《民法总则》。

(一) 电子商务合同履行的原则

一般认为，合同的履行原则主要有适当履行原则和协作履行原则，这些基本原则仍然适用于电子商务合同的履行。

1. 适当履行原则

适当履行原则又称全面履行原则，是指当事人必须按照合同约定的标的、质量、数量、价款或报酬、履行期限、履行方式等，由适当主体全面、正确完成合同义务的原则。对于电子商务合同而言，如果是离线交付，债务人必须依约发货或者由债权人自提；如果是在线交付，交付方应给予对方合理检验的机会，并应保证交付的质量。

2. 协作履行原则

协作履行原则是指在合同履行过程中，双方当事人应互助合作共同完成合同义务的原则。《民法典》第509条规定："当事人应当遵循诚信原则，根据合同的性质、目的和交易习惯履行通知、协助、保密等义务。"可见，协作履行原则是诚实信用原则在合同履行方面的具体体现。这一原则要求当事人在合同履行中不仅要适当、全面履行合同约定，还要基于诚实信用原则，对对方当事人履行债务的行为给予协助，使之能够更好地、更方便地履行合同义务。具体而言，协作履行原则的要求主要包括以下几个：①债务人履行合同债务时，债权人应适当受领给付；②债务人履行合同债务时，债权人应给予适当的便利条件；③债务人因故不能履行或不能完全履行合同义务时，债权人应积极采取措施，防止损失扩大。如电子商务合同履行中，为便于发货，债务人有权要求债权人告知其地址和身份信息，债权人不得拒绝。在线交付信息产品时，债权人应使其信息系统处于开放、适于接受的状态。

(二) 电子商务合同的履行方式

考察现有的电子商务交易情况可知，电子商务合同的履行方式主要有以下三种。

1. 在线付款、在线交货

在线付款、在线交货是指在线支付结算，直接通过网络实现交货。此类合同的标的物仅限于信息产品，或某些在线提供的服务。例如应用计算机软件、游戏、音像产品、电子书籍的付款下载等，可以在卖方的网站或指定网址上直接下载并安装使用的产品。

2. 在线付款、离线交货

在线付款、离线交货是指在线支付结算，通过物流配送环节实现交货，这类履行主要针对非信息产品交易。例如，目前B2B、B2C电子商务平台所进行的有形商品的交易多数是在网上支付结算的，而商品需要通过物流配送到达消费者手中的。

3. 离线付款、离线交货

离线付款、离线交货是指在线交易、离线支付结算并通过物流配送环节实现交货。例如目前一些同城的生鲜类电子商务平台就可以在网上订货下单，线下配送，客户在收货后确认支付现金或者用信用卡付款。

对于电子商务合同中的非信息产品可采取在线或离线支付的方式，但交货必然要采取离线交付，因此完全可以适用传统合同法的履行规则；而对于信息产品，如可以附着于有形载体，可采取离线交货，也可以数据信息的方式在线交付。在线交付情形下，因数据信息传输的特殊性，信息产品履行的时间、地点、产品验收、风险转移等问题都有其特殊性。

课堂小活动

讨论：你认为信息产品履行中风险转移的时间如何确定？

二、电子商务合同履行的具体规定

(一) 产品的交付

1. 交付方式

当事人可以就合同标的的交付方式进行约定。根据《电子商务法》第52条规定："电子商务当事人可以约定采用快递物流方式交付商品。快递物流服务提供者为电子商务提供快递物流服务，应当遵守法律、行政法规，并应当符合承诺的服务规范和时限。快递物流服务提供者在交付商品时，应当提示收货人当面查验；交由他人代收的，应当经收货人同意。快递物流服务提供者在提供快递物流服务的同时，可以接受电子商务经营者的委托提供代收货款服务。"

2. 交付时间

(1) 非信息产品交付的时间。电子商务合同当事人可以约定标的物交付方式和交付时间。如果没有约定，根据《民法典》和《电子商务法》的规定，通过互联网等信息网络订立的电子商务合同的标的为交付商品并采用快递物流方式交付的，收货人的签收时间为交付时间。电子商务合同的标的为提供服务的，生成的电子凭证或者实物凭证中载明的时间为提供服务时间；前述凭证没有载明时间或者载明时间与实际提供服务时间不一致的，以实际提供服务的时间为准。

(2) 信息产品交付的时间。与非信息产品一样，当事人也可以就信息产品交付的时间进行约定，如未约定则根据法律规定，合同标的为采用在线传输方式交付的，合同标的进入对方当事人指定的特定系统并且能够检索识别的时间为交付时间。

3. 交付的地点

结合《民法典》的规定可知，如果电子商务合同标的物是有形化的，以常规物流方式配送交付，则买方应在合同约定或法律规定的履行交付的地点接收该标的物。如果合同标的物是电子化的，需采用在线传输方式交付，交付地点是买方指定的信息处理系统。此种情况下，买方有义务使其信息处理系统处于可接收卖方履行交付义务的状态并给卖方适当的通知。如果买方的信息处理系统使卖方无法履行义务或履行迟延，则卖方不承担责任。

(二) 价款或报酬的支付

电子商务当事人可以约定采用电子支付方式支付价款。电子支付(electronic payment)，是指以电子计算机及其网络为手段，将负载有特定信息的电子数据取代传统的支付工具用于资金流程，并具有实时支付效力的一种支付方式。中国人民银行2005年发布的《电子支付指引(第一号)》第2条规定："电子支付是指单位、个人直接或授权他人通过电子终端发出支付指令，实现货币支付与资金转移的行为。”目前，国内各大银行都开通了网上银行业务，通过电子资金划拨方式可以很便捷地完成在线支付。《电子商务法》规定，用户在发出支付指令前，应当核对支付指令所包含的金额、收款人等完整信息。支付指令发生错误的，电子支付服务提供者应当及时查找原因，并采取相关措施予以纠正。造成用户损失的，电子支付服务提供者应当承担赔偿责任，但能够证明支付错误非自身原因造成的除外。当然，当事人也可以采用传统的方式支付。

任务五　电子商务合同的违约救济

违约责任是指当事人不履行合同债务或者履行合同债务不符合规定时，依法产生的法律责任。违约责任既是违约行为的法律后果，也是合同效力的表现。电子商务合同是以数据电文形式表现的合同，其违约问题的处理同样应当遵守传统合同法的一般要求，但由于电子商务合同非传统化的特征，其违约救济方式与传统合同略有不同。《电子商务法》第74条规定：“电子商务经营者销售商品或者提供服务，不履行合同义务或者履行合同义务不符合约定，或者造成他人损害的，依法承担民事责任。”

一、违约责任的归责原则

违约责任的归责原则，是指基于一定的归责事由确定违约方承担民事责任的法律原则。合同违约的归责原则有两种：一种是过错责任原则；另一种是严格责任原则。过错责任原则，是指一方违反合同约定，不履行或不适当履行合同时，应以过错作为其承担责任的要件和确定责任范围的依据。严格责任又称无过错责任，是指只要当事人不履行合同义务或者履行合同义务不符合约定，除存在不可抗力等法定免责事由或当事人另有约定外，不论违约方主观上是否存有过错，都需要承担违约责任。从国际立法趋势和合同法的发展过程来看，一般将严格责任作为违约责任的归责原则。我国《民法典》合同编中也将严格责任确定为违约责任的一般归责原则。

电子商务合同作为合同的一种特殊形式，其根本性质并未改变。因此按照我国合同法律制度的一般性的规定，仍将严格责任作为电子商务合同违约责任的一般归责原则。

二、电子商务合同的违约救济方式

《民法典》第577条规定：“当事人一方不履行合同义务或者履行合同义务不符合约定的，应当承担继续履行、采取补救措施或者赔偿损失等违约责任。”根据《民法典》的规定，合同违约责任的承担方式主要包括支付违约金、采取补救措施、赔偿损失和实际履行。上述责任形式皆可适用于电子商务合同的违约救济。考虑到电子商务合同交易形式和合同标的物独有的特点，其违约救济方式主要有继续履行、采取补救措施、继续使用、停止使用和中止访问、损害赔偿、支付违约金等。

(一) 继续履行

继续履行又称实际履行，是指在一方不履行合同时，另一方有权要求对方继续履行合同义务并可请求法院强制违约方按合同规定的标的履行义务，对方不得以支付违约金和赔偿金的方式代替履行。违约的当事人无论是否已经承担赔偿金或者违约金责任，都必须按照对方的要求，在自己能够履行的情况下，对原合同未履行的部分进行履行。因此，继续履行合同既是为了实现合同的目的，又是一种承担违约责任的方式。根据《民法典》的规定，当事人一方未支付价款、报酬、租金、利息，或者不履行其他金钱债务的，一概可以要求其继续履行合同；当事人一方不履行非金钱债务或者履行非金钱债务不符合约定的，对方可以请求履行，但是有下列情形之一的除外：①法律上或者事实上不能履行；②债务的标的不适于强制履行或者履行费用过高；③债权人在合理期限内未请求履行。可见，继续履行给非违约方较大的选择权，使其可以在权衡利弊的基础上选择接受继续履行或者其他补救措施。

在电子商务合同中鉴于以信息产品为标的物的合同的特殊情况，将继续履行作为合同违约时的救济方式也有重要的现实意义。首先，信息产品本身的易复制性使得违约方在违约后仍然有条件可通过复制原件继续履行原合同义务。其次，信息产品多数具有较高的技术含量，如果非违约方另寻其他代替品，显然会增加成本，选择继续履行能够更好地保护非违约方的权益。再次，对于信息访问合同而言，被许可方的目的就是获得有关信息，只要不是因为信息内容上的原因而违约的，要求继续履行对当事人双方都是最容易实现的。最后，通常情况下，信息产品销售、许可与服务往往连在一起，这使得信息产品合同当事人的权利义务比其他合同更复杂，涉及当事人的多种利益，继续履行合同有利于减少当事人尤其是被许可方的利益损失。

(二) 采取补救措施

在货物买卖合同中，采取补救措施是指义务人交付的标的物不合格或者提供的工作成果不合格，在权利人仍需要的情况下，非违约方可以要求违反合同义务的一方采取修理、重做、更换等补救措施。根据《民法典》规定，卖方交付货物的质量不符合约定的，受损害方根据标的性质及损失大小，可以合理选择要求对方承担修理、更换、重做、退货、减少价款或报酬的违约责任。同样，电子商务合同中，如果标的物是非信息产品，则针对产品的质量问题，非违约方有权要求违约方采取上述补救措施；如果标的物为信息产品，原则上也存在这样的补救措施，即要求许可方或信息提供方更换信息产品或消除缺陷。

(三) 继续使用

对于信息许可使用合同和信息访问合同而言，继续使用是指在许可方违反合同时，未撤销合同的被许可方享有信息权，可以继续使用合同项下的信息。当然，如果被许可方选择继续使用，则该方仍应受合同条款的约束。继续使用不同于继续履行，继续履行是指在违约方不履行合同时，由法院强制违约方继续履行合同债务的违约责任方式。而继续使用虽然也是保护非违约方的利益，但它是从赋予非违约方权利的角度而不是违反方责任的角度来保护的。

(四) 停止使用和中止访问

对于标的物为信息产品的电子商务合同而言，停止使用是指在被许可方违约时，许可方可以在撤销许可或解除合同时，请求对方停止使用并交回有关信息。停止使用的内容包括被许可方须将其所占有和使用的被许可的信息及所有的复制件、相关资料退还给许可方，同时今后被许可方不得继续使用。由于信息产品的可复制性，被许可方交回信息的载体或复制意义并不大，唯有停止使用才能保护许可方的利益。

信息许可访问合同中，当被许可方有严重违约行为时，许可方可以中止其获取信息。严格来说，中止访问不是违约责任的承担形式，而是许可方对被许可方的一种抗辩行为，是履行中的抗辩。作为一种抗辩权，中止访问必须符合一定的条件：①信息许可访问合同必须是双务合同，当事人双方具有对待给付义务；②合同约定的义务已到履行期；③被许可方未按照合同的约定履行，如被许可方未按照约定的时间交付使用费等；④在许可方采取中止措施之前，应通知被许可方。如果被许可方在通知规定的合理时间内消除了违约行为，则中止访问的抗辩就应当立即停止。

(五) 损害赔偿

损害赔偿是最基本的和最重要的违约救济方式，它与上述几种违约救济方式是互补的。一方违约后，除了要求其采取特定补救方式处理外，对于已造成的损害还应予以赔偿。损害赔偿的作用在于使受害者得到完全的赔偿。损害赔偿的最主要特点：一是适用范围极其广泛；二是即使违约方履行了义务或采取了救济措施，只要非违约方还有损失，仍可要求损害赔偿。

《民法典》第584条规定："当事人一方不履行合同义务或者履行合同义务不符合约定，造成对方损失的，损失赔偿额应当相当于因违约所造成的损失，包括合同履行后可以获得的利益。但是，不得超过违约一方订立合同时预见到或者应当预见到的因违约可能造成的损失。"此条规定明确了赔偿的范围包括非违约方因违约而造成的直接损失和间接损失，对于间接损失应以违约方在缔约时合理预见的损失为限。合理预见要具备的条件包括以下几点：①预见的主体是违约方；②预见的时间应当是在订立合同时；③预见的内容包括可能发生的损失的种类及各种损失的大小。关于如何界定"合理预见"的程度也是值得考虑的。

(六) 支付违约金

违约金，是指合同的一方当事人不履行或不适当履行合同时，按照合同的约定，为其违约行为支付的一定数额的金钱。《民法典》第585条规定，当事人可以约定一方违约时应当根据违约情况向对方支付一定数额的违约金，也可以约定因违约产生的损失赔偿额的计算方法。需要注意的是，为了在意思自治、形式自由的基础上协调实质正义、个案公平，平衡自愿原则和公平、诚信原则之间的关系，《民法典》还规定了违约金的司法调整原则，即约定的违约金低于造成的损失的，人民法院或者仲裁机构可以根据当事人的请求予以增加；约定的违约金过分高于造成的损失的，人民法院或者仲裁机构可以根据当事人的请求予以适当减少。

综上所述，电子商务合同成立后，双方必须正确、全面地履行合同规定的义务。在电子商务中，交易的标的物主要有三种：一是商品交易(包括信息产品和非信息产品)；二是知识产权交易；三是服务交易。其中最常见、最主要的是商品交易。支付价款和交付货物分别是交易双方各自的主要责任，是合同履行的核心，任何一方不履行合同义务或者履行合同义务不符合约定的，均构成违约，应按照传统合同法律制度的规定承担继续履行、采取补救措施、赔偿损失等违约责任。基于电子商务合同标的物的特殊性，其违约责任的承担方式较普通合同增加了继续使用及停止使用和中止访问。

三、电子商务合同违约责任的免除

违约责任的免除是指在合同履行过程中，基于法律规定的或者当事人约定的免责事由致使当事人不能履行合同义务或者履行合同义务不符合约定的，当事人可以免于承担违约责任。合同违约的免责事由主要分为法定的免责事由和约定的免责事由。

(一) 法定的免责事由

法定的免责事由主要是不可抗力。不可抗力是指当事人不能预见、不能避免且不能克服的客观情况。因不可抗力不能履行合同的，根据不可抗力的影响，可部分或全部免除责任。传统合同履行中的不可抗力包括因自然原因引起的，如地震等，也包括因社会原因引起的，如战争、暴乱等。网络传输的特殊性会产生传统法律中不曾有过的问题，如电子商务环境中不可避免存在网络故障、病毒感染、黑客攻击等问题。为此，在电子商务环境中，还可将下述情形认定为不可抗力。

1. 文件感染病毒

文件感染病毒的原因可能是遭到恶意攻击，也可能是意外感染。不论是何种原因，如果许可方采取了合理和必要的措施防止文件遭受攻击，如给自己的网站安装了符合标准和业界认可的保护设备、有专人定期检查防火墙等安全设备，但是仍不能避免被感染病毒，导致合同无法正常履行，应当认定为不可抗力。当然，这并不排除许可方返还对方价款的义务。

2. 非因自己原因造成的网络中断

网络传输中断则无法访问或下载许可方的信息。中断可因传输线路的物理损害引起，也可由病毒或攻击造成，当事人对此无法预见和控制，应属不可抗力。

3. 非因自己原因造成的电子错误

电子错误是在电子商务合同订立过程中，双方当事人因使用信息系统而产生的错误或者变异。若电子错误是由于系统本身的程序缺陷导致消费者作出错误的意思表示，则消费者不应承担违约责任。

《民法典》第590条规定：“当事人一方因不可抗力不能履行合同的，根据不可抗力的影响，部分或者全部免除责任，但是法律另有规定的除外。因不可抗力不能履行合同的，应当及时通知对方，以减轻可能给对方造成的损失，并应当在合理期限内提供证明。当事人迟延履行后发生不可抗力的，不免除其违约责任。”

(二) 约定的免责事由

约定的免责事由也称免责条款，是指当事人在合同中约定的，旨在限制或免除其将来可能发生的违约责任的条款。在法律对网络中断、病毒感染、电子错误等问题未作明确规定的情形下，为了避免争议，在签订电子商务合同的过程中，当事人预先约定免责条款是当今电子商家、互联网服务商等降低法律风险的最有效手段。当然，免责条款的约定不得违反法律和社会公共利益，不得排除当事人的基本义务或排除故意或重大过失责任。

拓展阅读

最高法发布网络购物合同纠纷案件司法大数据

最高人民法院于2021年11月19日发布了《网络购物合同纠纷案件特点和趋势(2017.1—2020.6)司法大数据专题报告》(以下简称《报告》)，该报告由中国司法大数据研究院依托人民法院大数据管理和服务平台汇聚的案件和裁判文书数据，采用自然语言识别技术对案情特征进行提取挖掘以及深入分析制作而成。报告以2017年至2020年上半年全国法院民事一审新收、审结网络购物合同纠纷案件为数据范围，介绍网络购物合同纠纷概况，就争议特点、原告诉请及特征等进行分析。《报告》显示，2017年1月1日至2020年6月30日，全国各级人民法院一审新收网络购物合同纠纷案件共计4.90万件。2017年新收1.33万件，2018年新收1.21万件，同比下降9.02%；2019年新收1.56万件，同比增加28.93%；2020年上半年新收近8000件，较上年同期下降0.43%。

国家统计局发布数据显示，2017年至2019年，全国网上零售总额呈逐年上升趋势。据此，每亿元网上零售额网络购物合同纠纷案件量呈先下降后波动走势，2020年上半年每亿元网上零售额纠纷案件量较上年同期下降7.23%。

《报告》还显示，在网络购物合同纠纷案件中，30.78%的争议涉及食品安全问题，22.56%的纠纷案件中消费者认为卖家的销售存在虚假宣传或其他欺诈行为，21.65%的纠纷案件由于商品缺少必要的标签标注，9.15%的争议涉及假冒伪劣等产品质量问题，其他争议合计占比15.86%。

从诉讼请求来看，《报告》显示，在网络购物合同纠纷案件中，90.50%的原告要求被告支付相应赔偿，83.85%的原告要求退货退款，17.57%的纠纷案件中原告要求被告支付货款，2.55%的纠纷案件中原告要求被告继续履行买卖合同，2.46%的纠纷案件中原告要求被告赔礼道歉。

从结案情况来看，纠纷案件争议标的金额较小，平均结案标的额约为4.91万元。此外，约四成网络购物合同纠纷最终调解或撤诉，调撤率较高；以判决方式结案的纠纷中，逾七成案件中原告诉请获得法院不同程度的支持。

(资料来源：浙江网信网)

课后训练

一、单项选择题

1. (　　)是双方或多方当事人之间通过电子信息网络以电子的形式达成的设立、变更、终止财产性民事权利义务关系的协议。

A. 电子商务合同　　B. 书面合同　　C. 网络协议　　D. 数据电文

2. (　　)是希望和他人订立合同的意思表示。

A. 要约　　B. 要约邀请　　C. 承诺　　D. 承诺邀请

3. 根据我国相关法律规定，电子商务合同成立的时间为(　　)。

A. 以发件人发送数据电文的时间为准

B. 以数据电文进入收件人的或其指定的信息系统之时为准

C. 以收件人检查或阅读数据电文的时间为准

D. 以上都可以

4. 某商业网站在其广告页上称某品牌某型号笔记本电脑八折出售给某日访问该网站的前三位访问者，该网络广告属于(　　)。

A. 要约　　B. 要约邀请　　C. 承诺

5. 对于可靠的电子签名的条件，下列说法错误的是(　　)。

A. 电子签名制作数据用于电子签名时，属于电子签名人专有

B. 签署时电子签名制作数据可由电子签名人和其利害关系人控制

C. 签署后对电子签名的任何改动能够被发现

D. 签署后对数据电文内容和形式的任何改动能够被发现

二、多项选择题

1. 从我国当前电子商务开展的情况看，电子商务合同的履行方式有(　　)。

A. 在线付款，在线交货　　B. 在线付款，离线交货

C. 离线付款，在线交货　　D. 离线付款，离线交货

2. 我国《合同法》明确规定了要约失效的几种情况，具体包括(　　)。

A. 拒绝要约的通知到达要约人

B. 要约人依法撤销要约

C. 承诺期限届满，受要约人未作出承诺

D. 受要约人对要约的内容作出实质性变更

3. 当事人约定使用电子签名、数据电文的文书，不得仅因为其采用电子签名、数据电文的形式而否定其法律效力。前款规定不适用下列(　　)文书。

A. 涉及婚姻、收养、继承等人身关系的

B. 涉及土地、房屋等不动产权益转让的

C. 涉及停止供水、供热、供气、供电等公用事业服务的

D. 法律、行政法规规定的不适用电子文书的其他情形

4. 根据合同法规定和电子商务合同的特点，电子商务合同的违约救济主要有(　　)。

A. 实际履行　　B. 停止使用

C. 继续使用　　D. 中止访问和损害赔偿

5. 电子商务合同虽然采取了数据电文的方式，通过互联网通信缔结合同，但是电子商务合同的订立过程仍然遵循合同订立的基本过程，分为(　　)两个阶段。

A. 谈判　　B. 回复　　C. 要约　　D. 承诺

三、判断题

1. 要约生效的地点就是电子商务合同成立的地点。(　　)

2. 电子商务合同订立的环境与传统合同相同。(　　)

3. 正常情况下电子承诺几乎不存在撤回的可能。(　　)

4. 通过电子邮件方式，在一般情形下，要约是可以撤销的。(　　)

5. 考虑到电子商务合同的特殊性，对电子商务合同的违约责任归责原则采用过错责任原

则。(　　)

四、问答题

1. 什么是电子商务合同？与传统合同相比，电子商务合同具有哪些特征？

2. 电子要约与电子承诺的构成要件分别有哪些？

3. 电子商务合同的违约救济方式有哪些？

4. 电子商务合同的效力认定应注意哪些问题？

5. 制作表格，比较说明电子要约与传统要约在撤回与撤销方面的区别。

五、案例分析

2021年7月20日上午，亚欧商贸有限公司向永明卫浴产品有限公司发出要求购买其公司生产的卫生间镜柜组合的电子邮件一份。邮件中列有如下内容：需要90cm × 50cm × 100cm的镜柜50件，50cm × 100cm 的镜框50件；在8月5日之前将订购的镜柜送至亚欧商贸有限公司；总价格不高于175 000元。邮件还对镜柜和镜框的式样、颜色作了说明，并附了样图。当天13时30分16秒，永明公司也以电子邮件形式回复亚欧商贸有限公司，对其提出的交易条件予以全部认可。为对亚欧商贸有限公司负责起见，7月23日永明公司还专门派人到亚欧商贸有限公司作了确认，但双方均未签署任何书面文件。2021年8月3日，永明公司将上述镜柜组合送至亚欧商贸有限公司，但此时亚欧商贸有限公司却已于7月30日以158 000元的价格购买了另一家卫浴产品加工厂生产的镜柜组合，就以双方没有签署书面合同为由拒收。双方协商不成，9月11日永明公司将其起诉至法院。庭审中，双方对用电子邮件方式买卖镜柜组合及永明公司去人确认、8月3日送货上门等均无异议。

请思考以下问题：

(1) 电子商务合同与传统合同有何区别？列表说明。

(2) 要约与要约邀请有区别吗？列表说明。本案中，亚欧商贸有限公司所发的电子邮件属要约还是要约邀请？

(3) 电子商务合同成立的条件是什么？电子商务合同从订立之时起就意味着有法律效力吗？本案中，亚欧商贸有限公司与永明公司是否存在合同关系？

(4) 电子商务环境下，合同成立的时间、地点如何确定？

(5) 电子要约可以撤回吗？电子要约可以撤销吗？

(6) 电子承诺可以撤回吗？电子承诺可以撤销吗？

项目四 跨境支付及相关法律法规

知识目标

使学生掌握跨境支付的概念和业务内容；掌握常用的跨境支付工具；理解电子支付的概念和法律关系构成；掌握电子银行和第三方支付的法律规范。

技能目标

使学生识别和使用不同类型的跨境支付工具，应对和解决使用中可能出现的问题；能够对跨境支付中出现的问题能进行准确的法律分析，了解其中存在的风险。

课程思政

培养学生自觉遵守跨境电子商务交易中的交易规则和交易习惯；培养学生具有诚实守信的职业素养，引导学生遵纪守法；培养学生具备互联网金融风险防范意识。

知识导图

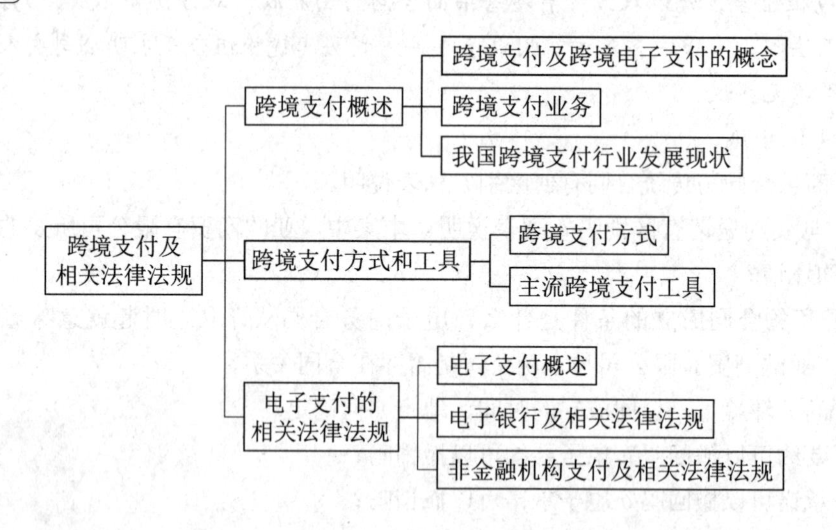

引导案例

快钱支付收虎年行业首张罚单

据澎湃网报道，2022年2月7日，中国人民银行上海总部官网公布的上海银罚字〔2022〕4号、5号、6号行政处罚信息公示表显示，快钱支付清算信息有限公司(以下简称“快钱支付”)因违反账户管理规定、违反清算管理规定、未按规定履行客户身份识别义务、与身份不明客户交易，于2022年1月24日被中国人民银行上海分行处以罚款人民币1004万元，并责令限期改正。时任快钱支付董事、首席执行官、总经理党某因对公司未按规定履行客户身份识别义务此项违法违规行为负有责任，被处以罚款人民币3.5万元；时任快钱支付助理副总裁因对未按规定履行客户身份识别义务和与身份不明客户交易的违法违规行为负有责任，被处以罚款人民币8.5万元。

次日，快钱支付回应称，此项处罚是中国人民银行2020年对快钱开展综合检查中发现问题的处理结果。对此，公司诚恳接受，也感谢监管部门对于快钱的指导与帮助。快钱已于第一时间成立专项整改小组，对照监管各项要求，全面深入自查整改，制订详细改进计划，并在保证业务平稳运行的同时，及时完成了全部问题的整改工作。

值得注意的是，此次并非快钱支付首次遭遇行政处罚。2017年8月，公司因违反支付业务被中国人民银行上海分行限期改正，并处罚款人民币5万元。2018年11月，公司因违法支付业务规定被中国人民银行上海分行处罚款12万元。2019年4月，快钱支付再次因违反支付业务规定被处以罚款15万元。

快钱支付作为国内第一批第三方支付公司之一，成立于2004年，2005年1月正式上线，公司官网称为国内首家基于E-mail和手机号码的综合支付平台。上线当年7月与百度达成战略合作，8月成为搜狐全线产品提供在线支付平台，12月为当当网网上支付平台。目前快钱支付已覆盖逾4亿个人用户，650余万商业合作伙伴，对接的金融机构超过200家。公司总部位于上海，在北京、天津、南京、深圳、广州等30多地设有分公司。但如今，公司近年来市场地位出现下降。

【引例分析】中国人民银行对支付企业的处罚反映了两个问题：一是以第三方支付为代表的互联网金融及金融科技的监管，将向常态化和规范化发展；二是针对金融行业的监管，包括反洗钱、大额资金流向等内容。第三方支付的应用场景与施展空间是非常巨大，但前提是合规，适应监管的要求。随着金融环境与监管环境的变化，未来，国家对支付机构的监管，尤其是第三方支付机构的监管将不断加强。

任务一　跨境支付概述

跨境电子商务支付是跨境电子商务交易的核心环节，基于跨境电子支付业务所发生的外汇资金流动，必然涉及资金结售汇与收付汇。因此，跨境电子商务支付既涉及交易主体间资金转账的安全，又涉及投资者收益的回报安全，对跨境电子商务支付的法律监管是现代商贸投资中风险安全保障制度的重要组成部分。

由于跨境电子商务具有跨地域性，其整个支付周期比国内支付周期长，支付方式也有所限制。但是，随着跨境电子商务的蓬勃发展和科技进步，各大银行类金融机构以及金融服务公司纷纷开发出新的跨境电子商务支付模式，以满足现有跨境电子商务的支付需求。

一、跨境支付及跨境电子支付的概念

跨境支付(cross-border payment)是指两个或两个以上国家或地区之间因国际贸易、国际投资及其他方面发生的国际债权债务，借助一定的结算工具和支付系统实现的资金跨国或跨地区转移的行为。近年来，在跨境电商、留学教育、出境旅游等行业的推动下，我国跨境支付清算需求增长强劲，跨境支付市场发展迅速。

跨境电子商务支付，是指分属不同关境的交易主体通过电子商务平台实现交易，借助一定的结算工具进行支付结算的活动。在支付过程中，付款方所支付的币种可能与收款方要求的币种不一致，或牵涉外币兑换及外汇管制政策问题。由于交易双方所涉及的币种不一样，需要通过一定的结算工具和支付系统实现两个国家或地区之间的资金转换，最终完成交易。

课堂小活动

讨论：谈谈对电子支付结算的理解。

二、跨境支付业务

跨境支付业务按照资金流向可分成进口业务和出口业务。进口业务是资金出境，跨境支付公司通过与境外的银行、第三方支付公司建立合作，利用国际卡组织建立的清算网络，帮助境内的企业实现境外资金分发，其在境内扮演收单服务商的角色。出口业务是资金入境，跨境支付公司与境内的第三方支付公司合作建立分发渠道，帮助境外的买家和支付机构完成资金入境及境内分发。

跨境支付包括跨境收单、跨境汇款和结售汇三个业务大类。

(一) 跨境收单

收单业务，是指收单机构向商户提供的与银行卡有关的本外币资金结算服务。跨境收单即帮助一个国家(地区)的商户从另一个国家(地区)的客户收钱。跨境收单具体包括以下几种情况。

1. 外卡收单

外卡收单，是指收单机构向境内商户提供的与银行卡有关的本外币资金结算服务，通过国际卡组织收单会员及国际卡组织向境外消费者银行卡所对应的发卡银行发送支付请求获取授权并最终完成资金清结算的过程。外卡收单的目的是帮助商家收取境外消费者的货款，通常出现在出口业务中，收的是境外的信用卡或其他支付工具支付的货款。传统的外卡收单业务主要是指国内的收单银行或支付机构通过POS机等设备为商户提供的针对持卡人的面对面的收款服务。而互联网外卡收单有别于传统的外卡收单，更多的是随着跨境旅游、外贸电子商务、会展等行业的发展，持卡人更加便捷、安全地通过网上完成支付的电子商务业务。

2. 境外收单

境外收单，是指境内的个人在境外网站产生消费后，由非金融机构收取境内个人的人民币货款，再统一通过合作银行向境外商户结汇。商家在境外，消费者在境内，即进口业务，主要涉及中国消费者购买国外商家的商品。

简单而言，就是中国商家收取国外消费者的货款涉及外卡收单，中国消费者购买国外商家的商品则涉及境外收单。

3. 国际收单

国际收单，即商家、消费者和支付机构分属不同的国家(地区)，如PayPal在中国开展跨境支付业务的情况。

(二) 跨境汇款

跨境汇款，是指个人网络银行客户在规定的限额之内，向在中国大陆以外地区的银行开户的收款人进行外汇汇款的业务。跨境汇款可以降低自行携带现金丢失的风险，但其既有电讯费，又有手续费，操作比较费时。汇款业务在大部分国家(地区)需要牌照，专业汇款公司以西联、速汇金等为代表，但这类机构的市场份额正在减少，而PayPal、Payoneer和World First等支付机构日渐成为跨境汇款的主流公司。

(三) 结售汇

持有牌照的第三方支付公司，可以在国内开展结汇和售汇，赚取汇差。

1. 结汇

结汇即“外汇结算”，指外汇收入所有者将其外汇收入出售给外汇指定银行，由银行按一定汇率支付给等值本币的行为。

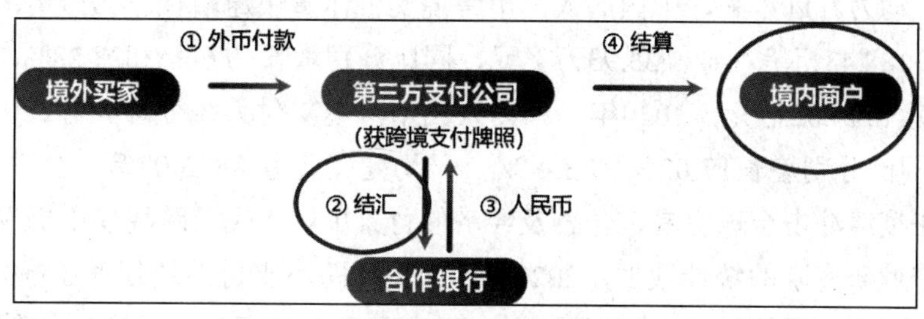

图4-1　第三方支付的结汇流程

2. 售汇

售汇即“外汇出售”，指外汇指定银行将外汇卖给外汇使用者，并根据交易行为发生日的人民币汇率收取等值人民币的行为。

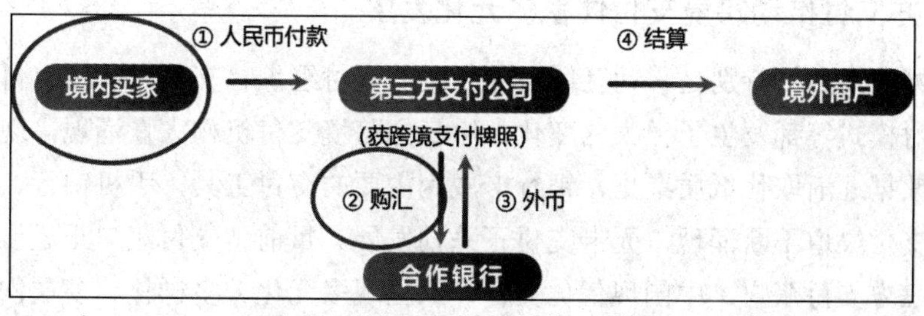

图4-2　第三方支付的售汇流程

外汇跨境支付首先要进行换汇，持牌的跨境支付公司可在境内开展结汇、售汇业务，赚取汇兑差。个人境内身份证结汇是外贸小卖家较主要的结汇方式。按照我家外汇管理政策，个人年度结汇额度为5万美元。政府也在试点境内个人投资者计划[中国人民银行在2015年11月提出，为进一步推动人民币资本项目可兑换改革，打通个人跨境投资的渠道，推出合格境内个人投资者(QDII2)境外投资试点，简称“境内个人投资者计划”]，并积极推动人民币跨境支付。2014年，国家外汇管理局开始发放外汇跨境支付牌照，允许支付公司在特定行业开展跨境支付业务。目前更便利的方式是人民币跨境支付，支付公司在中国香港进行换汇。现有政策鼓励人民币跨境支付业务，相关监管比银行宽松，操作手续简单，因此传统贸易也在用第三方支付的通道进行跨境支付[①]。

三、 我国跨境支付行业发展现状

当前，随着我国跨境电子商务的高速发展，跨境支付行业进入了新的发展阶段。其中，第三方支付已经广泛参与到跨境电子商务行业，推动跨境支付方式选择更加多元化，为跨境电子商务交易者带来便利的同时也推动了跨境支付行业的发展。近年来，因监管层逐渐放开了行业的市场准入和主导跨境支付城市试点方案落地实施，使跨境支付市场成为国内第三方支付企业争夺的下一片蓝海市场。

(一) 交易体量快速增长

随着全球跨境支付规模的不断增长，中国与国际货币资金往来交易量不断扩大。中国跨境出口电商规模、出国留学生规模、中国境外游旅客规模的快速增长，为跨境支付市场的持续稳定的增长提供了动力。近年来，中国的人民币跨境支付体量快速增长。2019年，人民币跨境支付系统处理业务188.43万笔，金额33.93万亿元，同比分别增长30.64%和28.28%，日均处理业务7537.15笔，金额1357.02亿元；2020年，中国人民币跨境支付系统处理业务220.49万笔，金额45.27万亿元，同比分别增长17.02%和33.44%，日均处理业务 8855.07笔，金额1818.15亿元。2020年以来，在疫情冲击全球贸易、金融及经济的背景下，人民币跨境使用仍保持韧性并呈现增长。据中商产业研究院的统计数据，2021年，人民币跨境支付系统处理业务334.16万笔，金额79.60万亿元，同比分别增长51.55%和75.83%；日均处理业务1.34万笔，金额3184.00亿元。2022年一季度人民币跨境支付系统业务量保持增长，人民币跨境支付系统处理业务84.43万笔，金额22.35万亿元，同比分别增长11.69%和27.80%；日均处理业务1.41万笔，金额3725.01亿元。

(二) 第三方支付推动跨境支付体系多元化发展

随着互联网的发展，特别是移动互联网的发展，支付组织、支付介质、支付渠道、支付账户形式以及支付模式等都发生了很大的变化。第三方跨境支付机构大量涌现，现金的使用量逐渐减少，电子票据逐渐取代纸质票据，银行卡成为主要的支付工具，手机银行、电话银行和微信银行等新兴支付渠道不断涌现，无卡支付正蓬勃发展。目前，支付账户正逐步从传统的银行账户发展到第三方支付账户，中国现代化支付体系呈现多元化、多样化、多层次的发展态势。以前国内进行跨境支付的支付机构主要是银联，随着国家鼓励第三方支付的政策不断出台，第三方支付机构为跨境购物、汇款以及境外移动支付提供了重要的支撑，同时我国消费者越来越习惯手机支付的便捷支付方式，我国第三方跨境支付交易规模快速增长。

(三) 政策鼓励行业发展

2013年至今，国家相继出台多条政策鼓励行业发展。2021年，央行积极完善顶层设计，深入推进《跨境支付服务管理办法》的制定工作，加强人民币跨境支付体系，优化跨境支付结算流程，提升跨境支付便利化水平，加快探索数字人民币在跨境支付领域的应用，跨境支付行业

---

① 张函. 跨境电子商务基础[M]. 北京：人民邮电出版社，2019：123-125.

进入了新的发展阶段。目前，我国跨境支付行业核心政策汇总如表4-1所示。

表4-1　我国跨境支付行业核心政策汇总

时间	政策名称	政策要点
2013年2月	《支付机构跨境电子商务外汇支付业务试点指导意见》	在上海、北京、重庆、浙江、深圳等地区开展试点，允许参加试点的支付机构集中为电子商务客户办理跨境收付汇和结售汇业务
2013年9月	《国家外汇管理局综合司关于开展支付机构跨境电子商务外汇支付业务试点的通知》	包括支付宝、财付通在内的国内17家支付机构获得外汇局核准，跨境电子商务外汇支付业务正式拉开帷幕
2014年2月	《关于上海市支付机构开展跨境人民币支付业务的实施意见》	首批获得跨境人民币支付业务资格的5家公司为上海银联电子支付、通联支付、东方电子支付、快钱支付以及上海盛付通
2015年1月	《国家外汇管理局关于开展支付机构跨境外汇支付业务试点的通知》	进一步推进跨境电商试点业务，将试点地区范围扩大至全国，简化外汇支付流程，并提高网络购物单笔交易限额，由等值1万美元提高至5万美元；同时坚持客户实名制和交易数据逐笔采集原则，切实防范异常交易风险
2018 年1月	《关于进一步完善人民币跨境业务政策促进贸易投资便利化的通知》	进一步完善和优化人民币跨境业务政策，营造优良营商环境，服务“一带一路”建设，推动形成全面开放新格局
2019年4月	《支付机构外汇业务管理办法》	支付机构可以凭交易电子信息，通过银行为市场主体跨境交易提供小额、快捷、便民的经常项下电子支付服务，进一步便利跨境电子商务支付结算；明确支付机构可为境内个人办理跨境购物、留学、旅游等项下外汇业务，进一步满足境内个人合法用汇需求。支付机构应建立有效风控制度和系统，健全主体管理，加强交易真实性、合规性审核；银行应对合作支付机构的相关外汇业务加强审核监督
2020年5月	《国家外汇管理局关于支持贸易新业态发展的通知》	进一步拓宽贸易新业态结算渠道，支持符合条件的银行凭交易电子信息办理外汇业务，便利跨境电商出口业务资金结算，跨境电商可将境外仓储、物流、税收等费用与出口货款轧差结算；个人可通过外汇账户办理跨境电商和市场采购贸易项下外汇结算，以满足个人对外贸易结算需求
2021年1月	《关于进一步优化跨境人民币政策支持稳外贸稳外资的通知》	围绕实体经济需求推动更高水平贸易投资人民币结算便利化，进一步简化跨境人民币结算流程，优化跨境人民币投融资管理、便利个人经常项下人民币跨境收付、便利境外机构人民币银行结算账户使用
2021年3月	《中华人民共和国国民经济和社会发展第十四个五年规划和2035年远景目标纲要》	完善跨境资本流动管理框架，加强监管合作，提高开放条件下风险防控和应对能力，加强人民币跨境支付系统建设，推进金融业信息化核心技术安全可控，维护金融基础设施安全
2021年7月	《关于加快发展外贸新业态新模式的意见》	深化贸易外汇收支便利化试点，支持更多符合条件的银行和支付机构依法合规为外贸新业态新模式企业提供结算服务，鼓励研发安全便捷的跨境支付产品，支持非银行支付机构“走出去”；鼓励外资机构参与中国支付服务市场的发展与竞争

(续表)

时间	政策名称	政策要点
2021年10月	《“十四五”电子商务发展规划》	大力发展面向全球市场的电子商务营销、支付、物流及技术服务，形成国际化程度较高的国际电子商务服务业；鼓励金融机构与跨境电商配套服务企业开展合作，大力支持移动支付企业“走出去”与跨境电商协同发展；稳妥推进数字货币研发，探索数字人民币在电子商务领域的支持作用

(四) 跨境支付步入高速发展期

中国现代跨境支付业务的正式发展，起源于2007年。为促进跨境贸易电子商务便利化，跨境电子商务相关业务的外汇管理一直在有条不紊地探索着。国家外汇管理局于2007年和2009年先后批复支付宝和财付通办理境外收单业务，允许其为境内个人在境外网站购买商品提供代理购付汇服务，国内跨境支付业务正式起步。2013年，国家外汇管理局在北京等5个地区启动支付机构跨境外汇支付试点。同年，央行正式下发《关于开展跨境电子商务外汇支付业务试点的批复》，批准17家第三方支付机构开展跨境电子商务外汇支付业务试点，跨境电子商务外汇支付业务试点正式开始。2014—2019年，随着中国第三方支付的蓬勃发展，中国跨境支付市场进入启动期，业务量的增加和技术的发展推动行业持续发展。2020年，监管政策的完善促使第三方支付行业更加合规化健康发展，我国跨境支付行业野蛮发展结束，逐渐步入高速发展期。

拓展阅读

获得跨境支付牌照企业名单

所谓支付机构跨境电子商务外汇支付业务，是指支付机构通过银行为小额电子商务(货物贸易或服务贸易)交易双方提供跨境互联网支付所涉的外汇资金集中收付及相关结售汇服务。目前整个跨境支付分为前、中、后端三个部分。前端主要是收单，对应的机构有PayPal、VISA、Mastercard等授权的第三方收单机构；中端主要职责是分发，对应机构主要是PayPal、World First和Payoneer；后端主要职责是结汇和发单，对应的机构主要是国家外汇管理局批准的第三方支付机构和央行批准的跨境人民币支付机构。国家外汇管理局发放给支付机构允许其进行跨境电子商务外汇支付业务的许可证，允许部分拥有《支付业务许可证》且支付业务为互联网支付的第三方支付公司开展跨境业务试点。截至2015年底，获得该资格的支付平台数量为27家。随后的2016年，跨境业务试点企业数量维持不变，直至2017年春季，国家外汇管理局才批准3家参与跨境试点。自此，拥有跨境支付牌照资格的支付平台数量达到30家。获得跨境支付牌照公司的名单是汇付天下、通联、银联电子支付、东方电子支付、快钱、盛付通、环迅支付、富友支付、财付通、易极付、钱宝科技、支付宝、贝付科技、通融通、易宝支付、钱袋网、银盈通、爱农驿站科技服务有限公司、首信易支付、北京银联商务、网银在线、拉卡拉、资和信、联动优势、练练支付、网易宝、智付电子支付、海南新生、魔宝支付、宝付。

国家外汇管理局规定，试点支付机构为客户集中办理收付汇和结售汇业务，货物贸易单笔交易金额不得超过等值1万美元，留学教育、航空机票和酒店项下单笔交易金额不得超过等值5万美元。

任务二　跨境支付方式和工具

一、跨境支付方式

支付是商业体系的基础服务，跨境支付模式主要有两种：传统支付模式和新型支付模式。传统支付模式是指通过银行等金融机构直接进行支付的模式，包括银行的电汇、票汇、信用证等传统国际结算工具进行。传统支付的手续较为复杂，时间较长，但安全性高，效率也随着网络发展大大提升，一般适用于较大金额的跨境电子商务B2B模式。随着跨境电子商务、出国旅游等行业的发展，新型支付模式即网上支付方式应运而生。新型跨境支付主要是指线上化的第三方支付，包括信用卡支付方式和第三方支付方式，其主要通过非金融机构，如各大信用卡公司和第三方支付平台进行，支持银行账户、国际信用卡、电子钱包等多种支付工具。新型支付方式可解决传统模式的痛点，其创新性在于凭借技术手段降低金融服务的成本和门槛，提高服务频次，扩大金融服务的受众群体。近年来，新型支付模式的市场份额不断增大。因为线上支付方式通常有交易额度的限制，所以适合小额高频的跨境零售交易。与国内的第三方支付类似，新型的跨境支付较传统方式的区别在于切入消费场景，优化C端的客户体验，并针对不同行业的B端商户定制支付综合解决方案，一般适用于跨境电子商务B2C、C2C模式。具体而言，跨境支付的主要方式有以下几种。

(一) 银行支付

银行在跨境电子商务领域中主要是依照一般的贸易方式，利用其在全球广泛分布的分支机构，为大型跨境电子商务企业开设海外银行账户，为其提供全球贸易资金结算、外汇管理等服务，一般适用于大体量、大金额的跨境电子商务 B2B 业务结算。银行支付方式包括电汇、信用证以及托收。其中，信用证建立在银行信用的基础上，电汇和托收则是以商业信用为基础。

1. 电汇(T/T)

电汇(telegraphic transfer，T/T)是指通过电报办理汇兑，即付款人将一定款项交存汇出行，汇出行应汇款人的申请，通过加押电报、电传或 SWIFT形式给境外汇入行，指示和授权汇入行解付一定金额给收款人的汇款方式。电汇业务流程如图4-3所示。国际电汇的特点是收款较快，电汇转移资金通常在两个工作日进入收款人指定账户，但手续费较高，因此只有在金额较大时或者比较紧急的情况下才使用。电汇是传统B2B贸易中较常见的付款方式。

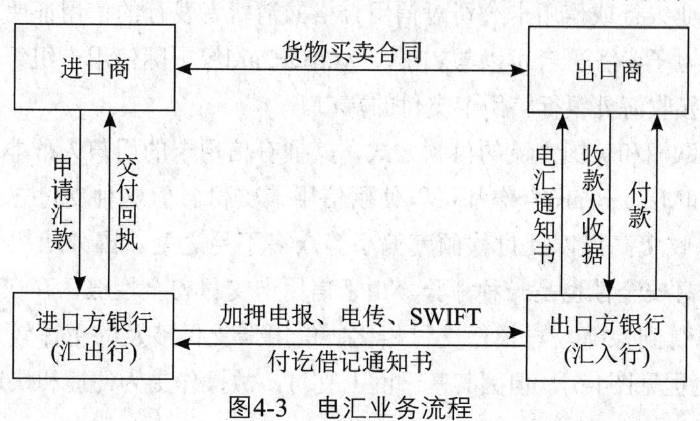

图4-3　电汇业务流程

2. 信用证(L/C)

信用证(letter of credit，L/C)是进口国银行(即开证行)应进口商的申请向出口商开立的、在一定期限内凭规定的符合信用证条款的单据，即期或在一个可以确定的将来日期，支付一定金额的书面付款保证承诺。信用证业务流程如图4-4所示。信用证是国际结算中普遍运用的一种交易方式，它风险较低，由银行作为中介，银行以银行信用代替商业信用，为交易双方提供信用保证，从而促进交易的顺利达成和资金的安全支付。简单而言，信用证是一种银行开立的有条件的承诺付款的书面文件。银行承担第一付款人责任，只要出口商提交的单据满足信用证规定的付款条件，就可以直接向开证行要求付款，而无须向开证申请人要求付款。由于信用证是独立的文件，银行仅根据单据开具付款凭证，而不关心贸易涉及的货物、服务或合约，即只审单不管货，在交易中要警惕信用证欺诈的问题。

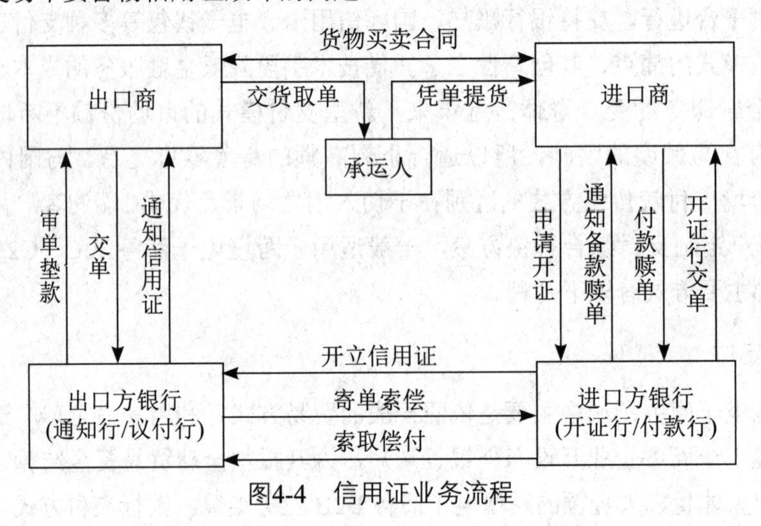

图4-4 信用证业务流程

3. 托收

托收(collection)是出口商为了取得因劳务、商品及其他交易引起的应收款项，根据发票金额开立票据，委托银行通过其国外代理行向进口商取得承兑或付款的业务。托收属于商业信用，根据交付单据的条件不同，可以将托收分为付款交单(documents against payment，D/P)和承兑交单(documents against acceptance，D/A)两种，这里不做具体介绍。

(二) 信用卡支付

信用卡是由商业银行或信用卡公司对信用合格的消费者发行的信用证明。在跨境电子商务支付业务中，跨境电子商务平台可以与VISA、MasterCard等国际信用卡组织合作，或直接与海外银行合作，开通接收海外银行信用卡支付的端口。

信用卡支付是欧洲和美国主流的付款方式，其拥有信用卡的用户人群非常庞大。跨境电商平台通过与VISA和MasterCard合作都可以使用信用卡支付。但这种支付方式存在接入方式麻烦、预存保证金、收费高昂以及付款额度偏小等众多不足之处。国外信用卡付款时不需要密码，这对信用卡信息安全性也是一种考验。由于信用卡支付安全性低，存在一定的拒付风险，出口商的利益难以得到保障。与银行支付相比，信用卡支付涉及的主体较多，流程较为复杂(信用卡支付业务流程见图4-5)，但因其基于网上支付，故操作更为便捷和快速。

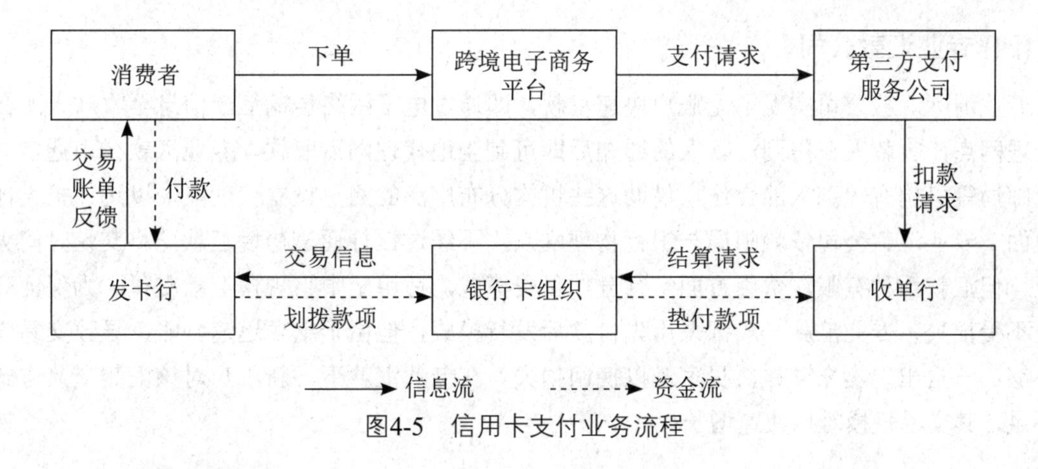

图4-5　信用卡支付业务流程

(三) 第三方跨境支付

第三方支付是指由经营第三方支付业务的非银行类金融机构作为交易双方的信用中介，利用互联网以某种事前确定的形式进行数据交换与信息确认，最终实现买卖双方和银行类金融机构之间的电子支付。《支付机构跨境外汇支付业务试点指导意见》中对“支付机构跨境外汇支付业务”的定义是：“支付机构通过银行为电子商务(货物贸易或服务贸易)交易双方提供跨境互联网支付所涉的外汇资金集中收付及相关结售汇服务。”第三方跨境支付提供了一个与银行的一系列跨境金融服务相对接的平台，它使得跨境支付不再受银行服务时间和时差的限制，避免了不同银行账户间转账不畅的情况。目前，第三方支付模式因其成本低、操作便捷，逐渐成为个人买家的首选支付方式。一般综合型B2C跨境电子商务平台、自营型B2C跨境电子商务平台、小额B2B跨境电子商务平台大多使用这种支付方式。第三方跨境支付模式主要有以下两种。

1. 购汇支付

购汇支付，是指境内持卡人在境外网站进行支付购买，第三方支付企业为其提供人民币支付、外币结算的服务。这一种模式可以细分两类：一类是以支付宝公司的境外收单业务为典型的代理购汇支付；另一类是以好易联为代表的线下统一购汇支付。这两种购汇支付方式的主要区别为在代理购汇类型中，第三方支付企业只是代理购汇的中间人，实际购汇主体仍是客户；统一购汇支付则以支付公司的名义，在电子平台后方通过外汇指定银行统一购汇，购汇主体为第三方支付企业。

2. 收结汇支付

收结汇支付，是指第三方支付企业为境内企业收到跨境外币提供人民币结算支付服务。这类模式也可细分为两类：一类是以公司名义办理，即第三方支付工具收到买方支付的外币货款后，由第三方支付企业集中统一到银行办理结汇，再付款给境内卖家，如快钱、收汇宝等。有实力的公司采取在境内外设立分公司，通过两地公司间资金转移，实现资金汇入境内银行，集中结汇后，分别支付给境内生产商或供货商。另一类是以收款方个人名义申请结汇。规模较小的个体户通过在境外亲戚或朋友收汇后汇入境内，再以个人名义结汇，如PayPal等①。

① 张函. 跨境电子商务基础[M]. 北京：人民邮电出版社，2019：125-126.

(四) 专业汇款公司

专业国际汇款公司实现了无账户快速汇款，即通过电子网络传输汇款信息至收款人所在地的代理网点，收款人在得到汇款人的通知后即可到当地代理网点取款。专业汇款公司通常与银行、邮局等机构有较深入的合作，借助这些机构分布广泛的网点设立代理点，以迅速扩大地域覆盖面。专业汇款公司依赖邮局与银行物理网点，不经过银行通道跨境汇款，将交易时间大大缩短，但汇款币种有限，费用方面实行分档付费模式，适用于中小规模汇款支付。为保证商家利益不受损失，专业汇款一般都采用先付款后发货模式，但由于款项迅速到账，导致交易安全性不够，一旦出现卖家欺诈，买家难以挽回损失。在专业汇款下，新用户对该汇款交易方式信任不足，其交易规模难以快速增长。

二、主流跨境支付工具

(一) 国际信用卡

前文提及在跨境电子商务行业中，国际信用卡支付是一种占据绝对主流的支付方式，尤其在欧美地区，信用卡普及程度非常高。国际信用卡除了线下POS刷卡交易外，还能通过在线网关进行支付，实现全球范围内的收单和资金结算。目前国际上六大信用卡品牌有威士(VISA)、万事达卡(MasterCard)、美国运通(American Express)、日本国际信用卡(JCB)、大莱信用卡(Diners Club)和中国银联(UnionPay)，其中前两个为人们广泛使用。国际信用卡支付的缺点是接入方式比较复杂，且需要预存保证金，信用卡的收款费用较高。国际信用卡在跨境支付方面的刷卡成功率约为70%～90%，对商家而言则存在拒付、欺诈等问题。在跨境电子商务领域，国际信用卡支付主要适用于从事跨境电商零售B2C。

(二) PayPal 与贝宝

PayPal与支付宝较为类似，是美国eBay旗下的支付平台，在国际上知名度较高，是很多国家客户的常用付款方式。2022年，PayPal业务支持全球193个国家和地区的25种货币交易，尤其在欧美普及率极高。中国跨境交易的用户也受此影响选择了PayPal，尤其是个人海淘用户和跨境B2C出口企业中eBay的使用率更高。作为全球大型在线支付公司，PayPal在第三方支付机构中占据着重要地位。

贝宝是PayPal专为中国用户推出的本土化产品。贝宝产品主要面向拥有人民币单币种业务需求的企业与个人。因此，我们通常说的PayPal账户是指PayPal国际账户，即针对具有国际收付款需求用户设计的账户类型。

在理想情况下，商家通常希望能在发货前收到货款，而买家希望在收到货物后再付款。这个问题在跨境交易中显得尤为突出，因为物品寄送至顾客手中要花费更长的时间，而更长的运输时间意味着商家需要承担更高的现金流风险和买家拖欠款项的风险。不同于传统银行汇款和一些第三方支付平台在买家收货确认后才会向商家汇款的运营方式，PayPal交易完全在线上完成，收付双方必须都是PayPal用户，以此形成闭环交易，风控较好。在订单生成时，PayPal便会向商家及时放款。但PayPal对买家过度保护，交易费用主要由卖家支付，买家有任何不满意都可以提出申诉，卖家账户容易被冻结。

PayPal适合跨境电子商务零售行业，几十到几百美元的小额交易。

(三) 支付宝(Alipay)与国际支付宝(Escrow)

支付宝(中国)网络技术有限公司成立于2004年，其凭借国内第三方支付的良好基础，逐步进军跨境电商支付行列。2007年8月，支付宝成为我国首家获批开展跨境支付业务的第三方支付机构，随后支付宝推出跨境支付服务。从2009年开始，支付宝先后和VISA、MasterCard进行合作。这两大全球发卡机构在中国港澳台地区的持卡用户都可通过支付宝在境内的淘宝网进行购物，从而完成双向的跨境支付服务。目前，支付宝在线上连接了27种货币，打通了全球几乎所有国家和地区的支付通路。

2010年，阿里巴巴旗下的面向国际市场打造的跨境电商平台——全球速卖通上线。全球速卖通在买家端将国内支付宝(Alipay)改名为国际支付宝(Escrow)。买家可通过国际支付宝使用多种方式(信用卡、借记卡、西联汇款银行汇款、PayPal)进行支付。支付宝国际账户是多币种账户，包含美元账户和人民币账户。目前国际支付宝只有速卖通与阿里巴巴国际站会员才能使用。

(四) 西联汇款(Western Union)

西联汇款是国际汇款公司的简称，是世界上领先的特快汇款公司，迄今已有150年的历史。它拥有全球最大、最先进的电子汇兑金融网络，可以在全球大多数国家(或地区)的西联代理所在地汇出和提款，其代理网点遍布全球近200个国家和地区。西联有3种汇款方式可供选择，即合作银行网点汇款、网络银行和手机银行汇款，其中后两种为电子渠道。西联有4种收款方式可供选择，即合作银行网点收款、直接到账、网络银行和手机银行收款。目前，中国光大银行、中国邮政储蓄银行、中国建设银行、浙江稠州商业银行、吉林银行、哈尔滨银行、福建海峡银行、烟台银行、龙江银行、温州银行、徽商银行、浦发银行等多家银行是西联汇款的中国合作伙伴。

西联汇款的手续费由买家承担。在卖家未收款时，买家随时可以撤销资金。西联汇款的优点：到账速度快；手续费由买家承担，对于卖家来说较为划算，可先提钱再发货，安全性好。但对于买家来说，采用西联汇款风险极高，一般买家不易接受； 买卖双方需要去西联线下柜台操作，手续费较高。西联汇款方式适用于1万美元以下的中等额度支付。

(五) 速汇金汇款(Money Gram)

速汇金是全球第二大汇款提供商，公司业务遍及200多个国家和地区，拥有约347 000个代理办事处的全球网络。速汇金汇款是该公司推出的一种快捷、简单、可靠的、个人间的环球快速汇款业务，可在十几分钟内完成汇款过程，具有快捷、便利的特点。目前国内有中国银行、中国工商银行、交通银行和中信银行代理了速汇金收付款业务。

速汇金汇款方式的优点是手续简单，汇款人无须填写复杂的汇款路径，收款人也无须预先开立银行账户即可实现资金划转，收款人凭汇款人提供的编号即可收款；在一定的汇款金额内，汇款的费用相对较低，无中间行费、无电报费。缺点是汇款人及收款人均必须为个人；必须为境外汇款；客户如持现钞账户汇款，还要交纳一定的现钞变汇的手续费。

总之，跨境支付的方式主要有两大类：一类是网上支付，其工具包括第三方支付和信用卡支付，适用零售小金额；一类是银行汇款模式，适用大金额支付。国际信用卡、PayPal、支付宝、西联汇款等是目前使用比较广泛的跨境支付工具，其他支付工具可当作收款的辅助手段，尤其是Web Money、Qiwi Wallet、CASHU对于俄罗斯、中东、北非等地区的贸易有不可或缺的作用，此处不再一一赘述。

课堂小活动

讨论：跨境电子商务支付将面临哪些风险？

任务三　电子支付的相关法律法规

一、电子支付概述

20世纪50年代末，当计算机在银行业务中得到应用后，全球利用计算机、终端机、电子信息网络等电子通信设备建立起高速划拨资金的电子支付系统。电子支付作为一种资金划拨方式，是电子商务发展的重要支撑。

(一) 电子支付的概念和主要形式

1. 电子支付的概念

中国人民银行2005年10月31日发布的《电子支付指引(第一号)》第2条规定："电子支付是指单位、个人直接或授权他人通过电子终端发出支付指令，实现货币支付与资金转移的行为。"

2. 电子支付的主要形式

《电子支付指引(第一号)》按电子支付指令发起方式将电子支付分为网上支付、电话支付、移动支付、销售点终端交易、自动柜员机交易和其他电子支付。按电子支付的手段，电子支付分为在线转账、第三方平台结算、电子现金、电子支票、电话支付和以信用卡系统为基础的支付。

(1) 在线转账。在线转账又称银行电子资金划拨，是应用非常普遍的电子支付形式，支付者可使用申请了在线转账功能的银行卡转移小额资金到另外的银行账户中以完成支付。国内的银行近年来已陆续开通了网络银行业务，在线转账是网络银行基本功能之一。

(2) 第三方平台结算。第三方平台结算是目前主流的电子支付形式，解决了银行无法解决的信用问题。这种服务消除了买卖双方的担忧，是得到市场认可的、安全的形式。在这种支付形式下，支付者必须在第三方支付中介开立账户，向第三方支付中介提供信用卡信息或账户信息，在账户中"充值"，通过支付平台将该账户中的虚拟资金划转到收款人的账户，完成支付行为；收款人可在需要时将账户中的资金兑成实体的银行存款。

(3) 电子现金。电子现金又称电子货币(E-money)或数字货币(digital cash)，是一种非常重要的电子支付系统。它可被看作现实货币的电子或数字模拟，比现实货币更加方便、经济。电子现金以数字信息形式存在，通过通信网流通。电子现金在其生命周期中要经过提取、支付和存款三个过程，涉及用户、商家和银行等三方。电子现金的基本流通模式有以下3种：①用户与银行执行提取协议从银行提取电子现金；②用户与商家执行支付协议支付电子现金；③商家与银行执行存款协议，将交易所得的电子现金存入银行。电子现金是一种比较成熟的电子支付手段，适用于通过网络进行支付的小额交易。

(4) 电子支票。电子支票是一种借鉴纸质支票转移支付的优点，利用数字传递将资金从一个账户转移到另一个账户的电子付款形式。电子支票是纸质支票的替代物，将传统方式下的支票改变为带有数字签名的电子报文，或利用其他数据电文代替传统支票的全部信息。电子支票是网络银行常用的一种电子支付工具，与纸质支票一样是用于支付的一种合法方式，它使用数字签名和自动验证技术来确定其合法性。

(5) 电话支付。电话支付是电子支付的一种线下实现形式，是指消费者使用电话(固定电话、手机)或其他类似电话的终端设备，通过银行系统在个人银行账户直接完成付款的方式。

(6) 以信用卡系统为基础的支付。这种电子支付方式的基本做法是通过专用网络或国际互联网以信用卡号码传送进行交易，持卡人就其所传送的信息，先进行数字签章加密，数字签名经认证机构的认证后，将信息本身连同电子证书等一并传送至商家。

(二) 电子支付法律关系

电子支付法律关系是电子支付法律制度所调整的电子支付当事人之间的权利义务关系。与传统民事法律关系一样，电子支付法律关系也由主体、内容和客体三个要素构成。

1. 电子支付法律关系的主体

从整体上看，电子支付涉及的当事人主要包括付款人、收款人、网络银行和相关认证机构。

(1) 电子支付中的付款人，通常指买方(消费者)，根据其与发送银行所订立的服务协议，向发送银行发出付款指示。

(2) 电子支付中的收款人，通常指卖方(商家)，根据其与收款人银行的服务协议，要求收款人银行妥当接收划拨来的资金。

(3) 网络银行，包括发起行和接收行。发起行是指接受客户委托发出电子支付指令的银行；接收行是指电子支付指令接收人的开户银行，收款人未在银行开立账户的，是电子支付指令确定的资金汇入银行。银行是电子支付中的信用机构、支付中介和结算中介，其提供电子支付服务的依据是银行与电子支付客户所订立的金融服务协议。

(4) 相关认证机构，即在网上建立的一种权威的、可信赖的、公正的第三方信任机构，为参与电子商务各方的各种认证要求提供证书服务，确认用户身份。

2. 电子支付法律关系的内容

(1) 付款人与收款人之间是由商品买卖合同所规定的债权债务关系。这种关系的形成通常由货物买卖合同引起。在货物买卖合同的履行中，买方指示其开户银行将合同中规定的货款发送到指定的收款人账户，以履行其付款义务；合同中的卖方则同意买方采用电子支付方式支付货款并收取相应款项，配合付款人完成电子支付活动。

(2) 付款人与发起行之间是电子支付服务合同关系。基于付款人与电子支付发起行间存在的有关电子支付服务的合同，付款人向发起行发出支付指令是行使合同中规定的权利，同时发起行收取相应费用。

(3) 收款人与接收行之间是金融服务合同关系。收款人需在接收行开设账户，开设账户就意味着接收行须向收款人提供服务。这种服务的依据与一般金融服务相同，所以收款人需与接收行订立金融服务合同。按照客户服务协议的要求，接收行应妥善接收划拨来的资金，即它一接收到付款人银行送来的资金划拨指示，便立即履行义务，如有失误或延误，则应按接收行与其客户的服务协议来处理。

(4) 付款人、收款人和电子支付银行与电子认证服务机构之间均是电子认证服务合同关系。付款人、收款人和电子支付银行向认证机构提出认证申请都是发出要约，而认证机构发放电子证书是对要约进行承诺和对这种合同关系的履行。

3. 电子支付法律关系的客体

电子支付法律关系的客体是电子支付行为。交易双方通过电子支付行为，实现资金从付款人银行账户到收款人银行账户的划拨。

二、电子银行及相关法律法规

(一) 电子银行的概念和分类

1. 电子银行的概念

电子银行也称网络银行或虚拟银行，是指利用互联网及相关技术处理传统的银行业务及支持电子商务网上支付的新型银行。2006年3月实施的《电子银行业务管理办法》规定，电子银行业务，是指商业银行等银行业金融机构利用面向社会公众开放的通讯通道或开放型公众网络，以及银行为特定自助服务设施或客户建立的专用网络，向客户提供的银行服务。可见，电子银行依托计算机网络实现银行服务，为客户提供各种金融产品，是一种全新的银行服务方式。它使客户可以不受时空的限制，只要能够上网就可以随时随地方便快捷地管理自己的资金账户。

2. 电子银行的分类

根据电子银行是否独立于传统银行，可以将电子银行分为两类：独立型电子银行和依存型电子银行。独立型电子银行，是指银行的设立和各项业务的提供均通过互联网进行，没有与之相对应的传统银行的电子银行；而依存型电子银行是传统银行利用互联网提供网上服务而设立的电子银行，实质上是传统银行的一个业务部门。目前，我国的电子银行都属于依存型电子银行。

3. 电子银行的业务类型

根据电子银行办理业务利用工具的不同，可将电子银行的业务分为网上银行业务、电话银行业务、手机银行业务和其他电子银行业务。网上银行业务是指利用计算机和互联网开展的银行业务；电话银行业务是指利用电话等声讯设备和电信网络开展的银行业务；手机银行业务是指利用移动电话和无线网络开展的银行业务；其他电子银行业务是指其他利用电子服务设备和网络，由客户通过自助服务方式完成金融交易的银行业务。

(二) 我国金融机构开办电子银行业务的条件

我国对金融机构申请开办电子银行业务的，根据电子银行业务的不同类型，分别适用审批制和报告制：利用互联网等开放性网络或无线网络开办的电子银行业务，包括网上银行、手机银行和利用平板电脑等个人数据辅助设备开办的电子银行业务，适用审批制；利用境内或地区性电信网络、有线网络等开办的电子银行业务，适用报告制；利用银行为特定自助服务设施或与客户建立的专用网络开办的电子银行业务，法律法规和行政规章另有规定的遵照其规定，没有规定的，适用报告制。金融机构开办电子银行业务后，与其特定客户建立直接网络连接提供相关服务，属于电子银行日常服务，不属于开办电子银行业务申请的类型。

《电子银行业务管理办法》对我国电子银行的市场准入作了明确的规定。

1. 金融机构开办电子银行业务应具备的必要条件

(1) 金融机构的经营活动正常，建立了较为完善的风险管理体系和内部控制制度，在申请开办电子银行业务的前一年内，金融机构的主要信息管理系统和业务处理系统没有发生过重大事故。

(2) 制定了电子银行业务的总体发展战略、发展规划和电子银行安全策略，建立了电子银行业务风险管理的组织体系和制度体系。

(3) 按照电子银行业务发展规划和安全策略，建立了电子银行业务运营的基础设施和系统，并对相关设施和系统进行了必要的安全检测和业务测试。

(4) 对电子银行业务风险管理情况和业务运营设施与系统等，进行了符合监管要求的安全评估。

(5) 建立了明确的电子银行业务管理部门，配备了合格的管理人员和技术人员。

(6) 中国银保监会要求的其他条件。

2. 金融机构开办电子银行业务的其他条件

金融机构开办以互联网为媒介的网络银行业务、手机银行业务等电子银行业务，除应具备上面所列条件外，还应具备以下条件。

(1) 电子银行基础设施设备能够保障电子银行的正常运行。

(2) 电子银行系统具备必要的业务处理能力，能够满足客户适时业务处理的需要。

(3) 建立了有效的外部攻击侦测机制。

(4) 中资银行业金融机构的电子银行业务运营系统和业务处理服务器设置在中华人民共和国境内。

(5) 外资金融机构的电子银行业务运营系统和业务处理服务器可以设置在中华人民共和国境内或境外；设置在境外时，应在中华人民共和国境内设置可以记录和保存业务交易数据的设施设备，能够满足金融监管部门现场检查的要求，在出现法律纠纷时，能够满足中国司法机构调查取证的要求。

外资金融机构开办电子银行业务，除应具备上述所列的两项条件外，还应当按照法律、行政法规的有关规定，在中华人民共和国境内设有营业性机构，其所在国家(地区)监管当局具备对电子银行业务进行监管的法律框架和监管能力。

(三) 电子银行的市场监督与管理

中国银行保险监督管理委员会(简称银保监会)是我国对电子银行业务实施市场监督与管理的机构。银保监会对电子银行的监管主要表现在对电子银行业务实施非现场监管、现场检查和安全监测，对电子银行安全评估实施管理，以及对电子银行的行业自律组织进行指导和监督，主要表现为以下几点。

1. 电子银行的自我评估

《电子银行业务管理办法》规定，金融机构应定期对电子银行业务发展与管理情况进行自我评估，并应每年编制《电子银行年度评估报告》，并于下一年度的3月底之前报送银保监会。报告应至少包括以下几方面内容：①本年度电子银行业务的发展计划与实际发展情况，以及对本年度电子银行发展状况的分析评价；②本年度电子银行业务经营效益的分析、比较与评价，以及主要业务收入和主要业务的服务价格；③电子银行业务风险管理状况的分析与评估，以及本年度电子银行面临的主要风险；④其他需要说明的重要事项。

2. 重大安全事故和风险事件的报告制度

《电子银行业务管理办法》规定，金融机构应当建立电子银行业务重大安全事故和风险事件的报告制度，并保持与监管部门的经常性沟通。对于电子银行系统被恶意攻破并已出现客户或银行损失，电子银行被病毒感染并导致机密资料外泄，以及可能会引发其他金融机构电子银行系统风险的事件，金融机构应在事件发生后48小时内向中国银保监会报告。

3. 电子银行安全评估

电子银行安全评估是金融机构开办或持续经营电子银行业务的必要条件，也是对金融机构电子银行业务风险管理与监管的重要手段。金融机构应按照中国银保监会的有关规定，定期对电子银行系统进行安全评估，并将其作为电子银行风险管理的重要组成部分。2006年颁布的《电子银行安全评估指引》规定，开展电子银行业务的金融机构，应根据其电子银行发展和管理的需要，至少每两年对电子银行进行一次全面的安全评估。《电子银行业务管理办法》规定，金融机构电子银行安全评估工作，应当由符合一定资质条件、具备相应评估能力的评估机构实施。银保监会负责制定评估机构开展电子银行安全评估业务的资质条件和电子银行安全评估的相关制度，并负责对评估机构参与电子银行安全评估的业务资质进行认定。

(四) 电子银行的跨境业务管理

电子银行的跨境业务活动，是指开办电子银行业务的金融机构利用境内的电子银行系统，向境外居民或企业提供的电子银行服务活动。金融机构的境内客户在境外使用电子银行服务，不属于跨境业务活动。《电子银行业务管理办法》规定，金融机构提供跨境电子银行服务，除应遵守中国法律法规和外汇管理政策等规定外，还应遵守境外居民所在国家(地区)的法律规定。境外电子银行监管部门对跨境电子银行业务要求审批的，金融机构在提供跨境业务活动之前，应获得境外电子银行监管部门的批准。金融机构向客户提供跨境电子银行服务，必须签订相关服务协议。金融机构与客户的服务协议文本，应当使用中文和客户所在国家或地区(或客户同意的其他国语言)两种文字，两种文字的文本应具有同等法律效力。

(五) 电子银行的法律责任

《电子银行业务管理办法》规定，金融机构在提供电子银行服务时，因电子银行系统存在安全隐患、金融机构内部违规操作和其他非客户原因等造成损失的，金融机构应当承担相应责任。因客户有意泄漏交易密码，或者未按照服务协议尽到应尽的安全防范与保密义务造成损失的，金融机构可以根据服务协议的约定免于承担相应责任，但法律法规另有规定的除外。

金融机构未经批准擅自开办电子银行业务，或者未经批准增加或变更需要审批的电子银行业务类型，造成客户损失的，金融机构应承担全部责任。法律法规明确规定应由客户承担的责任除外。

金融机构已经按照有关法律法规和行政规章的要求，尽到了电子银行风险管理和安全管理的相应职责，但因其他金融机构或者其他金融机构的外包服务商失职等原因，造成客户损失的，由其他金融机构承担相应责任。需要注意的是，提供电子银行服务的金融机构有义务协助其客户处理有关事宜。

课堂小活动

讨论：电子银行的发展导致了货币电子化、银行机构虚拟化、银行业务全球化和金融产品个性化，这决定了其引发的风险的因素与传统银行有很大区别，试分析电子银行自身特有的风险有哪些。

三、非金融机构支付及相关法律法规

(一) 非金融机构支付业务的界定

非金融机构支付结算又称第三方支付结算，是指非金融机构在收款人之间作为中介机构提供下列部分或全部货币资金转移服务，包括网络支付、预付卡的发行与受理、银行卡收单及中国人民银行确定的其他支付服务。

网络支付，是指收款人或付款人通过计算机、移动终端等电子设备，依托公共网络信息系统远程发起支付指令，且付款人电子设备不与收款人特定专属设备交互，由支付机构为收付款人提供货币资金转移服务的活动，包括货币汇兑、互联网支付、移动电话支付、固定电话支付、数字电视支付等；预付卡是指以营利为目的发行的、在发行机构之外购买商品或服务的预付价值，包括采取磁条、芯片等技术以卡片、密码等形式发行的预付卡；银行卡收单是指通过销售点(POS)终端等为银行卡特约商户代收货币资金的行为。

第三方网上转账支付是目前主流的电子支付方式。随着我国电子商务的发展，已经有大量的非金融机构从事支付服务，对这些非金融机构进行规范管理势在必行。中国人民银行陆续发布了《非金融机构支付服务管理办法》及其实施细则、《非银行支付机构网络支付业务管理办法》等部门规章，规范了非金融机构支付服务行为，防范支付风险，保护当事人的合法权益。

课堂小活动

案例分析

张琳琳大学毕业后自主创业，开了一家超市。她为了便于顾客结账，在店内使用支付宝、微信等付款方式，同时为了方便日常经营管理，也经常通过支付宝、微信等缴纳水电费、宽带费、手机费等费用。

请问：支付宝、微信等属于金融机构支付服务还是非金融机构支付服务？你觉得支付宝和微信支付的使用会存在哪些风险？

(二)《支付业务许可证》的取得

目前，非金融机构提供支付服务应当依据《非金融机构支付服务管理办法》规定取得《支付业务许可证》，成为支付机构并依法接受中国人民银行的监督管理。未经中国人民银行批准，任何非金融机构和个人不得从事或变相从事支付业务。

1. 关于申请条件的规定

《非金融机构支付服务管理办法》第8条规定："《支付业务许可证》的申请人应当具备下列条件：①在中华人民共和国境内依法设立的有限责任公司或股份有限公司，且为非金融机构法人；②有符合本办法规定的注册资本最低限额；③有符合本办法规定的出资人；④有5名以上熟悉支付业务的高级管理人员；⑤有符合要求的反洗钱措施；⑥有符合要求的支付业务设施；⑦有健全的组织机构、内部控制制度和风险管理措施；⑧有符合要求的营业场所和安全保障措施；⑨申请人及其高级管理人员最近3年内未因利用支付业务实施违法犯罪活动或为违法犯罪活动办理支付业务等受过处罚。"

申请《支付业务许可证》的，需经所在地中国人民银行副省级城市中心支行以上的分支机构审查。中国人民银行分支机构依法受理符合要求的各项申请，并将初审意见和申请资料报送中国人民银行。中国人民银行审查批准的，依法颁发《支付业务许可证》，并予以公告。

任何非金融机构和个人未经中国人民银行批准擅自从事或变相从事支付业务的，中国人民银行及其分支机构责令其终止支付业务；涉嫌犯罪的，依法移送公安机关立案侦查；构成犯罪的，依法追究刑事责任。

2. 关于注册资本的规定

申请人拟在全国范围内从事支付业务的，其注册资本最低限额为1亿元人民币；拟在省(自治区、直辖市)范围内从事支付业务的，其注册资本最低限额为3千万元人民币。注册资本最低限额均为实缴货币资本。中国人民银行根据国家有关法律法规和政策规定，调整申请人的注册资本最低限额。外商投资支付机构的业务范围、境外出资人的资格条件和出资比例等，由中国人民银行另行规定，报国务院批准。

3. 关于出资人的规定

申请人的主要出资人是指包括拥有申请人实际控制权的出资人和持有申请人10%以上股权的出资人。《非金融机构支付服务管理办法》第10条规定："申请人的主要出资人应当符合以下条件：①为依法设立的有限责任公司或股份有限公司；②截至申请日，连续为金融机构提供信息处理支持服务2年以上，或连续为电子商务活动提供信息处理支持服务2年以上；③截至申请日，连续盈利2年以上；④最近3年内未因利用支付业务实施违法犯罪活动或为违法犯罪活动办理支付业务等受过处罚。”

4. 关于有效期的规定

《支付业务许可证》自颁发之日起，有效期5年。支付机构拟于《支付业务许可证》期满后继续从事支付业务的，应当在期满前6个月内向所在地中国人民银行分支机构提出续展申请。中国人民银行准予续展的，每次续展的有效期为5年。支付机构超出《支付业务许可证》有效期限继续从事支付业务的，中国人民银行及其分支机构责令其终止支付业务；涉嫌犯罪的，依法移送公安机关立案侦查；构成犯罪的，依法追究刑事责任。

(三) 从事支付业务的非金融机构的业务管理

1. 业务范围

支付机构应当按照《支付业务许可证》核准的业务范围从事经营活动，不得从事核准范围之外的业务，不得将业务外包。支付机构不得转让、出租、出借《支付业务许可证》。《非银行支付机构网络支付业务管理办法》规定，支付机构不得经营或者变相经营证券、保险、信贷、融资、理财、担保、信托、货币兑换、现金存取等业务。

2. 审慎经营

支付机构应当按照审慎经营的要求，制定支付业务办法及客户权益保障措施，建立健全风险管理和内部控制制度，并报所在地中国人民银行分支机构备案。

3. 公开收费

支付机构应当确定支付业务的收费项目和收费标准，并报所在地中国人民银行分支机构备案。支付机构应当公开披露其支付业务的收费项目和收费标准。

4. 签订支付服务协议

支付机构应当制定支付服务协议，明确其与客户的权利和义务、纠纷处理原则、违约责任等事项。支付机构应当公开披露支付服务协议的格式条款，并报所在地中国人民银行分支机构备案。

根据《非银行支付机构网络支付业务管理办法》第7条规定，支付机构应当与客户签订服务协议，约定双方责任、权利和义务。在服务协议中至少要包括以下内容：①业务规则(包括但不限于业务功能和流程、身份识别和交易验证方式、资金结算方式等)；②收费项目和标准；③查询、差错争议及投诉等服务流程和规则；④业务风险和非法活动防范及处置措施；⑤客户损失责任划分和赔付规则等。

支付机构为客户开立支付账户的，还应在服务协议中以显著方式告知客户，并采取有效方式确认客户充分知晓并清晰理解下列内容：“支付账户所记录的资金余额不同于客户本人的银行存款，不受《存款保险条例》保护，其实质为客户委托支付机构保管的、所有权归属于客户的预付价值。该预付价值对应的货币资金虽然属于客户，但不以客户本人名义存放在银行，而是以支付机构名义存放在银行，并且由支付机构向银行发起资金调拨指令。”

支付机构应当确保协议内容清晰、易懂，并以显著方式提示客户注意与其有重大利害关系的事项。

5. 建立健全客户身份识别机制

支付机构应当按规定核对客户的有效身份证件或其他有效身份证明文件，并登记客户身份基本信息。支付机构为客户开立支付账户的，应当对客户实行实名制管理，登记并采取有效措施验证客户身份基本信息，按规定核对有效身份证件并留存有效身份证件复印件或者影印件，建立客户唯一识别编码，并在与客户业务关系存续期间采取持续的身份识别措施，确保有效核实客户身份及其真实意愿，不得开立匿名、假名支付账户。

支付机构明知或应知客户利用其支付业务实施违法犯罪活动的，应当停止为其办理支付业务。

6. 保护交易信息

《非金融机构支付服务管理办法》规定，支付机构应当妥善保管客户身份等基本信息、支付业务信息等资料，应当保守客户的商业秘密，不得对外泄露。《非银行支付机构网络支付业务管理办法》第14条规定，交易信息包括但不限于下列内容：①交易渠道、交易终端或接口类型、交易类型、交易金额、交易时间，以及直接向客户提供商品或者服务的特约商户名称、编码和按照国家与金融行业标准设置的商户类别码；②收付款客户名称，收付款支付账户账号或者银行账户的开户银行名称及账号；③付款客户的身份验证和交易授权信息；④有效追溯交易的标识；⑤单位客户单笔超过5万元的转账业务的付款用途和事由。支付机构应当确保交易信息的真实性、完整性、可追溯性以及在支付全流程中的一致性，不得篡改或者隐匿交易信息。

支付机构应当依法保守客户的商业秘密，不得对外泄露。《非金融机构支付服务管理办法》规定，支付机构应当按规定妥善保管客户身份基本信息、支付业务信息、会计档案等资料。支付机构应当以"最小化"原则采集、使用、存储和传输客户信息，并告知客户相关信息的使用目的和范围。支付机构不得向其他机构或个人提供客户信息，法律法规另有规定，以及经客户本人逐项确认并授权的除外。

此外《非银行支付机构网络支付业务管理办法》第16条还规定，对于客户的网络支付业务操作行为，支付机构应当在确认客户身份及真实意愿后及时办理，并在操作生效之日起至少5年内，真实、完整保存操作记录。

拓展阅读

跨境电商金融支持政策问答汇编

1. 跨境电商资金结算政策问答

(1) 目前针对跨境电商支付结算服务方面有什么支持政策?

答：跨境电商企业整个支付结算流程中，提供支付服务的主体越少，支付结算手续费成本越低。中国人民银行一直鼓励各大银行和支付机构细化出口型跨境电商平台的资金结算方案，减少中间环节，降低支付结算成本，提高资金结算效率，满足多样化资金结算需求，利用各自优势开展有序竞争和良好合作。

(2) 跨境电商企业可以通过境外的支付机构收款吗?

答：可通过境外的持牌机构收取外币资金，但在境内结算环节由外汇指定银行或获得外汇支付业务许可的支付机构进行结算。目前支付机构中，可以开展外汇支付业务的有财付通支付科技有限公司、平安付科技服务有限公司等。

(3) 跨境电商企业可在银行开立哪些账户办理资金结算？

答：根据规定，在境外(含香港、澳门和台湾地区)合法注册成立的境外机构可开立外汇NRA账户①，自由贸易试验区内境外机构境内外汇NRA账户可直接办理结汇。跨境电商企业可通过关联境外企业在商业银行自贸区分支机构开立外汇NRA账户办理资金结算。

2. 经常项目跨境外汇收支政策问答

(1) 跨境电商收取货款有什么合规途径？

答：目前主要有银行和支付机构两大途径。跨境电商从事传统贸易，在获取海关报关单、合同或发票等交易单证后可以直接通过银行进行资金收付和汇兑。如果是个体工商户的电商小卖家，可以在银行开立外汇结算账户办理经常项下货款收支。对于经常项下小额、零星的贸易结售汇，可以凭有效身份证件在个人年度便利化额度内通过个人外汇储蓄账户办理，不用开立个人外汇结算账户。如果不能取得纸质交易单证，又想通过银行办理外汇资金结算，可以通过有资质的银行凭交易电子信息办理。

(2) 个人外汇储蓄账户每年可以收超过5万美元的电商货款吗？可以用家人、亲戚朋友的账户代收吗？

答：从事跨境电商的个人可通过个人外汇储蓄账户收取具有真实交易背景的货款。对于跨境电商个人小额零星的收汇可通过个人外汇储蓄账户在5万美元便利化额度内结汇办理。对于跨境电商个人可以提供有交易额的单证或交易电子信息的，相关结售汇不占用个人便利化额度。跨境电商个人不得出借本人或借用他人的外汇账户代收货款，出借本人或借用他人的账户在便利化额度内收取款项构成分拆违规交易，违反个人外汇管理的有关规定。

(3) 如何理解个人结售汇的年度总额管理？

答：境内居民每人每年有5万美元的便利化额度。对于5万美元以内的结售汇业务，个人可凭有效身份证件在银行柜面或通过电子银行线上办理，只需对购汇用途或结汇资金来源如实申报，就可以非常便利地办理。超过等值5万美元以上的，只要具有真实、合法的购汇和付汇需求，个人也可凭本人身份证明和带有交易金额的相关证明材料到银行办理。

(4) 跨境电商企业收汇是否都需要办理企业名录登记？

答：支付机构或银行根据《国家外汇管理局关于印发〈支付机构外汇业务管理办法〉的通知》(汇发〔2019〕13号)办理货物贸易收付汇时，年度货物贸易收汇或付汇累计金额低于20万美元的(不含)小微跨境电商企业可免于办理“贸易外汇收支企业名录”登记。

(5) 经常项下跨境外汇支付相关规定有哪些？

答：经常项下跨境外汇支付政策文件有以下几个：《国家外汇管理局关于印发货物贸易外汇管理法规有关问题的通知》(汇发〔2012〕38号)；《关于印发服务贸易外汇管理法规的通知》(汇发〔2013〕30号)；《个人外汇管理办法》(中国人民银行令〔2006〕第3号)；《支付机

① 国家外汇管理局于2009年7月13日发布的《国家外汇管理局关于境外机构境内外汇账户管理有关问题的通知》，允许境内银行为境外机构开立境内外汇账户，即为NRA账户。“NRA”账户也可能指境外机构在中国境内银行业金融机构开立的人民币银行结算账户。为了区别于境外机构境内外汇账户，境外机构境内人民币账户也称“RMB NRA”账户。

构外汇业务管理办法》(汇发〔2019〕13号)；《国家外汇管理局关于支持贸易新业态发展的通知》(汇发〔2020〕11号)。

课后训练

一、单项选择题

1. 下列关于第三方支付开展境外收汇的利弊分析正确的是(　　)。

A. 有利于网上个人跨境交易的规范管理

B. 不符稳健管理的原则

C. 风险不可控

D. 不便网上跨境交易

2. 跨境支付方式不包括 (　　)。

A. 信用卡支付　　B. 个人支付宝账户　C. 现金支付　　D. PayPal

3. 与传统国际贸易支付方式相比，网络支付具有的优点不包括(　　)。

A. 快捷性　　B. 收费较低　　C. 安全性高　　D. 适合小额交易

4.《支付业务许可证》的有效期为，自发证日起(　　)。

A. 3年　　B. 5年　　C. 10年　　D. 15年

5.《非金融机构支付服务管理办法》规定，《支付业务许可证》申请人拟在全国范围内从事支付业务，包括申请人跨省(自治区、直辖市)设立分支机构从事支付业务或者客户可跨省(自治区、直辖市)办理支付业务的，其注册资本最低限额为(　　)。

A. 人民币5千万元　　B. 人民币1亿元　　C. 人民币3千万元　　D. 人民币3亿元

二、多项选择题

1. 跨境支付三大业务包括(　　)。

A. 收单　　B. 汇款　　C. 结售汇　　D. 清算

2. 第三方支付结算机构的组织形式可以是(　　)。

A. 有限责任公司　　B. 股份有限公司　　C. 个人独资企业　　D. 合伙企业

3. 传统贸易结算方式包括(　　)。

A. 现金/货币结算　　B. 票据结算　　C. 凭单结算　　D. 电信结算

4. 按照支付币种区分，跨境支付与结算可分为(　　)。

A. 人民币结算　　B. 外汇结算　　C. 消费者本人支付　　D. 委托第三方支付

5. 第三方支付机构应当确保交易信息的(　　)。

A. 真实性　　B. 完整性

C. 可追溯性　　D. 支付全流程中的一致性

三、判断题

1. 跨境支付是指两个或两个以上国家或地区之间因国际贸易、国际投资及其他方面发生的国际债权债务，借助一定的结算工具和支付系统实现的资金跨国或跨地区转移的行为。(　　)

2. 境内的个人在境外网站产生消费后，由非金融机构收取境内个人的人民币货款，再统一通过合作银行向境外商户结汇的结算方式是外卡收单。(　　)

3. 银行支付方式包括电汇、信用证以及托收，其中信用证建立在商业信用的基础上，电汇和托收则是以银行信用为基础。(　　)

4. 国际信用卡支付主要适用于从事跨境电商零售的平台和独立的B2C。(　　)

5. 根据电子银行办理业务利用工具的不同，可将电子银行的业务分为网上银行业务、电话银行业务、手机银行业务和其他电子银行业务。(　　)

四、问答题

1. 跨境电子商务支付工具有哪些？

2. 网络银行的设立需要满足哪些条件？

3. 网络银行的风险有哪些？应该如何防范？

4. 简述第三方跨境支付的流程。

5. 依据《非金融机构支付服务管理办法》规定，非金融机构取得《支付业务许可证》需要具备哪些条件？

五、实操题

1. 用自己的银行卡开通网上银行业务，了解开通不同的网络银行的手续，各网络银行都采取了哪些措施保障交易安全？

2. 通过网上查找资料，了解国内知名的第三方支付机构。

3. 小陈是一家服装企业的负责人，企业目前采用B2B、B2C两种跨境出口方式，跨境出口的主要市场是欧美。请为小陈制订一套适合企业发展的跨境支付方案。

项目五 跨境电子商务物流及相关法律法规

知识目标

使学生了解跨境电子商务物流的基础知识；掌握跨境电子商务物流的基本类型；熟悉跨境电子商务物流相关领域的合同法律知识；了解跨境电子商务物流的风险所在及防范措施。

技能目标

培养学生选择跨境电子商务物流形式和规避相关法律风险的能力。

课程思政

培养学生的守法意识；培养学生自觉维护社会经济发展秩序的意识。

知识导图

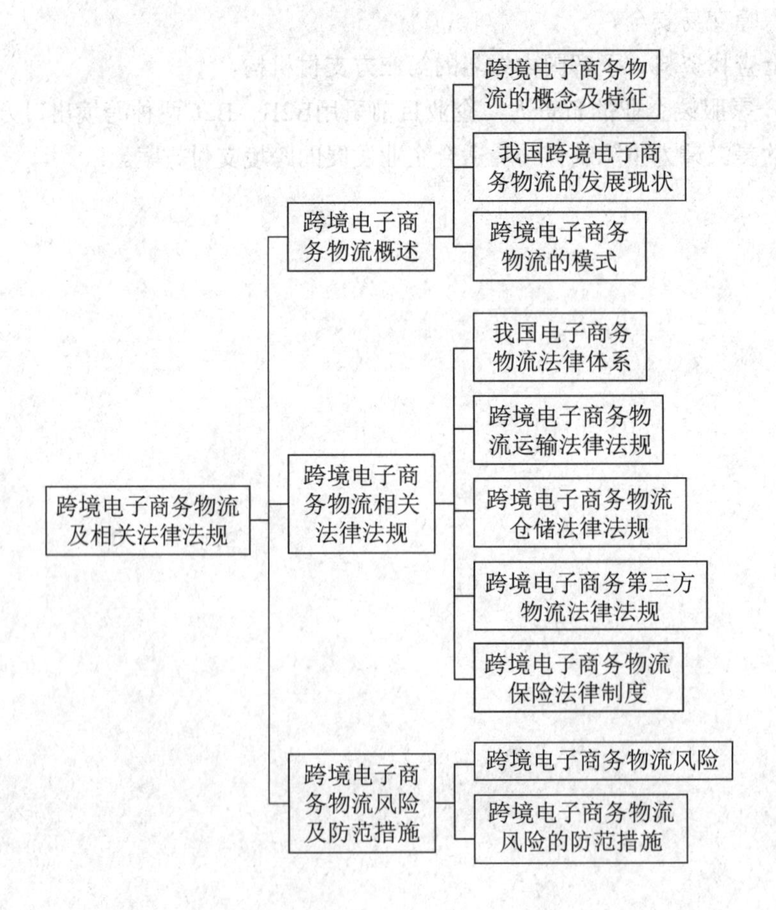

引导案例

跨境物流服务商侵犯知识产权被判赔

某供应链公司收了一批跨境电子商务的货物，该供应链公司又将该批货物交由某贸易公司，该贸易公司委托某报关公司对该批货物进行报关。上述货物的报关单载明：收发货人和生产销售单位均为该贸易公司，申报单位为上述报关公司，商品名称为鞋，并注明无品牌。海关查验后发现货物规格型号与申报部分不符，查验的货物中发现有两个知名品牌的鞋子，数量为几百双及一千多双，海关扣留了这些鞋子并通知其在海关登记的权利人。权利人在收到海关的通知后，确认该批货物是未经权利人许可，擅自使用权利人注册商标的侵权商品，属侵权货物。

此后，权利人作为原告对该供应链公司、该贸易公司、该报关公司及该供应链公司的唯一股东郭某提起诉讼，请求法院判令被告赔偿经济损失人民币50万元和其他费用以及开支等6万元。

法院经审理后认为：被控侵权商品上使用的标识与原告注册商标构成相同，被控侵权商品与原告商标核定使用商品亦属于同一种或类似商品，依据相关规定，被控侵权商品属于侵犯原告注册商标专用权的商品。被控侵权行为为出口被控侵权商品，构成商标法规定的“销售侵犯注册商标专用权的商品”的侵权行为，侵权人应当承担停止侵权、赔偿损失的侵权责任。

涉案报关单上填写的收发货人和生产销售单位均为上述贸易公司，因此，该贸易公司应为侵权商品的出口企业，应认定为涉案侵权行为的实施者；上述供应链公司委托该贸易公司安排出口报关工作，因此，供应链公司与贸易公司共同实施了出口行为，应承担共同侵权的责任。

关于上述报关公司是否构成帮助侵权的问题。根据商标法的规定，故意为侵犯他人商标专用权行为提供便利条件，帮助他人实施侵犯商标专用权行为的，属于侵犯注册商标专用权的行为。根据规定，报关企业对委托人出口货物的知识产权状况负有合理审查的法定义务，并提交有关证明文件。但上述报关公司作为专业报关企业在代理报关时未履行知识产权合理审查的法定义务，出具未如实记载出口货物情况的报关单，应视为与委托人故意隐瞒出口的货物中有侵权商品的事实，故意为侵犯他人商标专用权行为提供便利条件，帮助他人实施侵权商标专用权，应与上述供应链公司、贸易公司承担连带责任。

关于上述供应链公司的唯一股东郭某是否应对该供应链公司的上述赔偿责任承担连带赔偿责任的问题，根据《中华人民共和国公司法》的规定，一人有限责任公司的股东不能证明公司财产独立于股东自己的财产的，应当对公司债务承担连带责任，本案中被告郭某未提供证据证明其财产独立于公司，应当承担举证不能的后果。因此，郭某应对该供应链公司的上述债务承担连带赔偿责任。

【引例分析】目前，很多跨境电子商务货物运输都是由货代或物流服务商代为报关。一些卖家会销售侵犯知识产权的商品，如果物流服务商收到这些侵犯知识产权的商品且被海关查验到，海关会进行处罚，权利人也会提起诉讼，这对跨境物流服务商来说，存在不小的风险。而很多小物流服务商的股东是单一的自然人，一旦这样的公司被法院判决承担责任，很可能该单一股东需要承担连带责任。跨境物流服务商应当采取适当的措施避免上述风险。

任务一　跨境电子商务物流概述

一、跨境电子商务物流的概念及特征

(一) 跨境电子商务物流的概念

跨境电子商务物流是指在电子商务活动中，商品从一个关税区域流向另一个关税区域的物流活动。这种物流活动通常是通过跨境电子商务平台达成的交易，且交易的是有形商品，由于交易双方分属于不同的国家或地区，商品需要通过跨境物流来实现合同目的。与国内电子商务物流相比较，跨境电子商务物流的主体有买家(个人或企业)、卖家(个人或企业)、跨境电子商务平台经营者，以及政府监管部门。跨境电子商务物流属于跨境物流的一种类型，随着跨境电子商务的迅猛发展，其所占的比重越来越大。然而，由于不同国家和地区的海关政策、语言、文化等存在差异，进而影响通关、检验检疫等环节，将导致跨境电子商务物流过程中极易出现诸多问题，需要跨境电子商务从业者特别关注。

(二) 跨境电子商务物流的特征

相较于国内的电子商务物流，跨境电子商务物流具有以下特点。

1. 通关时间长

跨境电子商务交易主体处于不同国家或地区，不同国家和地区的海关通关制度各不相同，且通关过程中涉及的主体较多，包括跨境电子商务平台、第三方物流企业、海关等，需要办理的凭证和单据也较多，因此物流周期要远长于境内电子商务物流，过程更为复杂，稍有不慎就会被截留、查扣，严重影响货物时效。

2. 各国物流基础设施参差不齐

物流基础设施完善程度是决定跨境物流效率的关键因素。在跨境电子商务物流中，由于物流的运作涉及不同国家和地区，而各国的物流基础设施条件不尽相同。一般而言，发达国家的物流设施比较完善，欠发达国家和发展中国家的物流基础设施比较薄弱。物流基础设施完善程度不同，给跨境电子商务国际物流增加了难度，在一定程度上影响了跨境物流的效率。

3. 运输方式的多样化

跨境电子商务物流由于跨越不同的国家和地区，运输距离较长，因此需要多种运输方式共同来完成，包括陆运、空运和海运。这种把诸多运输方式相结合的运输方式，称为多式联运。在多式联运的路途中，由于货物需要进行多次中转、搬运、分拣、装配等环节，相比国内电子商务物流，更容易造成货物的毁损和丢失。

二、我国跨境电子商务物流的发展现状

(一) 跨境电子商务物流专业人才不足

从事跨境电子商务的专业人才，不仅要懂得外语、电子商务，还要熟练掌握通关、报关、

报检等跨境物流操作知识。当前，我国跨境电子商务物流领域从业人员大多不能同时掌握国际贸易和跨境物流知识，这种情况不利于跨境电子商务的长远发展。

(二) 跨境电子商务物流基础设施不完善

跨境电子商务在我国发展的时间虽然较短，但物流服务的需求日趋增大，而跨境电子商务物流企业的运营时间较短，现有的物流基础设施不足，特别是我国区域经济发展不均衡导致物流基础设施完善程度差距较大。目前来看，我国内陆地区由于跨境电子商务的发展较慢，物流设施配备不足，影响了我国跨境电子商务物流的长远发展。我们要努力完善物流基础设施建设，尽快将高效、智能的物流基础设施普及全国，为跨境电子商务的发展助力。

(三) 跨境电子商务物流法律体系不健全

当前，我国跨境电子商务物流法律体系尚不健全，相关法规、政策比较零散，政府职能不明确，无法满足跨境电子商务物流发展要求。近年来，我国出台了一系列政策规范来扶持跨境电子商务发展，但是针对跨境电子商务物流方面的政策比较少，不能及时解决在实际运输过程中出现的问题。

三、跨境电子商务物流的模式

(一) 邮政包裹模式

邮政物流可分为中国邮政和国际邮政，其中中国邮政小包、国际e邮宝和EMS是常见的邮政物流模式。

1. 中国邮政小包

中国邮政小包是指中国邮政针对2千克以下小件推出的业务，属于航空邮政的范畴，可发往全球240多个国家和地区，包括平邮小包和挂号小包。中国邮政小包具有价格实惠、邮寄方便，通邮范围广、通关能力强的优势，因此成为众多跨境电子商务卖家发货的必备物流渠道。

课堂小活动

讨论：邮政小包的优点有哪些?

2. 国际e邮宝

国际e邮宝是中国邮政速递为中国客户量身订制的针对轻小件物品的经济型国际空邮产品。目前，国际e邮宝已提供超过32个国家的配送服务，且全程提供物流跟踪信息。该项服务经济实惠，时效较快，7～15天可以实现货物妥投。

3. 邮政EMS

邮政EMS是全球各个国家或地区的邮政合办的特快专递服务。它是由万国邮政联盟管理下的国际邮件快递服务，因而在海关和航空等部门享有优先处理权。邮政EMS具有清关能力强、投妥时效快、无须加收燃油附加费等特点。

综上所述，2千克以内的物品卖家可选择邮政小包，如果有时效或可靠性的考虑，有些卖家也会选择e邮宝或EMS进行邮递。

(二) 国际快递模式

国际快递模式是指四大商业快递巨头[即敦豪快递(DHL)、TNT快递、联邦快递(FedEx)和UPS快递]进行的物流配送。这些国际快递企业拥有先进的全球网络和强大的信息系统，为客户带来较好的物流体验。国际快递的特点是比较贵，但全程可查物流信息，时效性快。一般来说，如果货物价值较高，或需要及时到达的情况下，客户大多会选择国际快递模式。

随着我国跨境电子商务行业和物流行业的迅猛发展，许多本土的快递公司逐步开展了跨境电子商务物流服务，比如顺丰速运、中国邮政特快专递(EMS)、“四通一达”(申通快递、圆通速递、中通快递、百世汇通、韵达速递)等。相较于四大国际快递巨头，这些本土快递公司的国际业务虽然起步晚、运力覆盖范围有限，但费用较便宜，且服务更容易为本土客户接受，因此发展很迅速。

(三) 专线物流模式

专线物流模式是物流公司独立开发的，从特定出发地利用固定运输方式运送货物到特定目的地的跨境专线递送方式。跨境专线物流一般是先把货物集中成一单货物并通过航空包舱的方式将货物运输到境外，再通过目的国(或地区)境内的合作快递公司进行派送，其物流起点、物流终点、运输时间、运输工具、运输线路都基本固定，通过规模化的运输便可有效降低运输成本，因此时效比邮政包裹快，而费用比国际快递便宜。专线物流模式主要包括航空专线、港口专线、铁路专线、大陆桥专线、海运专线以及固定多式联运专线，比如中俄专线、渝新欧专线、中欧专线等。

专线物流全程能够提供物流信息，并且能够向指定国家发带电的产品，清关也更顺利，但是由于配送国家和地区具有固定性，无法到达所有国家和地区，因此比较适用于配送至特殊国家渠道的产品。

(四) 第三方海外仓模式

第三方海外仓模式是伴随着跨境电子商务兴起，为满足时效和成本的需求而发展的一种新的物流模式，主要包括头程运输、仓储管理和本地派送三个程序。头程运输是指跨境电子商务企业通过国际物流方式预先把商品送达国外的海外仓库进行储存；仓储管理是指海外仓库对商品进行储存、分拣、包装、贴标签等一系列管理服务；本地派送是指在买家下单后，直接从海外仓发货并进行配送，通过本地快递送达买家手中。

近年来，许多跨境电子商务企业纷纷租赁或自建海外仓，比如eBay、亚马逊、大龙网等。一方面，第三方海外仓是跨境电子商务物流的一大创新，具有时效快、旺季不堵塞、通关速度快、退换货便利、管理便利等诸多优点，能够有效解决邮政包裹和国际快递的短板问题；另一方面，第三方海外仓存在一定的局限性，比如容易造成库存压力、服务质量受限于海外仓服务商的运营能力等，因此适用于库存周转快的热销单品。

拓展阅读

亚马逊FBA服务

亚马逊FBA服务，英文全称fulfillment by Amazon，是亚马逊基于自有平台开放给平台卖家的一项有偿物流和仓储服务。FBA除了拥有第三方海外仓的优点以外，还有其自身的个性化优势。第一，操作便捷。买家在下单后，卖家可以直接将后续复杂的取货、出库、配送、包装、收款、退换货、客后服务等一系列复杂事宜全权交给亚马逊来打理，由此可以节省大量人力物力。第二，物流问题少。由于卖家使用FBA派送，包装在运输过程中的破损甚至丢失将不被亚马逊计入订单缺陷率中，避免了买家在收到货物后因包装破损而给差评的情况，有利于维护卖家的listing(产品页面)。第三，仓库分布广、用户体验度好。由于亚马逊在全美国拥有众多的仓储配送中心和强大的配送体系，买家在下单后能够第一时间发货并尽快收到商品，用户好评度较高。当然，FBA也有自身的不足之处。第一，头程出货复杂。亚马逊的每个商品都有特定的商品编码(ASIN码)，一旦卖家没有处理好ASIN码的生成、打印、保护(不受污染、破损等)，将导致商品无法入库。第二，仓储费用较高。一旦出现库存积压，将持续产生高昂的仓储费用。第三，FBA服务不提供清关，卖家需要自己做好申报和关税清缴。第四，类目受到限制，不是所有的商品都能享受FBA仓的服务。

(资料来源：陈庆勇. 跨境电商物流模式选择[D]. 北京：对外经济贸易大学，2021.)

(五) 保税区或自由贸易区模式

为方便商品的跨境交易，进一步促进各国的贸易往来，许多国家或地区建立了保税区和自由贸易区。保税区是指由一国海关设置的、或经海关批准注册、受海关监督和管理的可以较长时间存储商品的区域。自由贸易区是指两个以上的国家或地区通过签订自由贸易协定，互相取消绝大部分货物的关税和非关税壁垒，使商品可在协议国间自由流动的一片特定贸易区。

跨境电子商务企业可先将货物先行放在保税区或自由贸易区仓库，待买家下单再将商品打包配送，这样能大大缩短了订单到达时间，还能利用保税区和自由贸易区的各项优惠政策，特别是物流、通关、检验检疫、收付汇、退税等方面的便利，进而简化跨境电子商务的流程，方便电子商务交易。

任务二　跨境电子商务物流相关法律法规

一、我国电子商务物流法律体系

随着电子商务的迅猛发展，进一步规范电子商务物流的法律法规相继出台，构成了我国现行电子商务物流法律体系，其中包括与物流相关的法律、行政法规、地方性法规、部门规章、地方政府规章等。

(一) 与物流相关的法律

与物流相关的法律主要包括《中华人民共和国道路交通安全法》《中华人民共和国水路运

输管理条例》《中华人民共和国民法典》《中华人民共和国海商法》《中华人民共和国铁路法》《中华人民共和国邮政法》《中华人民共和国民用航空法》等法律。

(二) 与物流相关的行政法规

与物流相关的行政法规主要包括《铁路货物运输管理规则》《航空货物运输合同实施细则》《中华人民共和国国际货物运输代理业管理规定》《中华人民共和国国际海运条例》《危险化学品安全管理条例》《汽车货物运输规则》《中华人民共和国道路交通管理条例》《国际道路运输管理规定》等。

(三) 与物流相关的地方性法规

相对于法律和行政法规而言，有关物流的地方性法规比较多，各省、直辖市和较大市的人大都可以根据相关上位法来制定并颁布实施各地方的相关条例。比如我国各省份几乎都出台了相应的道路运输条例或道路运输管理条例，有些省市细化到货物运输市场和货物运输行业的规范(如杭州)，更具有前瞻性。

(四) 与物流相关的部门规章

与物流相关的部门规章主要包括《快递市场管理办法》《快递业务经营许可管理办法》《道路货物运输及站场管理规定》《道路货物运输服务业管理办法》《高速公路交通管理办法》等。这些部门规章的出台，为行业的发展提供了更为详细和更具操作性的引导，促进了电子商务物流的发展。

(五) 与物流相关的地方政府规章

与物流相关的地方政府规章，基本上都是地方政府根据自己所在省所制定的“道路货物运输条例”，结合自身情况作出的具体规定。在这些地方政府规章中，有的规定制定得比较细致，例如《哈尔滨市城市道路货物运输服务管理办法》，有的规定制定得更加超前，比如《广东省快递市场管理办法》，倡议快递企业在经营时还要注意环保，以及快递公司与电子商务企业的责任承担问题。

从总体上看，我国电子商务物流相关法律呈现立法层次较低，法律体系比较松散，缺乏核心立法，立法相对滞后等特点。跨境电子商务的迅猛发展，必然要求我国的物流法律法规要与之相应，以符合现代化、国际化发展的趋势要求。

二、跨境电子商务物流运输法律法规

(一) 运输合同法律制度

1. 运输合同的概念

运输合同是指承运人将旅客或者货物从起运点运送到约定地点，旅客、托运人或者收货人支付运输费用的合同。根据运输对象的不同，运输合同可分为客运合同和货运合同；根据运输方式的不同，运输合同可分为单一运输合同和多式联运合同；根据运输工具的不同，运输合同可以分为铁路运输合同、公路运输合同、水路运输合同、航空运输合同和管道运输合同。

跨境电子商务运输合同主要涉及货物运输合同，这种运输可以是单一运输，可以是多式联运，还可以是铁路运输，也可以是其他运输工具进行的运输。跨境电子商务运输合同具有以下法律特征。

(1) 运输合同大多为要式合同。运输合同的主要内容和条款大都是国家交通部门以法规形式统一规定的，双方当事人无权自行变更。

(2) 运输合同为诺成性合同。一般而言，运输合同不以货物的交付为合同的成立条件，只要合同经双方当事人签字或盖章即告成立。

(3) 运输合同属于劳务合同。合同的标的是运输服务，而非货物本身，货物只是运输行为的劳动对象。

(4) 运输合同为双务有偿合同。承运人有义务为托运人运送货物到指定地点，同时有权获得报酬；托运人有义务向承运人支付运费，同时有权要求承运人完成运输服务。

多式联运，是指按照多式联运合同，采用两种或两种以上不同运输方式，将货物从接收地运至交付地，由多式联运经营人对全程负责并收取运费的运输方式。多式联运合同是指多式联运经营人与托运人订立的，以两种或两种以上的不同运输方式，负责将货物从接收地运至目的地交付收货人并收取全程运费的合同。与普通运输合同相比，多式联运合同的特殊性体现在以下几个方面：①承运人权利和义务由多式联运经营人享有，多式联运各区段承运人之间的内部责任划分约定，不得对抗托运人；②托运人将全程的运费一次性支付给多式联运经营人，并取得多式联运单据；③在多式联运中，如果货物的灭失或损坏发生的区段可以确定，多式联运经营人的赔偿责任和责任限额适用调整该区段运输方式的法律；如果货物的灭失或损坏发生的区段不确定，则多式联运经营人的赔偿责任和责任限额要根据《民法典》和《海商法》有关多式联运的规定来加以确定。

2. 运输合同当事人的权利与义务

运输合同当事人主要包括承运人和托运人。在运输合同中，承运人的主要权利包括以下几方面：收取运费；对逾期提货的，承运人有权收取保管费用；对收货人不明或收货人拒绝受领货物的，承运人可以提存货物，不适合提存货物的，可以拍卖货物提存价款；对不支付运费、保管费及其他有关费用的，承运人可以对相应的货物享有留置权。承运人的主要义务包括以下几方面：按照合同的约定选择适当的运输工具，如期将货物运送到指定的地点；货物从接收到交付这一期间，承运人有责任安全运输和妥善保管货物；货物运到指定地点后，应及时通知收货人取货。

在运输合同中，托运人的主要权利包括以下几方面：要求承运人按照合同约定的时间将货物安全运输到指定地点；在承运人将货物交付收货人之前，托运人可以请求承运人中止运输、返还货物、变更到货地点或将货物交给其他收货人，但由此给承运人造成的损失应予赔偿。托运人的主要义务包括以下几方面：包装货物；如实申报货物的基本情况；办理有关手续；支付运费和其他有关费用。

(二) 物流企业的法律地位

虽然运输是物流过程中的重要环节，但在跨境电子商务进行中，并不要求物流企业具有独立完成运输任务的能力。因此，在跨境电子商务实务中，物流企业可分为两种：一种是能够以自身拥有的交通运输工具独立完成运输活动的企业，这种物流企业处于承运人的法律地位；另一种是不具有运输能力的物流企业，这类物流企业需要与交通运输工具所有人签订租用合同或与承运人签订货物运输合同的方式完成运输任务，根据所签订的合同不同而具有不同的法律地位：如果物流企业是租用他人的运输工具来完成运输工作，与运输工具的出租人签订的是租赁合同，该物流企业处于承运人的法律地位；如果物流企业与承运人签订了运输合同，它就处于托运人的法律地位。

课堂小活动

讨论：多式联运有什么优势？

三、跨境电子商务物流仓储法律法规

电子商务物流仓储是指专门为他人将未售商品暂时储存在特定仓库，并负责保管维护，直至将商品完好地发送出去的全过程，包括存货管理和仓库中货物的搬运、装卸、保养等各项作业活动。

(一) 仓储合同法律制度

1. 仓储合同的概念和特点

我国《民法典》规定，仓储合同是保管人储存存货人交付的仓储物，存货人支付仓储费的合同。仓储合同在本质上可视为一种特殊类型的保管合同，《民法典》第918条规定，对于仓储合同，法律未加规定的事项可以适用保管合同的有关规定。在仓储法律关系中，提供存储保管服务的一方为保管人，接受存储保管服务并支付报酬的一方称为存货人，交付保管的货物为仓储物。

与传统保管合同相比较，仓储合同有自身的一些特点。首先，仓储保管人必须是拥有仓储设备并具有从事仓储业务资格的人，这是仓储合同区别于一般保管合同的一个重要标志。仓库营业人既可以是法人，也可以是个体工商户、合伙或其他组织，但必须取得一定的营业资格。其次，仓储物必须是动产。在仓储合同中，存货人需要将仓储物交付保管人进行储存和保管，因此存货人交付的仓储物必须是动产。再次，仓储合同是双务有偿合同，也是诺成性合同，任何一方在签订仓储合同时都需要作出慎重、负责的意思表示，不可随意更改。最后，仓储合同中货物的交付以仓单作为凭证。仓单是保管人向存货人签发的表示收到一定数量的仓储物的法律文书，仓单经过存货人的背书和保管人的签章后可以依法转让。

2. 仓储合同双方当事人的权利和义务

在仓储合同中，保管人的义务主要有以下几方面：妥善保管储藏物；在由保管方负责对货物进行搬运、看护、技术检验时，保管方应及时委派有关人员；保管人应当按照约定对入库仓储物进行验收；保管人发现入库仓储物有变质或者其他损坏的，应当及时通知存货人或者仓单持有人。

保管人的主要权利有以下几方面：第一，紧急情况下对仓储物的处置权。《民法典》第913条规定："保管人发现入库仓储物有变质或者其他损坏，危及其他仓储物的安全和正常保管的，应当催告存货人或者仓单持有人作出必要的处置。因情况紧急，保管人可以作出必要的处置；但是，事后应当将该情况及时通知存货人或者仓单持有人。"第二，对仓储物的提存权。《民法典》第915条规定："储存期限届满，存货人或者仓单持有人应当凭仓单、入库单等提取仓储物。存货人或者仓单持有人逾期提取的，应当加收仓储费；提前提取的，不减收仓储费。"

在仓储合同中，存货人的义务主要有以下几方面：按合同约定支付仓储费；储存易燃、易爆、有毒、有腐蚀性、有放射性等危险物品或者易变质物品的，存货人应当说明该物品的性质，提供有关资料；按合同约定的时间提取仓储物。

(二) 仓储中的留置担保制度

留置，是指债务人不履行到期债务时，债权人有权占有已经合法占有的债务人的动产，债务人不按照合同约定的期限履行债务的，债权人可以依照担保法规定留置该财产，以该财产折价或拍卖、变卖并优先受偿的担保方式。其中，债权人为留置权人，占有的动产为留置财产。

根据我国《民法典》的规定，留置权可适用于保管合同。根据保管合同，保管人为存货人保管财产，保管合同终止时，存货人应按合同规定支付报酬。如果存货人拒绝支付报酬达一定期限，保管人即可对其保管物行使留置权，将保管物折价或变卖，以应得价款或所得价款清偿其保管费。由于法律规定对仓储合同未加以规定的事项，可以准用保管合同的有关规定，因此可以理解成在仓储法律关系中也可以适用留置担保制度。在仓储合同中，留置权人通常为保管人，保管人按照仓储合同的约定占有存货人的仓储物，存货人不按照合同约定的期限支付仓储费时，保管人可依法留置该财产，并优先获得清偿。

需要注意的是，有些情况是不能够行使留置权的，主要包括以下几方面：当事人约定不得留置的物品；禁止流通的物品；不宜长久保存的物品；有效期将近的物品；留置该物有违法律和公序良俗的。

课堂小活动

讨论：如何理解配送合同的性质？

拓展阅读

大圣物流公司仓储案

2019年10月，大圣物流公司和天天公司签订了一份《仓储及市内配送服务合同》，约定由大圣物流公司为天天公司提供商品存储及配送服务。大圣物流公司需配合天天公司每月对在库产品进行盘点，如有盘亏，大圣物流公司须向天天公司进行相应的赔偿；天天公司需按月向大圣物流公司支付仓储服务费。

2020年7月，天天公司发现其仓储在大圣物流公司处的新百伦鞋子库存数据异常。同年8

月，大圣物流公司对仓储货物进行盘点后确认存在盘亏的情况。大圣物流公司向天天公司发出《合同终止协议书》一份。同年11月，天天公司至大圣物流公司处提走剩余货物。

大圣物流公司诉至上海市青浦区人民法院(以下简称“上海青浦法院”)，要求天天公司支付仓储服务费、占用费及滞纳金。天天公司提起反诉，要求解除仓储合同，并赔偿丢失货物和非法扣押货物造成的损失。

大圣物流公司称，2020年2月—8月，大圣物流公司按约进行对账确认、开具发票，但天天公司拒绝支付仓储费，故大圣物流公司对仓储货物行使了相应的留置权。另双方签订的合同不符合解除条件，因此合同应于10月到期终止。天天公司于2020年11月才将仓储货物全部提走，还需支付此期间的占用费等。

天天公司称，2020年2月起，大圣物流公司未按约履行提供库存情况、配合盘点等义务。双方订立合同的根本目的无法实现，因此合同应当自2020年3月1日起正式解除。2月至9月，大圣物流公司存在因保管不善丢失新百伦鞋子的情况，天天公司认为系大圣物流公司员工盗窃了仓储的新百伦鞋子，且大圣物流公司从8月底开始恶意阻挠天天公司提货，致使天天公司11月才将全部剩余货物提走。

上海青浦法院经审理后认为，大圣物流公司与天天公司签订的《仓储及市内配送服务合同》系双方真实意思表示，属合法有效，双方均应秉持诚实信用原则按约履行合同义务。

天天公司认为大圣物流公司存在盗窃仓储鞋子的情况，其曾向公安机关报案，但公安机关因缺乏证据并未受理。案件中大圣物流公司既否认存在内部盗窃行为，亦未提供仓库监控反映外来人员盗窃的可能，因此法院无线索移送公安机关侦查。

另外天天公司主张丢失的新百伦鞋子数量中还存在入库时的空盒和重复扫描的情形。因此，双方确认最终丢失新百伦鞋子的数量为500多双。

大圣物流公司作为保管人，妥善保管仓储物系其最基本的义务。大圣物流公司因保管不善造成天天公司丢失500多双仓储的新百伦鞋子，显属违约，应承担损害赔偿责任。天天公司据此要求解除双方之间的仓储合同，于法有据。天天公司作为存货方，应依合同约定按时支付仓储费用。天天公司拖欠不付，存在违约行为，应承担违约责任。

综上，上海青浦法院判决天天公司向大圣物流公司支付相应的仓储费及违约金，大圣物流公司向天天公司赔偿相应的损失，大圣物流公司与天天公司之间的《仓储及市内配送服务合同》于2020年9月1日解除。

四、跨境电子商务第三方物流法律法规

(一) 第三方物流的概念及特征

第三方物流，是指由物流经营者和物流需求方之外的第三方根据合同的具体内容，为两者运输货物的物流活动。第三方物流的服务范围不限于包装、仓储、运输等传统物流服务，还可以根据客户的具体需求来提供个性化服务，包括基础服务、增值服务、信息服务、财务服务等诸多方面。

与传统的物流相比，第三方物流具有以下特点：第一，第三方物流是个性化的物流。它可以根据客户的特殊需求，从卸货、拼装箱、包装、仓储、运输，到通关、贴标签、出仓、查询

物流信息、售后等方面提供全链条、全方位的服务。第二，第三方物流是大客户的物流。该物流模式虽然有着巨大的市场，但其受众群体却仅限于大客户，而非零散小商家。第三，第三方物流是长期的物流。第三方物流与客户是基于高度信任而建立的合同关系，客户往往是大型的工商企业，有很大的物流需求。为了节省成本，这些大客户需要与第三方物流建立长期的合作关系，以便节省成本。

与传统的国内电子商务相比，第三方物流服务更加贴合跨境电子商务的需求。首先，物流是跨境电子商务的核心环节之一，物流的效率影响者跨境客户的消费体验，第三方物流能够更专业地整合物流各环节，大大提高了跨境物流的效率。其次，跨境物流的基础设施建设仍存在障碍，无论从仓储功能还是通关政策方面，全球物流区域合作尚不完善，正需要第三方物流来整合资源。最后，第三方物流能够提供个性化服务，这就为客户减少了很多后顾之忧，使客户能够将更多的精力放在市场营销和品牌运营上。因此，第三方物流企业能够为跨境电子商务的发展提供更低成本和更高效的运输手段。

(二) 第三方物流合同法律制度

1. 第三方物流合同的概念和法律适用

跨境电子商务第三方物流合同，是指第三方物流服务提供者与物流需求者之间订立的，由境内(外)第三方物流服务提供者向境外(内)物流需求者提供综合性服务，并由物流需求方向其支付报酬的合同。跨境电子商务第三方物流是一个高度集成化的行业，涉及的环节较多，因此其合同内容具有复杂性和特殊性，双方需要秉承灵活性、合理性的原则签订相关合同。由于第三方物流合同涉及仓储、运输、保管等多种服务环节，该类合同必然具备《民法典》中这些有名合同的特征，也必然受到《民法典》的规范；又由于跨境电子商务的涉外性，第三方物流的相关环节相应受到国际条约和国际惯例的规范，如《国际铁路货物联运协定》对缔约国之间铁路运输的货物联运作了有关规定，《华沙公约》对航空运输等方面也作了相关规定。

2. 第三方物流合同的主体

第三方物流合同的主体包括物流需求者、第三方物流经营者和实际履行者。物流需求者，是指需要物流服务的零售商或贸易商，他们将物流部分外包给第三方；第三方物流经营者是指提供专业物流服务而获取利润的第三方物流企业，比如中国物资储运总公司、中国海运总公司、中国国际货运航空有限公司等；实际履行者是指接受第三方物流经营者委托实际进行某个物流环节的特定企业。根据第三方物流主体相互之间的关系我们可以看出，第三方物流合同可以分为两大部分：一部分是主合同，即第三方物流经营者与物流需求者之间订立的合同；另一部分是副合同，是第三方物流经营者与实际履行者之间订立的合同。这两个合同之间关系密切，却又独立存在。

3. 第三方物流合同的内容与责任

第三方物流经营者与物流需求者之间的法律责任主要体现在双方签订的合同中。由于作为大客户的物流需求方经常凭借自己的雄厚实力打压第三方物流企业，提出要求后者承担“严苛责任”或无责任限制的要求，甚至是一些并不合理与合法的条款，在这种情况下，一旦发生纠纷，后果相当严重。比如国外企业通过打压我国第三方物流企业的费用来满足其降低成本的需求，结果导致我国第三方物流企业变成境外电子商务商家的“替罪羊”，不仅承担了很大的合同风险，还打击了我国第三方物流企业在境外的发展积极性。

为保证物流服务的顺利进行，第三方物流企业需要选择资质良好的实际履行者进行合作，进而将第三方物流企业的责任风险控制到最低，以降低物流经营者成本。在物流运作过程中，客户如果发生损失，需要由第三方物流企业事先对外承担赔偿责任，如果最终认定是实际履行者的过错导致，则第三方物流企业可以事后向实际履行者追偿。然而由于第三方物流企业是分别与物流需求者和实际履行者签订的合同，无论是从责任限制、诉讼时效或是免责条款等方面都是不一样的，往往致使第三方物流企业无法得到全部的赔偿，如果实际履行者的资质不佳，那么其风险将全部转嫁到第三方物流经营者的身上。

第三方物流经营者除了基于以上两种合同关系(与物流需求者和实际履行者分别签订合同)之外，还应当承担基于侵权行为的第三者责任。比如第三方物流企业如果存放了危险品，倘若发生泄漏，造成了周边环境的破坏，或者在跨国运输货物时，企业的船舶发生原油泄露，引起海水污染等，都需要对此承担赔偿责任。

(三) 我国法律对第三方物流规范的现状

虽然目前我国的物流法律制度尚可满足物流业的发展需要，但是针对新型的第三方物流法律关系，现有的立法仍然难以满足需求，主要体现在如下几个方面。

1. 立法滞后

近年来，我国的跨境电子商务产业发展十分迅猛，全国各地建起了许多物流园区，第三方物流企业越来越多。然而，由于当前我国大多数的物流法律法规都是计划经济时期的延续，以至于相关法律条文有很大的滞后性，有些观念也亟待补充与更新。

2. 法律体系松散

从目前看，我国物流法律的体系松散，呈现无头绪化的状态，导致在处理当下的物流纠纷时，法官可能会引用不同的法律条文来解决不同环节的纠纷。造成这种现象主要是因为物流领域的立法呈现主体多样化，我国物流中的运输、仓储、加工、包装等领域以部门为单位进行分割式立法，这些部门在制定相关规则的过程中都夹杂着明显的行业主观性，造成同一情况存在多种纠纷解决方式，缺乏统一的协调性的局面。

3. 法律约束力弱

我国的物流法律体系主要由行政法规和规章制度组成，且大都是规范性不强的条文，其法律约束作用比较弱，甚至有时还会与国际惯例相违背；而那些可操作性强的规范，层级又太低，所发挥的法律效力有限。

4. 跨境电子商务物流的诉讼管辖法律缺失

我国民事诉讼法明确规定，关于合同纠纷的诉讼一般由被告所在地或者合同履行地人民法院行使管辖权，但在跨境电子商务物流中，要确定被告住所地并不容易，因为从卖家到买家要经历不同的物流阶段，如果货物毁损不能确定究竟出现在什么物流环节上，也就无法确定侵权行为实施地，因此无法确定管辖的法院。由于跨境电子商务的第三方物流合同包括诸多物流环节和多方行为主体，以及各种涉外因素，同时我国当前缺乏专门规制跨境电子商务第三方物流的法律规范，这就导致无法界定相关人员的责任，以及不能确定具体的管辖法院。

五、跨境电子商务物流保险法律制度

目前来看，我国电子商务物流经营者多数以传统物流模式为主，采用粗放的经营管理模式，专业化、系统化的现代物流体系尚未普及。随着跨境电子商务的迅猛发展，电子商务行业的各个方面都需要与国际接轨，现代化物流经营模式也必将成为行业主流。规模的扩大和行业竞争日益激烈将导致风险管理的难度增加、风险管理的成本提高。因此，健全的物流保险法律制度就显得尤为重要。

(一) 物流经营活动中存在的风险

1. 运输风险

在货物运输过程中，不论运输司机与物流企业之间是否存在劳动合同关系，只要在物流运输中发生交通肇事，根据我国相关法律规定，该物流企业需要对交通肇事、货物毁损或灭失、货物延时配送造成的损失承担相应责任。

2. 装卸搬运风险

装卸搬运环节是连接运输、仓储、配送等物流活动的重要节点，一个完整的跨境电子商务物流流程往往需要经过多次的装卸搬运，操作频繁使得装卸搬运成为物流过程中最具风险的环节之一。

3. 仓储风险

仓储风险可以分为两类：一类是自然灾害，如地震、海啸、台风、洪水等引起的仓储物毁损或灭失；另一类是人为因素，即物流企业仓储管理有漏洞或员工业务素质不高。

4. 配送风险

现代物流要求在精确的时间将货物送到指定地点，而且不能出现破损或残缺，或者因分拨路径不当导致货物发生错运，这些风险造成的损失都将由物流经营企业承担。

5. 包装风险

包装对于现代物流来说十分重要，现代物流要求货物的包装要符合安全性、标准化、美观性的要求。如果由于包装不当导致货物毁损或灭失，则物流企业将因此而承担损害赔偿责任。

6. 信息处理风险

物流信息的处理能力已经成为衡量物流服务水平的重要标准之一，因此信息系统一旦发生故障，造成无法及时提供物流跟踪信息，或提供的信息有误时，物流企业需要承担相应信誉风险甚至法律责任。

(二) 物流保险的概念和功能

1. 物流保险的概念

物流保险是指与物流有关的保险，包括物流责任保险、物流财产保险和物流货物保险。物流责任保险，是指以物流经营者对第三者应当承担的民事损害赔偿责任为保险标的，保险人承担被保险人(物流经营者)在物流活动中给第三者造成的损害，并且由第三者向被保险人提出损害赔偿请求为保险事故的保险。物流财产保险，是指被保险人根据合同约定，向保险人交付保险费，保险人按照合同约定对所承保的物流经营活动所需的设备、设施等财产及其有关利益因自然灾害或意外事故造成的损失承担赔偿责任的保险。物流货物保险，是指以物流中的货物作为保险标的，保险人对由自然灾害和意外事故造成的货物毁损或灭失向货物所有人承担赔偿责任。

2. 物流保险的功能

保险是基于风险的存在和对因风险发生而引起的损失进行补偿而产生的，是处理风险的一种典型手段。物流保险的功能主要有两点：第一是分散风险，保险将不特定风险以固定的成本支出模式把风险转嫁给保险人，从而将物流经营者的风险降至最低；第二是补偿损失，尤其是那些大规模的损失，比如大型物流器械设备使用和保管不当、危险物品运输和保管不当导致的对不特定第三者侵权和环境污染等，都需要物流企业承担赔偿责任，而保险可以为物流企业弥补这些损失。

拓展阅读

第三方物流公司——给客户个性化的优质服务

作为日用产品生产商，宝洁公司的物流服务需求对响应时间、服务可靠性以及质量保护体系具有很高的要求。根据物流服务需求和服务要求，进入宝洁公司视野的物流企业主要有两类：占据物流行业主导地位的国有企业和民营储运企业。经过调查评估，宝洁公司认为当时国有物流企业业务单一，要么只管仓库储存，要么只负责联系铁路运输，而且储存的仓库设备落后，质量保护体系不完善，运输中信息技术落后，员工缺乏服务意识，响应时间和服务可靠性得不到保证。于是，宝洁公司把目光投向了民营储运企业。

在筛选第三方物流企业时，宝洁公司发现宝供物流企业集团(以下简称“宝供”)承包铁路货运转运站，以“质量第一、顾客至上、24小时服务”的经营特色，提供“门到门”的服务。于是，宝洁公司将物流需求建议书提交给宝供，对宝供的物流能力和服务水平进行试探性考察。

围绕着宝洁公司的物流需求，宝供设计了业务流程和发展方向，制定严格的流程管理制度，对宝洁公司产品“呵护备至”，达到了宝洁公司的要求，同时宝供长期良好合作的愿望以及认真负责的合作态度，受到了宝洁公司的欢迎，使得宝供顺利通过了考察。宝洁公司最终选择了宝供作为自己的合作伙伴，双方签订了铁路运输的总代理合同，开始了正式的合作。

在实施第三方物流服务过程中，宝供针对宝洁公司的物流服务需求，建立遍布全国的物流运作网络，为宝洁公司提供全过程的增值服务，在运输过程中保证货物按照同样的操作方法、模式和标准来操作，将货物运送到目的地后，由受过专门统一培训的宝供储运的员工进行接货、卸货、运货，为宝洁公司提供门到门的“一条龙”服务，并按照严格的质量管理标准和标准运作管理程序，将宝洁公司的产品快速、准确、及时地送到全国各地的销售网点。双方的初步合作取得了相当好的成效，宝供帮助宝洁公司在一年内节省成本达6万美元，宝洁公司高质量高标准的物流服务需求也极大提高了宝供的服务水平。

随着宝洁公司在中国业务的增长，仓库存储需求大幅度增加，宝供良好的运作绩效得到了宝洁公司的认同，进一步外包其仓储业务给宝供。针对宝洁公司的物流需求，宝供规划设计和实施物流管理系统，优化业务流程，整合物流供应链，以“量身定做、一体化运作、个性化服务”模式满足宝洁公司的个性化需求，提高物流的可靠性，降低物流总成本。在双方合作关系推动下，宝供建立高水准的信息技术系统以帮助管理和提供全面有效的信息平台，实现仓储、运输等关键物流信息的实时网上跟踪，实现与宝洁公司电子数据的无缝衔接，使宝洁公司和宝供作业流程与信息有效整合，从而使物流更加高效化、合理化、系统化。宝供严格和高质量的物流服务，极大地降低了宝洁公司的物流成本，缩短订单周期和运输时间，提高了宝洁公司的客户服务水平；而宝洁公司促使宝供的物流服务水平不断提升，成为当今国内的第三方物流企业。

宝洁公司针对自身需求选择宝供作为第三方物流服务提供商，开展了合作伙伴关系，在这种合作模式下，实现了“双赢”的目标。在物流市场需求日益增长和国际国内激烈的市场竞争环境下，宝洁公司应用第三方物流的成功，将为中国工商企业采购第三方物流服务、选择物流服务提供商树立标杆。

第三方物流企业能降低客户物流成本，缩短订单周期和运输时间，改善客户响应能力，也能为客户创造价值。工商企业选择合适的第三方物流服务提供商首先需要准确界定自身的物流需求，然后选择能够满足企业需求和目标的提供商，最后对提供商进行关系管理和绩效评估。企业应用第三方物流在改善服务绩效的同时，能显著降低物流总成本。

任务三　跨境电子商务物流风险及防范措施

一、跨境电子商务物流风险

(一) 物流运输风险

跨境电子商务物流运输至少要经过两个国家或地区，相较于国内电子商务，运输距离和环节增加，物流运输中的风险也相应增加，比如在转运过程中货物可能会发生破损甚至丢件。

(二) 海关查验风险

在跨境电子商务实务中，当有些商品需要商检时，有些国际贸易货运代理商会建议商家向海关提供虚假信息来进行冲关[①]，如果海关查出此类事件，则货物将会被海关退回，情节严重的，会处以罚款。

(三) 电子支付风险

跨境电子商务支持多种国际支付方式，但由于其是依托互联网通过跨境电子商务平台进行支付的，如果消费者在付款后，因为非商家的原因不能收到货物或者货物发生毁损，那么消费

① 国际快递中的冲关是指实物和海关申报的资料不一致，这是一种心存侥幸的违法行为。

者提前支付的货款就不会如期打到商家账户，使商家平白遭受损失。

(四) 知识产权风险

跨境电子商务的消费者主要是海外的买家，欧美国家十分注重知识产权的保护，跨境电子商务企业一旦侵犯了他人知识产权，很有可能不能通过海关查验，严重的还会处以重罚，同时严重影响企业形象。

二、跨境电子商务物流风险的防范措施

(一) 完善物流保险制度

跨境电子商务物流企业需要善用保险制度来分散风险承担，因此完善的物流保险业务是当前物流行业所面临的重要课题。制定合理的物流保险价格体系能够推动物流保险业务的规范化建设，物流公司根据自身的需求选择不同的保险服务，而保险公司应根据这些需求为其提供更加灵活的物流保险方案。

(二) 健全货物运输代理法律制度

目前我国关于货物运输代理的主要法律文件是《国际货物运输代理业管理规定及其实施细则》，但这并不足以应对当今错综复杂的国际和国内经济形势，所以制定一部适应当下跨境电子商务发展的国际货运代理法律规范，显得尤为重要。

(三) 增强商家防范知识产权风险的意识

由于跨境电子商务平台上的很多中小商家自身的知识产权意识薄弱，生产假冒伪劣商品的事件屡有发生。平台经营者应及时提醒入驻商家重视知识产权侵权问题，并建立更有效的措施防范商家出售涉嫌侵权的商品，尽可能减少侵权商品进入跨境电子商务物流系统中，从而保证通关率，保障交易顺利进行。

(四) 加强第三方海外仓建设

近年来，由于自建海外仓成本较高、可能出现闲置等问题，许多跨境电子商务企业已不再热衷于自建海外仓，而是将自己的物流需求交给第三方海外仓解决。随着市场需求的变化，越来越多的中小型海外仓企业已经开始将单一的物流服务拓展为提供包括代运营业务、清关和税务服务、退换货再包装服务等一站到底的综合服务体系，从简单依靠价格优势逐步走向创建自身品牌的蜕变之路。

课后训练

一、单项选择题

1. 承运人的权利是(　　)。

A. 收取运费及符合规定的其他费用

B. 货物运到指定地点后，即时通知收货人收货

C. 货物运到指定地点后，持凭证领取货物

D. 请求托运人中止运输

2. 货物运输合同的法律特征是(　　)。

A. 单务合同　　B. 有偿合同　　C. 实践性合同　　D. 大多为不要式合同

3. 下列说法中正确的是(　　)。

A. 保险人又称承保人，是指其财产或人身受保险合同保障、享有保险金请求权的人

B. 保险费是指投保人对保险标的的实际投保金额

C. 保险责任期间是指投保人对发生的事故损失负赔偿责任的时间段

D. 保险标的是作为保险对象的财产及其有关利益或人的生命和身体

4. 下列物流方式，收费最贵的是(　　)。

A. 香港邮政小包　　B. EMS　　C. 中国邮政小包　　D. UPS

二、多项选择题

1. 托运人的主要权利有(　　)。

A. 要求承运人按合同约定的时间将货物安全运输到约定的地点

B. 请求承运人中止运输、返还货物

C. 请求承运人变更到货地点，且无需赔偿承运人损失

D. 请求承运人将货物交给其他收货人

2. 按仓库的不同使用方式，可以将仓储分为(　　)。

A. 自营仓储　　B. 合同仓储　　C. 公共仓储　　D. 战略储备仓储

3. 跨境电子商务物流的特征有(　　)。

A. 物流反应速度快速化　　B. 物流功能的集成化

C. 物流作业的规范化　　D. 物流信息的电子化

4. 下列属于跨境电子商务物流风险的是(　　)。

A. 转运中货物丢失

B. 货物因涉及侵犯他人知识产权而被海关扣留

C. 货物中有危险品而未通过航空安检

D. 买家不愿清关

5. 下列属于仓储合同的特征的是(　　)。

A. 仓储保管的对象可以是动产，也可以是不动产

B. 仓促合同是诺成性合同

C. 仓储货物的交付与归还以仓单作为凭证

D. 仓储合同的保管人必须依法取得从事仓储保管业务的经营资格

三、判断题

1. 当前物流已经不是制约跨境电商发展的问题。(　　)

2. 速卖通平台的物流主要是大包。(　　)

3. 配送合同是有名合同。(　　)

4. 仓储的货物所有权发生转移。(　　)

5. 多式联运合同中承运人权利和义务由多式联运经营人享有，多式联运承运人之间的内部责任划分约定，不得对抗托运人。(　　)

四、问答题

1. 简述跨境电子商务物流的概念和特征。
2. 试述跨境电子商务物流仓储的法律法规。
3. 简述物流企业在仓储活动中的法律地位。
4. 简述货运保险合同的特征。
5. 试述运输合同的主要内容。

五、案例分析

一家速卖通店铺于2016年2月注册成立，主要经营孕婴童用品类目，包括童装和童鞋等很多产品。通过一段时间的运营，店铺的订单越来越多。但个别买家提起投诉，原因主要集中在没有如期收到货物、货物在运输途中发生破损和货物在运输途中丢失等方面。经调查，打包不到位导致货物发生破损或者包裹被丢件是买家投诉的主要原因。

试分析：(1) 速卖通平台的卖家如何有效地降低物流运输途中的货物破损问题？

(2) 一旦买家因丢件或货物破损问题提出投诉，如何通过沟通更妥善地解决纠纷？

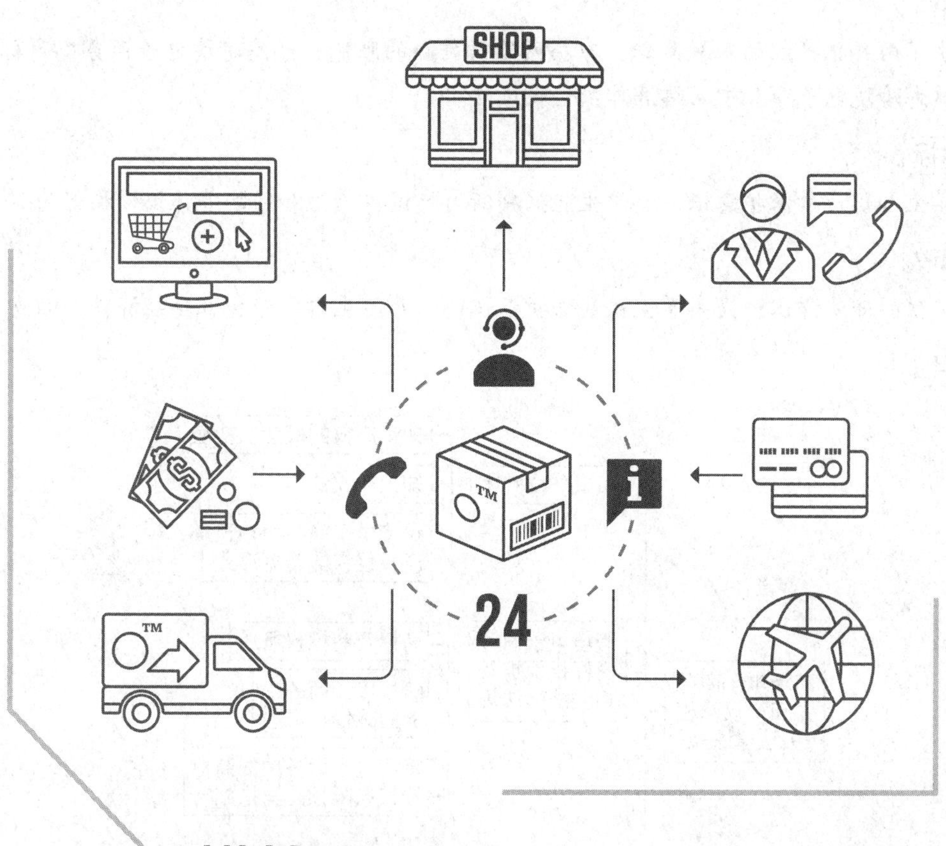

模块三

跨境电子商务权益保护法律制度

项目六 跨境电子商务知识产权及相关法律法规

知识目标

使学生了解知识产权的基础知识；掌握网络著作权的限制；熟悉跨境电子商务中商标权侵权风险；熟悉跨境电子商务中网络著作权侵权风险。

技能目标

培养学生知识产权保护意识；使学生能够判断商标侵权行为和网络著作权侵权行为。

课程思政

培养学生的守法意识；提高学生权利保护意识；培养学生自觉维护社会经济秩序的意识。

知识导图

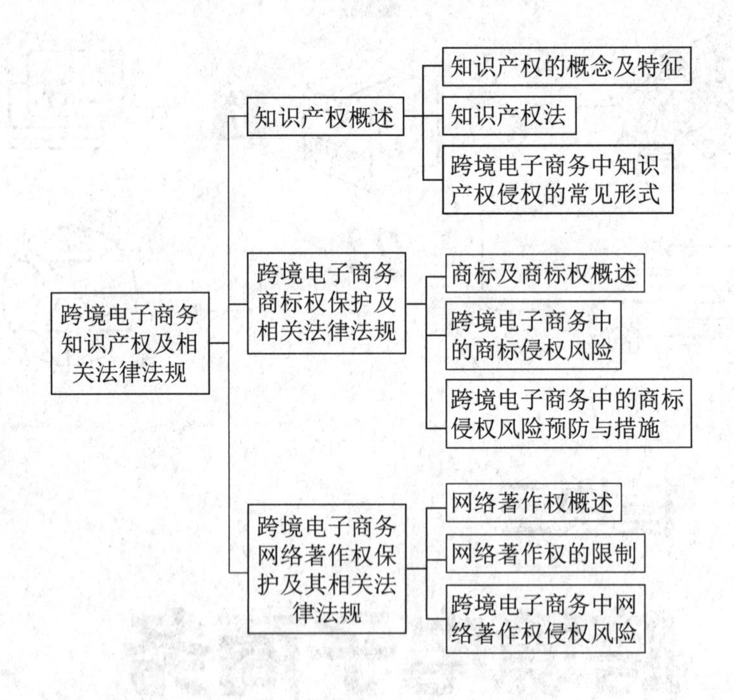

引导案例

跨境电子商务卖家被困知识产权“围猎”

近年来，随着我国跨境电商交易规模的急速增长，跨境电子商务领域的纠纷，尤其是知识产权类纠纷也日渐增多，知识产权已经成为境外企业制约我国跨境电子商务从业者的重要竞争手段之一。

目前，虽然我国跨境电子商务经营者数量非常多，但大部分为中小企业，与少数大企业经济实力相差较为悬殊，因此在知识产权的投入的人力与财力相对较少，大部分企业未将知识产权作为跨境贸易的“先驱”，不愿意在知识产权上投入过多的人力与财力。

与此同时，不少企业奉行“拿来主义”，对市场上的“爆款”进行无差别的抄袭，出售仿冒产品，前期没有对相应的风险进行分析与规避，导致知识产权摩擦频频出现，最后导致损失惨重，也相应地影响了企业的声誉。

2015年年初，由于涉嫌销售仿冒产品，中国5000余名商户使用的PayPal账户被美国法院的临时限制令冻结，涉及金额高达5000万美元，最终因应诉维权成本高、法律意识单薄等原因，不少商户PayPal账户被清零，中国企业无故遭受了巨大的经济损失。无独有偶，在2018年—2019年期间，小猪佩奇商标及著作权权利人娱乐壹英国有限公司聘请美国律师，以相同的“钓鱼取证”方式，再次利用法院的临时限制令，冻结了中国上千家企业的PayPal账户。

2021年4月9日，一家持有美国外观专利的中国公司，在美国伊利诺伊北区联邦地区法院提起诉讼，状告183名在亚马逊、速卖通、Wish等网站上销售某一款特定产品的卖家。4月21日，该法庭批准了原告关于临时禁止令(temporary restraining order，TRO)的各项要求。该案牵涉的产品为一款“乌龟水垫”。

由于跨境电子商务领域涉及的知识产权存在地域性保护，再加之国内知识产权保护意识淡薄、管理制度尚未完善等原因，跨境电子商务中的知识产权保护问题仍然面临着巨大挑战。

【引例分析】对于跨境电子商务经营者来说，首先应当提高知识产权保护意识，高度自律，从根源上预防权利人提起侵权诉讼。同时，应当熟悉相关行业领域内的代表性商标，其所销售的产品应当有正当的来源渠道。对于可能存在知识产权风险的产品，跨境电子商务经营者可以要求供应商提供相应的证明文件；如果潜在的风险过大，与预期的收益不成比例，应当及时更换商品的种类，避免产品侵权。

对于“自产自销”的跨境电子商务经营者，在设计、生产产品时，则应当避免如“傍名牌”等搭便车行为，以防侵犯他人的知识产权。对于已经在电子商务平台上公开销售的商品，如果认为存在知识产权侵权风险，应当及时予以下架处理，防止侵权范围进一步扩大。对于买家的订单，跨境电子商务经营者同样不能贪图小便宜，对于涉嫌侵权的订单，应当要求对方提供相应的授权证明。

任务一　知识产权概述

一、知识产权的概念及特征

(一) 知识产权的定义

“知识产权”一词，英文为intellectual property，是指公民、法人或其他组织对其在科学技术和文学艺术等领域内的智力成果所依法享有的专有权利。

我国《民法典》第123条规定：“知识产权是权利人依法就下列客体享有的专有的权利：作品；发明、实用新型、外观设计；商标；地理标志；商业秘密；集成电路布图设计；植物新品种；法律规定的其他客体。”因此，知识产权的调整范围主要包括以下两类：第一，版权及与版权有关的权利，具体包括文学艺术作品的作者享有的权利和表演者、音像制品制作者和广播组织者的相关权利，后者又称邻接权；第二，工业产权，包括商标权和专利权。

(二) 知识产权的特征

1. 无形性

知识产权的客体是无形的智力成果，必须依赖于一定的物质载体而存在。获得了物质载体并不等于享有其所承载的知识产权，侵犯物质载体的所有权不等于同时侵犯其所承载的知识产权。知识产权可以同时为多个主体所使用，也不会因多个主体的使用而使该知识财产遭受损耗或灭失。客体的无形性是知识产权与有形财产的主要区别。

2. 排他性

知识产权的排他性，又称专有性，是指在权利的有效期内，没有法律的许可，或者未经知识产权所有者的许可，任何人不得擅自使用该智力成果，否则构成侵权，应承担相应的法律责任。同样的智力成果只能有一个成为知识产权保护的对象，不允许有两个或两个以上的同一属性的知识产权同时并存。

3. 时间性

知识产权的时间性，是指知识产权的保护期是有限的，一旦超过法律规定的时间，该智力成果即进入公有领域，成为人人都可以利用的公共资源。例如，我国知识产权法规定，发明专利的保护期为20年，自专利申请日起计算；作品著作权的保护期为作者终身及其死亡后50年；商标权的保护期限为自核准注册之日起10年，但可以在期限届满前6个月内申请续展注册，每次续展注册的有效期为10年，续展的次数不限。商业秘密的法律保护期是不确定的，该秘密一旦为公众所知悉，即进入公共领域，供他人使用。

4. 地域性

知识产权的地域性，是指知识产权的效力只限于授予其权利的国家或者确认其权利的国家境内，其他国家对该智力成果并没有义务给予法律保护，除非有国际条约、双边或多边协定的特别规定。比如，著作权虽然自动产生，但它也受地域限制，我国法律对外国人的作品并不当然给予保护，只是因为我国加入了《保护文学艺术作品伯尔尼公约》和《世界版权公约》等国际公约，要履行这些国际公约规定的义务，保护这些公约成员国的国民作品。同样的道理，公约的其他成员国也要按照公约规定，对我国公民和法人的作品在本国给予保护。

二、知识产权法

知识产权法是指调整因创造和使用智力成果而产生的各种社会关系的法律规范的总称。目前，我国已经形成了以《中华人民共和国著作权法》《中华人民共和国专利法》《中华人民共和国商标法》三大知识产权法为核心的、其他配套法律法规为补充的较为完善的知识产权法律体系。

知识产权法的渊源包括国内法和国际条约。我国知识产权法律体系包括《中华人民共和国商标法》《中华人民共和国专利法》《中华人民共和国著作权法》《计算机软件保护条例》等法律法规。此外，我国签署的一些知识产权国际条约也是我国知识产权法的重要渊源，主要包括《保护工业产权巴黎公约》《保护文学艺术作品伯尔尼公约》《商标国际注册马德里协定》《世界版权公约》《专利合作条约》《商标注册条约》等一系列的全球性和地区性知识产权条约，共同确立了知识产权国际保护的基本体制。

三、跨境电子商务中知识产权侵权的常见形式

跨境电子商务中的知识产权就是跨境电子商务环境下的知识产权。除了传统知识产权的内涵外，跨境电子商务中的知识产权又包括数据库、域名、多媒体、网络著作权等。因此，在跨境电子商务环境下，知识产权概念的外延得到扩大。在跨境电子商务环境下，知识产权侵权包括以下几种常见形式。

1. 商标权侵权

商标是区别商品或服务来源的标志，任何能够将自然人、法人或者其他组织的商品或服务与他人的商品或服务区别开的标志，包括文字、图形、字母、数字、三维标志、颜色组合和声音等，以及上述要素的组合，均可以作为商标申请注册。商标必须具有显著性。跨境电子商务中的商标权侵权，主要指在自己的商品或商品链接中使用他人的商标，比如在标题、商品描述或者关键字中使用未经授权的商标。

2. 著作权侵权

著作权，又称版权，是指自然人、法人或者其他组织对文学、艺术和科学作品享有的财产权利和精神权利。随着计算机技术的应用和发展，计算机软件、数据库和多媒体技术又成为新的著作权客体。跨境电子商务中的著作权侵权，主要包括无权使用有著作权的图片和视频，在文案或宣传中使用其他人的产品描述信息等。

3. 专利权侵权

专利权指对于公开的发明创造所享有的一定期限内的独占权。在跨境电子商务经营活动中，专利权侵权主要表现为以下几种：未经授权仿制、销售发明专利权人的产品；未经外观专利权人许可，在销售的产品上使用具有专利权的产品外观包装；对产品的形状、图案、色彩等进行改造并用于生产、销售的，与具有外观设计专利产品的相似度达到百分之六十的。

拓展阅读

跨境电子商务知识产权保护在提速

近年来，随着电子商务蓬勃发展，跨境电子商务也成为知识产权侵权的高发领域。网经社电子商务研究中心B2B与跨境电商部主任、高级分析师张周平在接受国际商报记者采访时表示，当前，跨境电子商务领域的知识产权侵权行为主要体现在产品商标、外观、产品名称等方面，跨境电子商务知识产权问题对行业发展的潜在危害较大。一旦发生知识产权侵权问题，对跨境电子商务企业是不小的打击，海外法律诉讼产生的成本及赔偿的金额都较高，不利于企业长期发展。因此，打击跨境电子商务领域知识产权侵权行为迫在眉睫。

由于跨境电子商务领域涉及的知识产权存在地域性保护，加之国内知识产权保护意识淡薄、管理制度尚未完善等，跨境电子商务知识产权保护仍然面临着巨大挑战。知识产权侵权行

为不仅影响着跨境电子商务的发展，还会引发跨境电子商务知识产权摩擦，严重制约中国企业的国际竞争力的提升。

浙江国和控股集团有限公司董事长陈乃科认为，知识产权保护已成为中国跨境电子商务转型发展的“痛点”所在。跨境电子商务发展面临境内知识产权保护壁垒、境外知识产权维权困难的双重压力。

2021年7月9日发布的《国务院办公厅关于加快发展外贸新业态新模式的意见》明确提出，要完善信息数据、信用体系、知识产权保护等方面标准、制度；要研究制定跨境电子商务知识产权保护指南，引导跨境电子商务平台防范知识产权风险；加强知识产权保护、跨国物流等领域国际合作，参与外贸新业态新模式的国际规则和标准制定。这些工作由商务部牵头，相关部门按职责分工负责。

张周平认为，目前大多数企业对知识产权保护认识不深，意识并未提升，制定跨境电子商务知识产权保护指南等措施将更好地提升企业的知识产权保护意识。

陈乃科表示，当前，跨境电子商务知识产权保护需要加强电子商务平台自治规则和机制构建，强化对外贸企业和跨境电子商务平台的指导和培训，同时加强国际协调，推动构建世界电子贸易平台，形成全球跨境电子商务知识产权保护新规则。

此外，张周平认为，跨境电子商务领域的知识产权保护需要政府、跨境电子商务平台以及跨境电子商务企业等各方共同努力，形成同防共治的局面，同时加强立法，使跨境电子商务知识产权有法可依。

(资料来源：中国商务新闻网)

任务二　跨境电子商务商标权保护及相关法律法规

一、商标及商标权概述

(一) 商标的概念和分类

《中华人民共和国商标法》(以下简称《商标法》)第8条规定：“任何能够将自然人、法人或者其他组织的商品与他人的商品区别开的标志，包括文字、图形、字母、数字、三维标志、颜色组合和声音等，以及上述要素的组合，均可以作为商标申请注册。”由此可见，商标可以由一个或多个具有显著特征的字、字母、数字、图画或图像、色彩或颜色组合、三维体、声音或者这些元素的组合构成，其本质作用是区别商品的来源或提供者。商标权可通过使用商标，也可通过注册商标来取得。通过注册获得的商标权又称为注册商标专用权。在我国，商标注册是取得商标权的基本途径。《中华人民共和国商标法》第3条规定：“经商标局核准注册的商标为注册商标，商标注册人享有商标专用权，受法律保护。”商标专用权可以有偿使用或转让。与专利权有所不同的是，商标专用权一般是无限期的，可以通过周期性注册维持其使用。

根据不同的标准，商标可分为以下几类。

1. 根据商标的构成要素分类

根据商标的构成要素，商标可分为文字商标、图形商标、组合商标、三维商标、颜色商标、声音商标以及其他商标。其中，声音商标是新修订的商标法首次增设的，企业可以积极申请声音商标，配合电子商务线上的特点，充分利用声音作为媒介进行宣传，进而吸引更多的消费者。

2. 根据商标的使用者分类

根据商标使用者的不同，商标可分为商品商标、服务商标、集体商标和证明商标。商品商标是指使用于商品上的商标；服务商标是指使用于服务项目上的商标；集体商标是指以团体、协会或者其他组织名义注册，供该组织成员在商事活动中使用，以表明使用者在该组织中的成员资格的标志；证明商标，是指由对某种商品或服务具有监督能力的组织所控制，而由该组织以外的单位或个人使用于其商品或服务，用以证明该商品或服务的原产地、原料、制造方法、质量或其他特定品质的标志。

3. 根据享誉程度分类

根据商标的享誉程度不同，商标可分为一般商标和驰名商标。一般商标是指在正常情况下使用的，未受到特别法律保护的绝大多数商标；驰名商标是指在中国境内为相关公众所熟知的商标。关于何为“相关公众”，《驰名商标认定和保护规定》规定：“相关公众包括与使用商标所标示的某类商品或服务有关的消费者，或生产前述商品或提供前述服务的其他经营者以及经销渠道中所涉及的销售者和相关人员等。”与一般商标相比，驰名商标不仅可以获得同类保护，还可以获得跨类保护。

(二) 商标权及其取得

商标权，是指商标注册人对其注册商标所享有的权利。所谓注册商标，是指经国家商标主管机关核准注册的商标。我国在商标权的取得上奉行的是注册取得原则，商标所有人想要获得商标权，必须及早提出商标注册申请。除了通过注册取得商标，还可以通过转让、继承等方式取得商标权。

(三) 商标权的内容

根据我国《商标法》的规定，商标权的内容主要包括以下4个方面。

1. 专用权

专用权是指由法律赋予商标权人对其注册的商标所享有的排他性权利。商标权是一种独占权，是商标注册人的主要权利。

2. 禁止权

禁止权是指商标权人所享有的禁止他人擅自使用与其注册商标相同或相近似的商标的权利。商标禁止权的范围比商标专用权的范围更广。

3. 转让权

转让权是指商标权人依法享有的将其注册商标所有权转让给他人的权利。转让人需要证明自己是商标的所有人，并且说明在签订转让合同以前曾向哪些人发放过何种类型的商标使用许可。转让权是注册商标所有人的一项重要权利。

4. 许可使用权

许可使用权是指通过签订许可使用合同，许可他人以一定的方式使用其注册商标并获取使用费的权利。许可使用权是商标权人利用商标权获取收益的一种重要权利，其类型主要有独占使用许可、排他使用许可和普通使用许可。独占使用许可是指商标权人在约定的期间、地域，以约定的方式，将该注册商标仅许可给一个被许可人使用，商标权人依照合同约定不得使用该商标；排他许可使用是指商标权人在约定的期间、地域，以约定的方式，将该注册商标仅许可给一个被许可人使用，商标权人依约定可以使用该商标但不可另行许可他人使用该商标；普通使用许可是指商标权人在约定的期间、地域，以约定的方式，将该注册商标许可他人使用，商标权人亦可自行使用或另行许可他人使用。

(四) 商标权的法律保护

1. 商标权保护之规定

《中华人民共和国商标法》第57条规定，商标侵权行为主要有以下几种表现形式。

(1) 使用侵权，即未经商标注册人的许可，在同一种商品或者相似商品上使用与其注册商标相同或者相近似的商标的行为。这是实践中最常见的侵权行为。

(2) 销售侵权，即销售侵犯注册商标专用权的商品的行为。

(3) 标识侵权，即伪造、擅自制造他人注册商标标识或者销售伪造、擅自制造的注册商标标识的行为。

(4) 反向假冒侵权，即未经商标注册人同意更换其注册商标并将该更换商标的商品又投入市场的行为。

(5) 帮助侵权行为，即故意为侵犯他人商标专用权行为提供便利条件，帮助他人实施侵犯商标专用权的行为。

(6) 其他侵权行为，即能够给他人的注册商标专用权造成其他损害的行为。

2. 商标权保护之措施

根据《商标法》的规定，商标注册人或者利害关系人有证据证明他人正在实施或者即将实施侵犯其注册商标专用权的行为，如不及时制止，将会使其合法权益受到难以弥补的损害，可以在起诉前向人民法院申请采取责令停止有关行为和财产保全的措施。

另外，为制止侵权行为，在证据可能灭失或者以后难以取得的情况下，商标注册人或者利害关系人可以在起诉前向人民法院申请保全证据。

课堂小活动

2019年8月，商丘市睢县工商局执法人员接到上海市长宁区市场监督管理局案件线索移送函，称睢县居民韩某在网上销售商标侵权化妆品。

经查，韩某于2019年3月在上海某信息技术有限公司运营的第三方交易平台“××商城”以个人名义开办了一家名为“×小屋”的网店，销售化妆品。同年4—5月，韩某共销售“百雀羚”化妆品100套。经“百雀羚”商标持有人上海百凤投资有限公司鉴定，韩某销售的化妆品属侵犯了该公司注册商标专用权的商品。

讨论：如何对韩某的行为进行定性？

二、跨境电子商务中的商标侵权风险

随着跨境电子商务的高速发展，与商标有关的法律纠纷日益增多。根据中国海关总署的统计数据显示，在跨境电子商务贸易中，侵犯商标权的产品已占据了所有侵权产品总量的98.48%，属于侵权“重灾区”。跨境电子商务经营活动中的商标侵权主要包括以下几种情况：未经权利人许可而在相同或相似商品上使用与他人相同或近似的商标；非法销售侵犯注册商标专用权的商品；伪造或擅自制造他人注册的商标标识；为侵权商品提供生产、加工、仓储、运输等便利条件的行为；混淆行为或虚假宣传等不正当竞争行为。跨境电子商务中的商标侵权风险主要包括以下几种。

(一) 上传侵权图片的风险

由于跨境电子商务交易活动是通过线上平台完成的，除了卖家在平台披露、介绍的信息外，境外买家在收到货物之前，均无法判断所购商品的真伪、质量优劣，而只能通过对品牌信任与依赖来实现对商品的判断。不少跨境电子商务企业往往会在商品介绍中上传他人商标图片，利用他人知名商标或品牌已有的影响力，来混淆消费者的视听。

(二) 售卖侵权产品的风险

电子商务的典型特点是跟风销售，而那些所谓的“网络爆款”，往往蕴藏着极大的知识产权侵权风险。事实上，多数情况下，这些“流行款”或者“热销产品”都是仿照某些受知识产权保护的商品的外观、商标等进行设计与制造的，极易侵犯他人商标专用权。

(三) 商标被抢注的风险

进入某一国市场较晚或知识产权布局较晚的国际品牌商家，会面临商标等知识产权被抢注的风险。不少国际知名商家在入驻一段时间或在知名度变高后遭遇了商标抢注人的投诉，并被提出了高额的转让费或许可费，或签订独家代理销售合同等不合理要求，严重影响了商家的正常经营。面对这种情况，海外商家已失先机，只能亡羊补牢，运用法律手段积极应对。

(四) 商标“撞车”风险

众所周知，商标权具有极强的地域性。随着跨越国境，将自己本来只在本国境内供应的商品或服务向他国推广和销售，这就打破了原有地域界限，进入他国商标法调整的范围。此时，如果想获得他国的商标权保护，一般都需要在他国申请注册相关商标。

但是，在跨境电子商务中，由于虚拟空间超越国界的限制，使得原来某一国的商标权的使用相当于在全球范围内的商标权使用。如果其他国家的商标权人依据其本国法律取得商标权后，将该商标也置于网络环境中使用，原来并无冲突的“和平”情况就被打破，出现商标权“跨境撞车”的现象。此时，未在他国注册对应商标权的海外商家，则随时面临侵犯他国的他人商标权的风险。

(五) 损害商标的功能导致的侵权风险

当跨境电子商务内外商品存在“实质性差异”，损害商标的来源识别、品质保障等功能时，应认定跨境电子商务零售进口构成侵权。其中“实质性差异”包括商品品质在物理性质上存在差异；在商品附随品、包装或附随的售后服务上存在差异等。

(六) 超出商标的合理使用范畴导致的侵权风险

跨境零售进口商只能在合理使用范畴内使用进口商品的商标，扩大使用可能被认定为侵权或不正当竞争。例如，某进口商通过正当的交易行为进口某品牌商品，履行了所售商品的进口报关手续的销售行为本身不构成商标侵权，但由于门店在门头、灯箱广告、外墙上使用涉案商标时(如不加注任何说明性的文字陈述)，无法使消费者认知两种商品进入该国市场不同途径的区别，容易使前往购买该品牌的消费者产生该门店与该进口品牌之间存在某种特定商业关系(例如品牌授权)的误认，超出了商标合理、规范使用的范畴，构成商标侵权。

(七) 对侵权行为认定标准的误解导致的侵权风险

在跨境电子商务运营中，买卖双方均要遵守跨境电子商务平台规则，因此跨境电子商务平台处于优势地位，一旦产生商标侵权纠纷，将根据平台所在国的法律由该国法院裁决。各国的法系与传统的不同，导致不同国家的侵权判定标准必然存在着一定的差异。例如在英美法系国家，法官倾向于发掘法律和判例的精神，而不会拘泥于法律和判例的文字，而在中国语境下，有效的各种规避措施和抗辩事由在外国司法体系下很难收到实效；相反，一些规避行为反倒有可能构成故意侵权的证据。

三、跨境电子商务中的商标侵权风险预防与措施

(一) 及时注册商标

产品通过跨境电子商务出口国外，需要到国外注册商标。知识产权保护有极强的地域性，在中国注册的商标只能在中国获得保护，同理在出口国当地注册的商标，也只能在出口国获得保护。跨境电子商务的产品流通于世界各地，当产品通过跨境电子商务出口到国外时，是十分有必要在出口国注册商标的。

(二) 做好侵权排查

在产品上架售卖之前，跨境电子商务企业一定要做有效的产品检索，分析该款产品是否在国外申请过相关的知识产权，做好侵权排查。

(三) 从货源上预防侵权

跨境电子商务企业在进货时，应尽量找到一手货源，确保货源合法正规，并且要求供货商提供能够证明其货源不存在侵权所需的各类有效文件。同时，跨境电子商务企业要与供货商签订规范的合同，在合同中一定要注明如果出现侵权问题，责任由供货商负责。

(四) 杜绝“盗图”行为

跨境电子商务企业在发布产品时，产品图片要自己拍摄，标题、产品描述、关键词列表都应该避免写入别人的商标，产品描述一定要避免直接复制别人的。用别人的产品描述表面上是

节省了时间，但给自己埋下了侵权隐患。此外，图形商标也有可能遇到侵权问题。因为图形比较难以查询，所以很多商家在不知情的情况下，会跳过图形商标在线查询这一环节，直接使用与他人注册的图形商标类似的图形，或者使用与他人已经申请版权保护的图形类似的图形，进而引起图片侵权纠纷。

拓展阅读

有组织、有预谋！亚马逊美国站Best Seller遭疯狂攻击

2021年10月底，一位受害卖家爆料称，亚马逊美国站的Best Seller显示的商品不可售状态，不是个人所为，是遭到了有组织、有预谋的、有计划的攻击。非法组织不是为了勒索，而是为了抢占各个品类排名前100的销售位置，以及Best Seller卖家的品牌控制权。

这对于卖家来说，真的是有苦说不出。事情发生之后，一些卖家提供了相关资料向亚马逊申诉，但都被亚马逊驳回了。这也牵扯出亚马逊的一个巨大漏洞，因为非法组织向亚马逊发起品牌侵权投诉，亚马逊误以为投诉者才是真的品牌所有者，就把品牌的控制权转移给非法组织，但亚马逊没有去细查商标注册号是否一致。

任务三　跨境电子商务网络著作权保护及其相关法律法规

一、网络著作权概述

(一) 网络著作权的概念

著作权，又称版权，是指文学、艺术和科学作品的创作者对其所创作的作品享有的权利。著作权的主体为公民、法人和非法人组织。客体为作品，我国《著作权法》对“作品”的界定需要满足4个条件：①内容上属于文学、艺术和科学领域；②作品本身具有独创性；③可以用一定的形式来表现的智力成果；④内容和形式符合法律规定。权利内容为人身权益和财产权益。

网络著作权是传统著作权在网络环境中的延伸，是权益人对其所创作的网络作品享有的权利的总称。

(二) 网络著作权立法现状

著作权法是调整因著作权而产生的社会关系的法律规范的总称。目前，我国已经形成包括有关著作权的国际条约、相关法律法规、部门规章、司法解释和若干法律文件的著作权法律制度体系，促进了我国网络文化事业的繁荣和稳定。

我国著作权法的国际法渊源主要包括以下几个：《保护文学和艺术作品的伯尔尼公约》(以下简称《伯尔尼公约》)和《世界知识产权组织版权条约》《与贸易有关的知识产权协定》等。国内法渊源主要包括以下几个：《中华人民共和国著作权法》《中华人民共和国著作权法实施条例》《著作权集体管理条例》《计算机软件保护条例》等。

1. 网络著作权保护的国际法渊源

《伯尔尼公约》和《与贸易有关的知识产权协定》均确立了著作权保护的国际协调三原则，即国民待遇原则、自动保护原则和独立性保护原则。

(1) 国民待遇原则。根据《伯尔尼公约》的规定，在任何一个《伯尔尼公约》成员国产生的作品，即作者为(或被视为)任何一个成员国国民的作品，或在任何一个成员国首次发表的作品，在其他任何成员国内将受到与该成员国给予其本国国民的作品同样的保护。《与贸易有关的知识产权协定》第1条进一步对“国民”的含义加以解释，指出：“本协议中所称‘国民’一词，在世贸组织成员是一个单独关税区的情况下，应被认为系指在那里有住所或有实际和有效的工业或商业营业场所的自然人或法人。”

(2) 自动保护原则。自动保护原则，是指享有及行使国民待遇，无须经过任何手续，同时也无须依赖于作品在来源国受到的保护。按照该原则，世界贸易组织及《伯尔尼公约》成员国国民，以及在成员国有长期居所地的其他非《伯尔尼公约》成员国的国民，在其文学艺术作品创作完成时即应自动地享有著作权；非成员国国民如果在成员国无长期居所地，则其作品首先在成员国出版时即享有著作权。

(3) 独立性保护原则。《伯尔尼公约》规定，作者所享受的权利及其行使应独立于该作品起源国所存在的保护。因此，除《伯尔尼公约》条款外，著作权保护的范围及其补救方式均由提供保护的国家的法律予以规定。《与贸易有关的知识产权协定》也规定世贸组织成员著作权及邻接权受保护程度及为保护作者权利而提供保护的方式，完全适用提供保护的那个国家的法律。但是，任何成员国不能以“独立性原则”为理由，提出自己的国内著作权法没有为本国国民提供某种保护而不愿为其他成员国国民提供类似保护。

综上所述，著作权国际保护的三项基本原则可以概述为，凡是成员国国民的作品已经产生，或者非成员国国民的作品在某成员国首次发表，即在各成员国根据其国内著作权法，与其国民享受同样的著作权保护待遇。

2. 网络著作权保护的国内法渊源

网络著作权基于作品的创作而产生，不需要经过任何部门的审批，也不要求发表或登记，作品一旦登于网络，就自动产生权利，受《中华人民共和国著作权法》的保护。2000年11月，最高人民法院通过的《关于审理涉及计算机网络著作权纠纷案件适用法律若干问题的解释》规定：“著作权法第十条对著作权各项权利的规定均适用于数字化作品的著作权。将作品通过网络向公众传播，属于著作权法规定的使用作品的方式，著作权人享有以该种方式使用或者许可他人使用作品，并由此获得报酬的权利。”该司法解释第一次以法条形式明确，受著作权法保护的作品包括数字化形式，著作权法中对著作权各项权利的规定均适用于数字化作品的著作权。该司法解释此后分别于2003年12月23日和2006年11月20日进行了两次修正。

2001年10月27日，为配合中国加入世界贸易组织、达到《与贸易有关的知识产权协定》的相关要求，我国修订了《中华人民共和国著作权法》，增加了网络著作权保护的相关内容，明确规定了信息网络传播权，同时还规定了技术保护措施和权利管理信息以及网络著作权的邻接权等。2002年8月2日，根据修改后的《中华人民共和国著作权法》，国务院公布了《中华人民共和国著作权法实施条例》。为了适应新形势下网络著作权保护的迫切要求，《中华人民共和国著作权法》于2010年2月26日和2020年11月11日又进行了两次修正。

2005年4月30日，国家版权局和信息产业部联合颁布了《互联网著作权行政保护办法》。该办法规定了网络著作权行政保护的适用范围、实施网络著作权行政保护的管理部门和管辖权，确定了权利人的通知和互联网内容提供者的反通知制度，界定了著作权权利人、互联网内容提供者、互联网接入服务提供者、互联网信息服务提供者在保护网络著作权方面的责任及免责情形，并规定了相应的处罚措施。

2006年5月18日，国务院正式颁布了《信息网络传播权保护条例》，制定了包括合理使用、法定许可、避风港原则、版权管理技术等一系列规则，更好地区分了著作权人、图书馆、网络服务商、读者各自可以享受的权益，规定了信息网络传播权、技术措施受保护权和权利管理信息保护权以及信息网络传播权的合理限制等。该条例于2013年1月30日进行了修正。

(三) 网络著作权的客体

作品是著作权的客体，即著作权法保护的对象。根据我国《著作权法实施条例》第2条的规定，作品是指文学、艺术和科学领域内具有独创性并能以某种有形形式复制的智力成果。

根据著作权法的规定，受著作权法保护的作品应当具备以下4个条件：①独创性，也称原创性，指作品是作者通过独立构思创作完成的，而非以抄袭、剽窃、篡改他人的已有作品而产生。②可复制性，指作品必须能够以某种物质载体复制其所表现的智力创作成果，从而能被他人所感知并能通过复制对作品加以传播和利用。③合法性，即作品的内容不得违反宪法和法律，不得损害社会公共利益。④属于文学、艺术或科学领域。著作权的客体只能属于文学、艺术和科学领域内的智力成果，这使得著作权的客体与专利、商标等知识产权的客体区别开来。

我国《著作权法》第3条规定，著作权的客体共包括9类作品，即文字作品；口述作品；音乐、戏剧、曲艺、舞蹈、杂技艺术作品；美术、建筑作品；摄影作品；视听作品；工程设计图、产品设计图、地图、示意图等图形作品和模型作品；计算机软件；符合作品特征的其他智力成果。

网络著作权是著作权人在网络环境下所享有的著作权权利，是著作权权利在网络环境下的扩展。网络著作权客体的形式包括一般形式和特殊形式。

网络著作权客体的一般形式是指数字化作品，即利用数字化技术，将传统媒介上的作品原样移植到数字化媒介中，如将已出版的小说录入计算机中，将绘画、图纸等扫描到计算机中等。作品的数字化并未改变作品的内容，改变的只是作品的存在形式。因此，数字化过程本身并不具有独创性，不产生新的作品，数字化作品的著作权仍由原作品的著作权人享有。

网络著作权客体的特殊形式是指网络作品，即在计算机网络上首次出现的作品。根据最高人民法院《关于审理涉及计算机网络著作权纠纷案件适用法律若干问题的解释》第2条的规定可知，网络作品只要符合著作权法对作品的要求即独创性、可复制性、合法性并且属于文学、艺术或科学领域，即为著作权的保护对象。

(四) 网络著作权的内容

著作权的内容，是著作权人依照法律、法规规定而享有的权利，包括著作人身权和著作财产权。

1. 著作人身权

著作人身权是作者基于作品依法享有的与人身利益相关的权利，根据我国《著作权法》第10条的规定，著作人身权包括发表权、署名权、修改权和保护作品完整权。

(1) 发表权，即决定作品是否公之于众的权利。著作权人有权决定其作品是否公之于众，于何时、何地以及以何种方式公之于众。发表权是一次性权利，在作品首次公之于众后即行消失。

(2) 署名权，是指作者在其创作的作品或复制件上标注自己的姓名或名称，用以表明作者身份的权利。署名权包括作者有权决定是否在其创作的作品上署名和以何种方式署名，署真名、笔名、艺名或多个作者的署名顺序等；有权要求在以自己创作的作品为基础所演绎的作品上署名；有权禁止未参加创作的人在自己作品上署名等。

(3) 修改权，即修改或者授权他人修改作品的权利。作品发表后，作者有权根据自己的意志对作品进行修改。其他人对作品的修改，必须获得原作者的同意和授权。

(4) 保护作品完整权，即保护作品在形式、内容、作者原创意图等方面不受歪曲和篡改的权利。作者有权保护其作品的完整性，有权保护其作品不被他人丑化；未经作者许可，他人不得擅自删除、变更作品的内容，或者对作品进行破坏其内容、表现形式和艺术效果的变动，以保护作者的名誉和声望，维护作品的纯洁性。

2. 著作财产权

著作财产权是著作权人基于对作品的利用而带来的财产性权利。著作财产权可以转让、继承或放弃，但受地域、时间等因素的限制。

根据我国《著作权法》第10条规定，著作财产权包括复制权、发行权、出租权、展览权、表演权、放映权、广播权、信息网络传播权、摄制权、改编权、翻译权、汇编权、其他著作财产权等。其中，与网络环境中著作财产权的行使有关的有复制权、发行权和信息网络传播权。

(1) 复制权，是著作权人享有的复制作品的权利。复制是指以印刷、复印、拓印、录音、录像、翻录、翻拍等方式将作品制作一份或者多份，因此，复制不是创作，没有增加或改变任何内容。

(2) 发行权，是指作品的著作权人依法享有的包括禁止或许可他人向公众提供作品原件或复制件并以此获取经济报酬的专有权利。网络环境下，网站利用录入、复制、粘贴等计算机手段，将作品上传至网站的服务器上，供访问者通过登录、浏览、下载等方式阅读作品的过程，即为网络发行的方式。

(3) 信息网络传播权，是指以有线或无线方式向公众提供作品、表演或者录音录像制品，使公众可以在其个人选定的时间和地点获得作品、表演或者录音录像制品的权利。除法律、行政法规另有规定外，任何组织或者个人将他人的作品、表演或者录音录像制品通过信息网络向公众提供，应当取得权利人许可，并支付报酬。

(五) 网络著作权的保护期

按照《著作权法》规定，署名权、修改权、保护作品完整权的保护期不受限制，即受到永久性保护。发表权和著作财产权的保护期为作者终生及其死亡后50年，截止于死亡后第50年的

12月31日，如果是合作作品，截止于最后的作者死亡后第50年的12月31日。

法人或者非法人组织的作品、著作权(署名权除外)由法人或者非法人组织享有的职务作品，其发表权的保护期为50年，截止于作品创作完成后第50年的12月31日。

视听作品的发表权的保护期为50年，截止于作品创作完成后第50年的12月31日。

二、网络著作权的限制

著作权法的立法宗旨在于鼓励和保护优秀作品的创作与传播，同时，还必须兼顾社会公共利益，防止权利被滥用而妨碍和束缚科学技术的进步和文化的繁荣。因此，对著作权的保护需要施以合理的限制。著作权的限制主要针对著作财产权而设立。我国《著作权法》对作者享有的著作权利，除了保护期的限制外，在对作品使用方面也存在限制，主要包括合理使用、法定许可及强制许可制度。《信息网络传播权保护条例》对网络著作权的限制在合理使用、法定许可、强制许可以及默示许可等方面作出了具体的规定。

(一) 网络著作权的合理使用

合理使用是指在法定情形下，法律允许他人自由使用享有著作权的作品而不必征得著作权人的同意，也不必向著作权人支付报酬的制度，即“无须许可”“无偿使用”。根据我国《著作权法》的规定，合理使用必须符合三个条件：一是被使用的作品必须已经发表；二是使用作品的目的必须是出于非商业用途：三是合理使用还需尊重著作权人的著作人身权，使用作品时应指明作者姓名、作品名称、作品出处等。

我国《著作权法》第24条列举了13种著作权合理使用情形，即在下列情况下使用作品，可以不经著作权人许可，不向其支付报酬，但应当指明作者姓名、作品名称，并且不得侵犯著作权人依照本法享有的其他权利：①为个人学习、研究或者欣赏，使用他人已经发表的作品；②为介绍、评论某一作品或者说明某一问题，在作品中适当引用他人已经发表的作品；③为报道时事新闻，在报纸、期刊、广播电台、电视台等媒体中不可避免地再现或者引用已经发表的作品；④报纸、期刊、广播电台、电视台等媒体刊登或者播放其他报纸、期刊、广播电台、电视台等媒体已经发表的关于政治、经济、宗教问题的时事性文章，但著作权人声明不许刊登、播放的除外；⑤报纸、期刊、广播电台、电视台等媒体刊登或者播放在公众集会上发表的讲话，但作者声明不许刊登、播放的除外；⑥为学校课堂教学或者科学研究，翻译、改编、汇编、播放或者少量复制已经发表的作品，供教学或者科研人员使用，但不得出版发行；⑦国家机关为执行公务在合理范围内使用已经发表的作品；⑧图书馆、档案馆、纪念馆、博物馆、美术馆等为陈列或者保存版本的需要，复制本馆收藏的作品；⑨免费表演已经发表的作品，该表演未向公众收取费用，也未向表演者支付报酬，且不以营利为目的；⑩对设置或者陈列在室外公共场所的艺术作品进行临摹、绘画、摄影、录像；⑪将中国公民、法人或者非法人组织已经发表的以国家通用语言文字创作的作品翻译成少数民族语言文字作品在国内出版发行；⑫以阅读障碍者能够感知的无障碍方式向其提供已经发表的作品；⑬法律、行政法规规定的其他情形。

《信息网络传播权保护条例》第6条和第7条也规定了网络著作权合理使用的9种情形。《信息网络传播权保护条例》第6条规定，通过信息网络提供他人作品，属于下列情形的，可以不经著作权人许可，不向其支付报酬：①为介绍、评论某一作品或者说明某一问题，在向公众提供的作品中适当引用已经发表的作品；②为报道时事新闻，在向公众提供的作品中不可避免地再现或者引用已经发表的作品；③为学校课堂教学或者科学研究，向少数教学、科研人员提供少量已经发表的作品；④国家机关为执行公务，在合理范围内向公众提供已经发表的作品；⑤将中国公民、法人或者其他组织已经发表的、以汉语言文字创作的作品翻译成少数民族语言文字作品向中国境内少数民族提供；⑥不以营利为目的，以盲人能够感知的独特方式向盲人提供已经发表的文字作品；⑦向公众提供在信息网络上已经发表的关于政治、经济问题的时事性文章；⑧向公众提供在公众集会上发表的讲话。《信息网络传播权保护条例》第7条规定："图书馆、档案馆、纪念馆、博物馆、美术馆等可以不经著作权人许可，通过信息网络向本馆馆舍内服务对象提供本馆收藏的合法出版的数字作品和依法为陈列或者保存版本的需要以数字化形式复制的作品，不向其支付报酬，但不得直接或者间接获得经济利益。当事人另有约定的除外。"这里规定的"为陈列或者保存版本需要以数字化形式复制的作品"应当是已经损毁或者濒临损毁、丢失或者失窃，或者其存储格式已经过时，并且在市场上无法购买或者只能以明显高于标定的价格购买的作品。

(二) 网络著作权的法定许可

法定许可是指依照我国《著作权法》的规定，使用者在利用他人已经发表的作品时，可以不经著作权人的许可，但应向其支付报酬，并尊重著作权人其他权利的制度。我国《著作权法》第35条第2款规定："作品刊登后，除著作权人声明不得转载、摘编的外，其他报刊可以转载或者作为文摘、资料刊登，但应当按照规定向著作权人支付报酬。"我国《著作权法》分别在第34条第3款、第42条第2款和第46条第2款规定了出版者权利的法定许可、录音录像制作者权利的法定许可和播放者权利的法定许可。设定法定许可制度的目要在于鼓励作品的广泛传播，同时保障著作权人获得报酬的权利。同时，著作权法还规定了著作权人权利保留制度，允许著作权人通过声明不许他人使用其作品。

《信息网络传播权保护条例》第8条规定了网络著作权的唯一一种法定许可情形，即"为通过信息网络实施九年制义务教育或者国家教育规划，可以不经著作权人许可，使用其已经发表作品的片段或者短小的文字作品、音乐作品或者单幅的美术作品、摄影作品制作课件，由制作课件或者依法取得课件的远程教育机构通过信息网络向注册学生提供，但应当向著作权人支付报酬。"但是，获得法定许可的使用人有义务采取技术措施，以防止服务对象以外的其他人获得著作权人的作品。

(三) 网络著作权的强制许可

强制许可是指基于某种正当的理由，需要使用他人已经发表的作品时，经准备使用他人作品的人申请，著作权行政管理部门授权批准，即可使用该作品，无须征得该作品著作权人的许可，但应当向其支付使用报酬的法律制度。我国《著作权法》没有明确规定作品强制许可使用制度，但我国是《伯尔尼公约》和《世界版权公约》的缔约国，根据公约的规定，作为发展中国家，我国政府的著作权主管部门享有颁发强制许可证的权利，批准使用者对外国作品翻译或复制使用。

(四) 网络著作权的默示许可

默示许可，指即使著作权人没有明说许可某人使用其作品，但是从著作权人的行为可以推定著作权人对某人使用其作品不会表示反对的制度。《信息网络传播权保护条例》第9条规定："为扶助贫困，通过信息网络向农村地区的公众免费提供中国公民、法人或者其他组织已经发表的种植养殖、防病治病、防灾减灾等与扶助贫困有关的作品和适应基本文化需求的作品，网络服务提供者应当在提供前公告拟提供的作品及其作者、拟支付报酬的标准。自公告之日起30日内，著作权人不同意提供的，网络服务提供者不得提供其作品；自公告之日起满30日，著作权人没有异议的，网络服务提供者可以提供其作品，并按照公告的标准向著作权人支付报酬。网络服务提供者提供著作权人的作品后，著作权人不同意提供的，网络服务提供者应当立即删除著作权人的作品，并按照公告的标准向著作权人支付提供作品期间的报酬。依照前款规定提供作品的，不得直接或者间接获得经济利益。"默示许可使用人也负有采取措施防止服务对象以外的其他人获得著作权人的作品的义务。

三、跨境电子商务中的网络著作权侵权风险

著作权侵权行为，是指未经著作权人同意，又无法律上的依据，擅自对著作权作品或其他制品进行利用或以其他非法手段行使著作权或邻接权的行为。我国《著作权法》第52条列举了应当承担民事责任的11种形态的侵犯他人著作权或邻接权的侵权行为。这一规定同样适用于网络环境中的著作权侵权行为。

《著作权法》第52条规定，"有下列侵权行为的，应当根据情况，承担停止侵害、消除影响、赔礼道歉、赔偿损失等民事责任：(一)未经著作权人许可，发表其作品的；(二)未经合作作者许可，将与他人合作创作的作品当作自己单独创作的作品发表的；(三)没有参加创作，为谋取个人名利，在他人作品上署名的；(四)歪曲、篡改他人作品的；(五)剽窃他人作品的；(六)未经著作权人许可，以展览、摄制电影和以类似摄制电影的方法使用作品，或者以改编、翻译、注释等方式使用作品的，本法另有规定的除外；(七)使用他人作品，应当支付报酬而未支付的；(八)未经视听作品、计算机软件、录音录像制品的著作权人、表演者或者录音录像制作者许可，出租其作品或者录音录像制品的原件或者复制件的，本法另有规定的除外；(九)未经出版者许可，使用其出版的图书、期刊的版式设计的；(十)未经表演者许可，从现场直播或者公开传送其现场表演，或者录制其表演的；(十一)其他侵犯著作权以及与著作权有关的权利的行为。"

近年来，随着跨境电子商务的不断发展，网络著作权侵权的案件也不断增多，常见的侵权行为主要表现为商家未经著作权人许可，通过盗版的文字、音乐、视频等进行相关宣传或商业利用，以牟取不法利益，其中"盗图"是典型的侵权行为。例如，出售的产品印有他人有版权的图案；直接在商品页面中复制别人商品的图片或文字描述；出售版画、画册、书刊等的销售者，直接复制某些具有版权的图案或版式而不经授权等。为了避免类似侵权行为发生，跨境电子商务企业应定期对员工进行培训，深入了解跨境电商平台的各项规章制度，培养员工的版权意识；为确保图片的独创性，企业应聘请专业的图片摄制和设计人员；如确有需要，应在收费的网站上购买相关图片、文学作品或音视频资料，以杜绝发生侵犯他人版权的行为。

拓展阅读

陈力等侵犯著作权罪案

2017年7月至2019年3月，陈力受境外人员“野草”委托，招募林崟、赖冬、严杰、杨小明、黄亚胜、吴兵峰、伍健兴等人，组建“鸡组工作室”QQ聊天群，通过远程登录境外服务器，从其他网站下载后转化格式，或者通过云盘分享等方式获取《流浪地球》等2019年春节档电影在内的影视作品2425部，再将远程服务器上的片源上传至云转码服务器进行切片、转码、添加赌博网站广告及水印、生成链接，后将上述链接发布至多个盗版影视资源网站，为“野草”更新维护上述盗版影视资源网站。期间，陈力收到“野草”提供的运营费用共计1250余万元，陈力个人获利约50万元，林崟、赖冬、严杰、杨小明、黄亚胜、吴兵峰、伍健兴等人获利1.8万元至16.6万元不等。人民法院依法判处陈力等8人有期徒刑，并处罚金，追缴违法所得。

本案是境内外人员分工合作，以境外服务器为工具，专门针对热门影视作品，通过互联网实施跨境侵犯著作权罪的典型案例。人民法院在判决中对“信息网络传播行为”、海量侵权案件中“未经著作权人许可”作出了准确认定，对8名被告人均判处有期徒刑并处追缴违法所得，特别是处以财产刑，彰显了我国严厉制裁涉网侵犯知识产权犯罪、严格保护知识产权的坚定决心。

课后训练

一、单项选择题

1. 改革开放后，我国制定的第一部知识产权法律是(　　)。

A.《中华人民共和国商标法》　　B.《中华人民共和国专利法》

C.《中华人民共和国著作权法》　　D.《中华人民共和国反不正当竞争法》

2. 我国著作权保护期限为(　　)年。

A. 10　　B. 20　　C. 30　　D. 50

3. 侵犯专利权的诉讼时效为(　　)年，自专利权人或者利害关系人知道或应当知道侵权行为之日起计算。

A. 1　　B. 2　　C. 3　　D. 4

4.《伯尔尼公约》是著作权领域第一个世界性多边国际条约，也是至今影响最大的著作权公约。下列关于该公约的说法不正确的是(　　)。

A. 该公约采用自动保护原则

B. 该公约不保护演绎作品

C. 非成员国国民作品在成员国首次发表可以受到公约的保护

D. 该公约保护作者的经济权利

5. 下列不属于著作权的合理使用的情形是(　　)。

A. 为个人学习、研究或者欣赏，使用他人已经发表的作品

B. 为介绍、评论某一作品或者说明某一问题，在作品中适当引用他人已经发表的作品

C. 为报道时事新闻，在报纸、期刊、广播电台、电视台等媒体中不可避免地再现或者引用已经发表的作品

D. 作品刊登后，除著作权人声明不得转载、摘编的外，其他报刊可以转载或者作为文摘、资料刊登，但应当按照规定向著作权人支付报酬

二、多项选择题

1. 知识产权的主要类型有(　　)。

A. 专利权　　B. 商标权　　C. 著作权　　D. 发现权

2. 著作人身权包括(　　)及禁止他人以扭曲、变更方式利用著作损害著作人名誉等权利。

A. 署名权　　B. 发表权　　C. 保护作品完整权　　D. 修改权

3. 假设甲国为《伯尔尼公约》的成员国，乙国为非成员国。依该公约的规定，下列作品可以享有国民待遇的有(　　)。

A. 甲国公民在甲国和乙国同时出版的文学作品

B. 乙国公民首先在甲国出版的文学作品

C. 在甲国有住所的乙国公民的文学作品

D. 乙国公民在乙国发表的文学作品

4. 根据《商标法》，商标侵权行为应当根据情况，依法承担(　　)等民事责任。

A. 停止侵害　　B. 消除影响　　C. 赔礼道歉　　D. 赔偿损失

5. 根据《与贸易有关的知识产权协定》，下列应受到知识产权法律的保护的有(　　)。

A. 独创性数据汇编　　B. 动植物新品种

C. 计算机程序及电影作品的出租权　　C. 疾病的诊断方法

三、判断题

1. 作为生产型企业或者贸易商，只要是热销款，都可以把产品信息复制在阿里巴巴平台进行发布，不必在乎知识产权侵权。(　　)

2. 一般而言，著作财产权具有永久性、不可分割性和不可剥夺性。(　　)

3. 出口货物的发货人应当向海关如实申报与出口货物有关的知识产权状况，并提交有关证明文件。(　　)

4. 跨境电子商务涉及知识产权侵权时，只能通过诉讼解决。(　　)

5. 知识产权国际保护的原则有国民待遇原则、最惠国待遇原则、透明度原则、独立保护原则。(　　)

四、问答题

1. 知识产权的主要特征有哪些？

2. 跨境电商领域的知识产权风险有哪些？

3. 跨境电商领域侵犯商标权的行为主要有哪些？

4. 跨境电商企业如何规避版权风险？

5. 我国已经加入的知识产权国际条约主要有哪几个？

五、案例分析

福建某公司在阿里巴巴速卖通平台注册并售卖服装，展示的产品图片中有一张与国际某知

名服装品牌B商标相似，ID显示来自美国的一个买家拍下20件涉嫌侵权图片对应的产品，福建某公司在收到订单后随即告知该美国买家产品没有库存。美国买家又拍下另外一批未涉嫌侵权的产品，并且向福建某公司索要了PayPal客服人员的联系方式，了解到该状况涉及由国际知名服装品牌B在美国伊利诺伊地区法院正在进行的一个商标侵权诉讼。福建某公司可与服装品牌B的代理律师联系商量和解事宜。

试分析：(1) 福建某公司是否涉嫌侵犯商标专用权？为什么？

(2) 福建某公司可以采取怎样的方式解决？

项目七 电子商务消费者权益保护及相关法律规定

知识目标

使学生掌握跨境电子商务消费者的定义和特点；掌握电子商务消费者权益保护的难点；掌握电子商务消费者各种权益保护法律法规的内容。

技能目标

使学生能够识别分析消费者权利受损行为；能够运用法律知识解决实际问题，维护消费者的合法权益。

课程思政

培养学生诚信、友善、和谐、法治的社会主义核心价值观；帮助学生树立公平有序、合法经营、良性竞争、营造健康的市场环境的道德理念；培养学生自觉维护社会公共利益的责任感。

知识导图

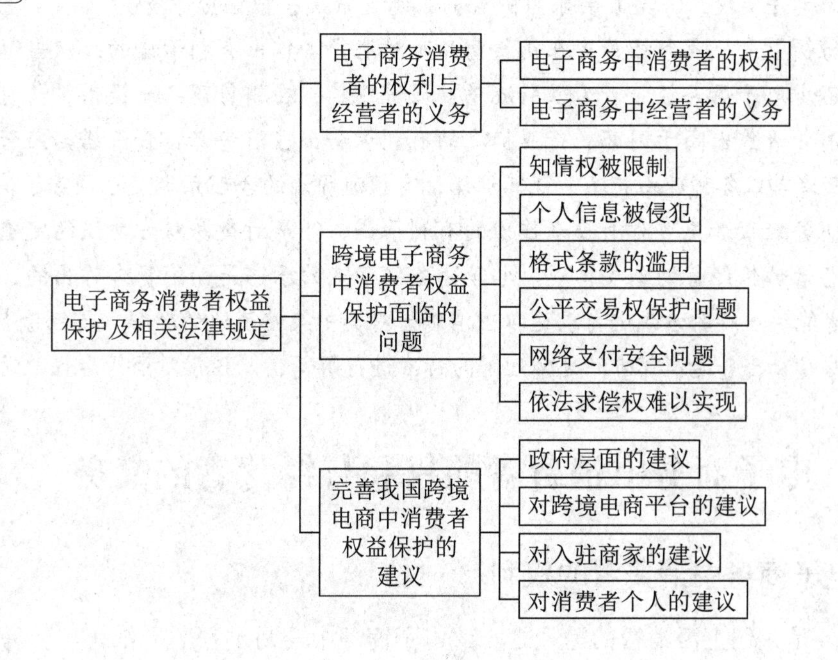

引导案例

网络信息购物合同纠纷案

罗某某在某网络购物平台开设有网络店铺，从事某品牌电动摩托车锂电池的销售经营活动。罗某某在其网络店铺销售商品时对外宣称，商品“签收15天内支持免费退换货，半年内质量问题换新，两年保修”。齐某某在罗某某网络店铺购了前述品牌的电动摩托车锂电池，使用三个月后发现存在充电不满等质量问题，便要求罗某某按销售承诺为其更换新电池。罗某某经检查确认交付的锂电池确实存在质量问题后，同意为齐某某更换新的电池。更换电池后，齐某某仍发现存在同样的质量问题，通过平台与罗某某协商，罗某某明确此前并未给齐某某换新电池，仅更换了电芯，并以销售承诺中的“换新”仅指换“新电芯”为由，拒绝为齐某某更换全新的电池。齐某某因此诉至法院，请求判令解除与罗某某的信息网络购物合同，并由罗某某退还已支付的商品价款。

法院认为，罗某某在销售案涉商品时，通过商品网络详情页对齐某某作出承诺，所售商品“半年内质量问题换新”，按社会普通消费者的通常理解，此处的“换新”应指电池整机换新，而非构成电池组成部分零部件换新。罗某某确认交付给齐某某的锂电池存在质量问题，但却未按销售承诺给齐某某换新电池，而是将部分零部件进行了更换。齐某某要求罗某某按承诺，对整个电池换新，但罗某某一直予以拒绝。齐某某只能另行购买新的电池使用。罗某某在销售商品存在质量问题的情况下，拒不按销售承诺履行更换义务，已构成违约。现其违约行为已致合同目的无法实现，齐某某要求解除合同，退还货款，依法应予支持。

【引例分析】电子商务经营者在销售商品时对消费者作出有利承诺的，应当遵守其承诺。现实中存在不少电子商务经营者为吸引流量、促进销售，在销售商品或提供服务时以宣传或告示等形式向消费者作出高于国家、行业标准的有利承诺，当消费者接受承诺与经营者形成交易关系后，经营者却以各种理由拒不兑现其承诺，有损消费者的合理预期，也侵害了消费者的合法权益。电子商务经营者兑现对消费者作出的有利承诺，既是对交易双方协议约定重要义务的履行，更是经营者诚信经营的重要体现。电子商务经营者的承诺是向消费者作出的，一般应以社会普通消费者能够理解的方式进行表达，当消费者对其中某些用语的理解，与经营者的理解不同时，应以交易时社会普通消费者的通常理解为标准进行解释，以强化对消费者权益的保障。

任务一　电子商务中消费者的权利与经营者的义务

一、电子商务中消费者的权利

电子商务是人们生活消费的途径之一，电子商务中交易过程的无纸化、交易主体的虚拟化、支付手段的电子化、交易空间的无地域化等特点使其在交易的便捷性上有着传统交易不可比拟的优势，使经营者与消费者之间的力量对比更加悬殊。相较于传统交易，电子商务中消费者的权利主要集中在以下几个方面。

(一) 消费者的安全权

《中华人民共和国消费者权益保护法》(以下简称《消费者权益保护法》)第7条规定："消费者在购买、使用商品和接受服务时享有人身、财产安全不受损害的权利。消费者有权要求经营者提供的商品和服务，符合保障人身、财产安全的要求。"

消费者的安全权是指消费者购买商品或接受服务中所涉及的生命安全权、健康安全权、财产安全权等权利。其中，生命安全权、健康安全权属于人身权，财产安全权属于财产权[①]。人身权和财产权是民事主体的重要民事权利。人身权和人身紧密相连，包括人身健康权、姓名权、名誉权、肖像权等权利内容；财产权是与人身权相对的，与人身无关，含有财产内容的权利。《消费者权益保护法》第11条规定："消费者因购买、使用商品或者接受服务受到人身、财产损害的，享有依法获得赔偿的权利。"对于消费者安全权遭到损害时的具体赔偿内容，法律也有明确规定。《消费者权益保护法》第49条规定："经营者提供商品或者服务，造成消费者或者其他受害人人身伤害的，应当赔偿医疗费、护理费、交通费等为治疗和康复支出的合理费用以及因误工减少的收入。造成残疾的，还应当赔偿残疾生活辅助具费和残疾赔偿金。造成死亡的，还应当赔偿丧葬费和死亡赔偿金。"

(二) 消费者的知情权

消费者的知情权是实现消费者合法权益的重要基础，是消费者最重要的权利之一。消费者的知情权问题在消费者的基本权利问题中显得尤为重要。消费者的知情权，是指消费者享有知悉其购买、使用的商品或者接受的服务的真实情况的权利。

在跨境电子商务中，由于平台对平台内经营者主体资格要求的参差不齐，容易导致消费者对于平台内经营者的身份信息、经营资质、信誉、商品或者服务的内容等均存在信息上的严重不对称，消费者的知情权意味着消费者有权要求平台经营者以及平台内经营者提供真实的商品评价和商品信息。

《消费者权益保护法》第8条规定："消费者享有知悉其购买、使用的商品或者接受跨境电子商务法律法规的服务的真实情况的权利。消费者有权根据商品或者服务的不同情况，要求经营者提供商品的价格、产地、生产者、用途、性能、规格、等级、主要成分、生产日期、有效期限、检验合格证明、使用方法说明书、售后服务或者服务的内容、规格、费用等有关情况。"第28条规定："采用网络、电视、电话、邮购等方式提供商品或者服务的经营者以及提供证券、保险、银行等金融服务的经营者，应当向消费者提供经营地址、联系方式、商品或服务的数量和质量、价款或者费用、履行期限和方式、安全注意事项和风险警示、售后服务、民事责任等信息。"

课堂小活动

讨论：如何判断价格欺诈行为？

---

① 张克夫，郭宝丹. 跨境电子商务法律法规[M]. 北京：清华大学出版社，2021.

(三) 消费者的自主选择权

我国《消费者权益保护法》第9条规定：“消费者享有自主选择商品或者服务的权利。消费者有权自主选择提供商品或者服务的经营者，自主选择商品品种或者服务方式，自主决定购买或者不购买任何一种商品、接受或者不接受任何一项服务。消费者在自主选择商品或者服务时，有权进行比较、鉴别和挑选。”消费者的选择权，是指消费者对自己所选择的商品或服务，自主决定是否购买或者接受的权利。任何经营者、组织，乃至政府及其部门强行或者违背购买者的意愿，销售、搭售商品或其他不合理的条件等，都是对消费者自主选择权的侵害。

(四) 消费者的公平交易权

在跨境电子商务活动中，消费者有权获得质量保障、价格合理、计量正确的公平交易条件，这也是《消费者权益保护法》第10条赋予普通消费者的基本权利。《消费者权益保护法》第10条规定：“消费者享有公平交易的权利。消费者在购买商品或者接受服务时，有权获得质量保障、价格合理、计量正确等公平交易条件，有权拒绝经营者的强制交易行为。”在消费性的交易中，公平交易是指消费者获得商品、服务与其交付的货币价值相当。网络交易中，消费者仅能根据经营者单方提供的信息判断商品与服务的价格与价值是否相当，因此，网上商品价格的合理性难以得到保障。同时，商品的质量保障和计量正确等公平条件也难以实现。

(五) 消费者的无因退货权

在欧盟制定的《远程合同指令》第6条第3款中就曾明确提出消费者在一定期限内解除合同无需说明原因，美国颁布的《计算机信息交易统一法》也有类似规定，这其实被我国《消费者权益保护法》的网络购物7日无理由退货制度所借鉴。相较于普通的电子商务交易，跨境电子商务交易在商品真实信息与网络信息的差异更加明显，为了保障消费者的合法权益，应当突出跨境电子商务中消费者的无因退货权。

消费者的退货权是赋予消费者的一种权利，即消费者购买商品后，如对消费行为产生后悔想法，可以按照法律规定或者约定，在期限内对所购买商品无条件要求退货，而经营者应当无条件予以退货的权利。

课堂小活动

讨论：购买跨境电商零售进口商品不满意可以退货吗？

拓展阅读

对电商“霸王条款”说不

针对网络消费乱象，最高人民法院近期发布《最高人民法院关于审理网络消费纠纷案件适用法律若干问题的规定(一)》(以下简称《规定》)，于2022年3月15日起施行。《规定》主要对网络消费合同权利义务、责任主体认定、直播营销民事责任、外卖餐饮民事责任等方面作出明确规定。

该司法解释第1条开宗明义，直接宣告五类屡禁不绝的“霸王条款”无效，包括收货人签收商品即视为认可商品质量符合约定；电商平台企业依法应承担的责任一概由平台内电商承担；电商享有单方解释权或最终解释权；排除或限制消费者寻求法律救济的权利；其他排除或限制消费者权利、减轻或免除电商责任、加重消费者责任等对消费者不公平不合理的内容。

中国人民大学法学院教授刘俊海说，鉴于网络世界中的霸王条款五花八门，第五类的兜底条款有足够威慑力，有助于打击网络消费中各类滥用格式条款、破坏公序良俗的行为。

“网络消费具有参与交易主体多样化、交易环境虚拟化、交易空间跨地域性、合同格式化等特点，司法解释制定过程中，注重把握规律，制定符合网络消费特点的司法规则。”最高人民法院民一庭庭长郑学林表示，司法解释坚持问题导向，从网络消费合同权利义务、责任主体认定，到直播营销、外卖餐饮的民事责任等多个方面作出明确规定，统一裁判尺度。消费者网购时再遇到电商不公平不合理的“霸王条款”等时，可以理直气壮地说“不”。

(六) 消费者的求偿权

求偿权，是指消费者购买商品或者接受服务的全过程中，受到人身、财产损害的，享有依法请求获得赔偿的权利。《消费者权益保护法》第22条对消费者的求偿权进行了明确确认，认为消费者因购买、使用商品或者接受服务受到人身、财产损害的，享有依法获得赔偿的权利。此外，我国对消费者的求偿权保护主要体现在《消费者权益保护法》第24条的退换货规定、第55条的惩罚性赔偿规定。《消费者权益保护法》第55条规定：“经营者提供商品或者服务有欺诈行为的，应当按照消费者的要求增加赔偿其受到的损失，增加赔偿的金额为消费者购买商品的价款或者接受服务的费用的三倍；增加赔偿的金额不足五百元的，为五百元。法律另有规定的，依照其规定。经营者明知商品或者服务存在缺陷，仍然向消费者提供，造成消费者或者其他受害人死亡或者健康严重损害的，受害人有权要求经营者依照本法第49条、第51条等法律规定赔偿损失并有权要求所受损失二倍以下的惩罚性赔偿。”

(七) 消费者的个人信息权

个人信息权是指个人享有的对本人信息的支配、控制和排除他人侵害的权利。法律意义上的个人信息是指“公民个人信息”，是指通过各种方式能够识别到特定自然人身份或者其他信息的内容。个人信息权的内容主要包括信息决定权、信息保密权、信息查询权、信息更正权、信息封锁权、信息删除权和信息报酬请求权等。《民法典》第111条规定：“自然人的个人信息受法律保护。任何组织或者个人需要获取他人个人信息的，应当依法取得并确保信息安全，不得非法收集、使用、加工、传输他人个人信息，不得非法买卖、提供或者公开他人个人信息。”这是我国首次在民事基本法中明确了对个人信息的保护，虽然对于其性质是属权利还是利益仍有争论，但是都不妨碍法律将其确定为自然人的人身非财产性质的人格权，信息主体对个人信息具有支配性，因此其义务主体负有相应的作为和不作为义务。

(八) 电子商务消费者其他权利及其保护

消费者的其他权利主要包括消费者的结社权、知识获取权、受尊重权、监督权和检举权等。

《消费者权益保护法》第12条规定：“消费者享有依法成立维护自身合法权益的社会组织

的权利。”所谓消费者结社权，是指消费者享有获得有关消费和消费者权益保护方面的知识的权利。消费者有权获得消费方面、权益保护方面的知识，主要包括消费观念知识、市场基本知识、消费者权益保护的法律和政策、消费者权益保护机构、消费者权益保护的途径等知识。

对消费者合法权益的保护不仅要靠法律规范，靠政府依法行政，靠消费者组织积极开展活动，也要靠消费者自己提高保护意识，增强权益保护的能力，这就需要消费者努力学习有关的消费知识，对商品和服务有一定的了解。《消费者权益保护法》第13条规定：“消费者享有获得有关消费和消费者权益保护方面的知识的权利。消费者应当努力掌握所需商品或者服务的知识和使用技能，正确使用商品，提高自我保护意识。”保障消费者对于商品以及服务方面的知识获取权利，才能使消费者了解和掌握商品及其服务的基本的知识和使用技能，理性消费，保护自身合法权益。

经营者应尊重消费者下列权利：姓名权、名誉权、肖像权等。经营者不得对消费者进行辱骂、诽谤、名誉诋毁、非法搜查、拘禁等行为。我国《宪法》第37条第1款规定：“中华人民共和国公民的人身自由不受侵犯。”第3款规定：“禁止非法拘禁和以其他方法非法剥夺或限制公民的人身自由，禁止非法搜查公民的身体。”第38条规定：“中华人民共和国公民的人格尊严不受侵犯。禁止用任何方法对公民进行侮辱、诽谤和诬告陷害。”

所谓消费者监督权，是指消费者享有对商品和服务以及保护消费者权利工作进行监督的权利。《消费者权益保护法》第14条规定：“消费者在购买、使用商品和接受服务时，享有人格尊严、民族风俗习惯得到尊重的权利，享有个人信息依法得到保护的权利。”第50条规定：“经营者侵害消费者的人格尊严、侵犯消费者人身自由或者侵害消费者个人信息依法得到保护的权利的，应当停止侵害、恢复名誉、消除影响、赔礼道歉并赔偿损失。”第51条规定：“经营者有侮辱诽谤、搜查身体、侵犯人身自由等侵害消费者或者其他受害人人身权益的行为，造成严重精神损害的，受害人可以要求精神损害赔偿。”

《消费者权益保护法》第15条规定：“消费者享有对商品和服务以及保护消费者权益工作进行监督的权利。消费者有权检举、控告侵害消费者权益的行为和国家机关及其工作人员在保护消费者权益工作中的违法失职行为，有权对保护消费者权益工作提出批评、建议。”

课堂小活动

讨论：在直播间购买商品已经成为许多人的首选购物方式，越来越多的商家开通直播卖货的渠道，还会邀请网络红人或者流量明星到直播间，但直播卖货作为一种新型卖货方式，监管力度不够，暴露了售卖假货等违法现象。网购买到假货怎么维权？

二、电子商务中经营者的义务

(一) 跨境电子商务中的平台经营者的义务

1. 采取必要措施的义务

采取必要措施的义务规定在《电子商务法》第38条第1款，该条明确要求平台经营者负有及时采取必要措施的义务。消费者相较于经营者，处于明显的弱势地位，尤其是在电子商务纠纷中，消费者的维权难度大于在一般消费活动中。若消费者合法权益受损，此时平台经营者采取必要措施阻止平台内经营者的侵权行为是保障消费者合法权益的最直接、最有效的措施，若在损害发生后平台经营者不及时履行该义务，消费者由此所受损害程度难以预估。

2. 审核义务

《电子商务法》第38条第2款中规定了平台经营者的审核义务，要求平台经营者针对关系到消费者生命健康的产品或服务对平台内经营者进行资质审查，

若平台经营者未尽到审核义务，造成消费者损失要承担相应的责任。此时平台经营者相对于平台内经营者而言，在一定程度上处于监督管理者地位。保障平台内经营者公平公正开展经营活动，避免对恶意操纵行为导致消费者合法权益受到侵害。

此外，依据《电子商务法》第61条、第63条的规定，平台经营者在交易双方发生纠纷时还要担任裁判者的角色，平台一般会发布一系列的《争议处理规则》《评价规则》《纠纷处理总则》等或在《服务协议》中约定争议解决的格式条款。由于平台的纠纷处理机制便捷、快速，在该平台进行交易的平台内经营者和消费者都倾向于以平台相关争议解决规则处理纠纷，尤其对于消费者而言，平台的争议处理解决规则是他们首先使用的甚至唯一能够使用的维护自身合法权益的武器，此时平台在事实上具备了准裁判者的身份。平台经营者对平台内经营者要具有审核义务。

3. 安全保障义务

《电子商务法》第38条第2款规定，平台经营者对消费者应当履行安全保障义务，履行范围为关系消费者生命健康的商品或服务，未能尽到安全保障义务，造成消费者损害的，依法承担相应的责任。该义务之法理基础为社会活动安全注意义务，电子商务兴起后从实物领域延伸到网络领域，为许多国家于电子商务立法中所引进，我国《电子商务法》中也是由此引申规定了平台经营者的安全保障义务。该义务是一种事先预防的义务，不仅要求电子商务平台经营者不仅要审查电子交易活动是否违法，还要事先判断消费者的合法权益是否存在被侵犯的危险，并采取有效的预防措施。

(二) 跨境电子商务中平台内经营者的义务

跨境电子商务中平台内经营者并不必然是产品的生产者，但是肯定是产品的销售者。因此，按照《民法典》侵权责任编的规定，及《中华人民共和国产品质量法》的相关规定，平台内经营者作为商品的提供方和购销中间人，除了其需要负前述平台经营者承载的义务之外，其核心义务为保证产品质量的义务。产品质量是平台内经营者应负的首要义务。平台内经营者需要防止产品变质、腐烂或者降低、丧失使用性能，销售的商品应当符合保障人身、财产安全的要求，不得销售质量有瑕疵或者缺陷的产品。一旦平台内经营者违反前述义务，将承担侵权责任或者违约责任等不利后果。

拓展阅读

无法提供经营者信息致损案例

陈建辉在淘宝上购买了代购经营者李燕嫚提供的韩国Hurom某型号榨汁机一台，共付1650元。但陈建辉收到榨汁机后，发现商品型号与所购型号不同，两者相差500多元，于2018年4月13日申请退货退款。李燕嫚确认商品型号有别，同意其请求。同日，陈建辉将商品交快递公司邮寄给代购经营者。李燕嫚于4月15日收到陈建辉的退货商品，经检查，发现榨汁机破损，拒绝返还商品价款。此后，原告申请淘宝介入调解，但未得到淘宝网的支持。

4月24日，原告要求被告提供代购经营者李燕嫚的联系方式和经营地址。4月30日，被告向原告披露了李燕嫚的真实姓名、身份证号、联系电话等信息，未告知户籍地址。最终，原告以代购经营者未按照自己的要求提供所需商品，而淘宝公司未能依照《消费者权益保护法》的规定，告知其有效的联系方式，请求法院追究淘宝公司的法律责任。

在上述这个案件中，法院认为淘宝网不应承担法律责任。因为《消费者权益保护法》第44条明确规定了消费者因使用网络购买的商品，致使其权益受损时，网络交易平台未能提供销售者有效的联系方式，其需承担消费者的损失。但是陈建辉与李燕嫚发生买卖纠纷后，陈建辉要求淘宝公司披露销售者的信息。淘宝公司在收到消费者的请求后，第一时间向其披露了对方的真实姓名、联系电话、身份证号码。淘宝网如约履行了自己的义务，因而其无须承担责任。在司法实践中，网络交易不同于面对面的交易方式，消费者很难获取代购经营者的真实身份、联系方式，一旦商品瑕疵或毁损，消费者就会十分被动，无法得到法律的救济和保护。此时，网络交易平台则需依照消费者要求提供销售者准确的联系方式。强化网站交易平台信息披露和告知义务，有助于消费者第一时间确定责任的主体，有效运用法律武器维护自己的权益。

此案中，原告的榨汁机型号不对，通过比对即可举证。但在很多司法实务中，消费者购买了假货，则不易证明。若请求专业的鉴定机构帮忙，费用高昂、耗时冗长，许多消费者只能忍气吞声，任由权益受损，助长了很多代购经营者的非法行为。同时，网络交易中交易双方在就商品的名称、型号、履行方式、履行期限、违约责任和售后服务等重要信息都以数据形式储存，证据的取得十分困难，并且电子证据极易丢失，这又进一步为消费者的维权设定了障碍。消费者很难以掌握的一点点事实来维护自身的利益。因此，明确消费者与代购经营者的举证责任分配，有助于实现两者在举证责任方面的公平。

任务二　跨境电子商务中消费者权益保护面临的问题

跨境电子商务活动的基础法律关系是买卖合同关系，因而跨境电子商务活动中消费者权益遭受侵害的问题更加突出和复杂，面临的问题主要有以下几个方面。

一、知情权被限制

我国《消费者权益保护法》第8条明确规定保障消费者的知情权是经营者的法定义务。所谓知情权，是指经营者应当确保消费者在购买商品或接受服务时可以获取真实、充分、准确适当信息的权利。但是，跨境电子商务交易因其具有非直接性和跨区域性的特点，消费者在消费过程中是通过平台内经营者在跨境电子商务平台发布的有关商品或服务的描述了解标的物并作出最终选择。交易双方可能不在同一关境内，不同的语言、文化背景以及质量认定等标准的差异都可能出现平台内经营者提供虚假信息、损害消费者知情权、牟取不法利益等情形。具体而言，平台内经营者对消费者知情权的威胁主要来自以下两个方面。

第一，虚假商品信息问题。虚假商品信息问题存在以下两种情况：一是商品或服务基本信息缺失问题。平台内经营者在跨境电子商务平台上公布的商品或服务的信息作为消费者对商品或服务的信息来源，因此对于商品类目、商品的产地、生产日期、保质期等重要信息往往无法直接确认。有的平台内经营者利用对消费者在信息上不对等的弱势地位，在平台上公布的商品信息中遗漏或故意隐瞒上述重要信息，从而直接影响到消费者最终购物选择。二是商品不实问题。实践中，代购商队伍鱼龙混杂，许多假代购商在跨境电子商务平台上利用自己在商品当地的地理优势牟取不法利益，将在国内生产的商品运到域外，冒充进口商品销售给国内的消费者，或者干脆购买仿冒产品、伪造发票，伪造成正品高价销售给消费者，且现在许多验货App真实性存疑，国内大多数专柜又不提供验货服务，消费者几乎没有途径验证商品的真实性，知情权几乎无法得到保障。

第二，虚假广告问题。虚假广告，是指经营者为达到引诱消费者购买商品或服务的目的，在跨境电子商务平台上发布广告时会进行夸大甚至完全与商品或服务的实际情况不相符的宣传。例如，对商品或服务的功效或内容进行夸张的描述，甚至严重失实；或者利用消费者缺乏专业知识的弱点，假借权威部门的权威资料夸大甚至虚构其商品或服务的内容，进而达到欺骗消费者的目的。另外，为了提高综合评分，经营者采用刷单、买好评等违法手段提高自己的交易量以及获得与实际商品或服务并不相符的好评，这些内容也会直接影响日后其他消费者的选择，误导消费者。

二、个人信息被侵犯

一般情况下，根据跨境电子商务平台的规则要求，电子商务消费者若想在该平台从事交易活动就必须注册会员，而在注册过程中个人电话号码、身份信息等是必填项目，这就必然涉及消费者个人信息安全的问题。虽然我国《安全交易管理办法》第18条、《消费者权益保护法》第29条都规定了电子商务经营者对消费者个人信息的保护义务，但在实践中消费者的个人信息还是难免被侵犯。第一，跨境电子商务经营者尤其是平台经营者凭借其在管理规制消费者方面的优势地位得以掌握消费者的重要个人信息，其后由于保管或者使用不当导致消费者个人信息被泄露。消费者可能因此接收到大量广告信息、广告骚扰电话，甚至造成身份信息被人盗用、冒用等严重后果。第二，跨境电子商务经营者尤其是平台内经营者，即商品销售者或服务提供者，通过信息技术优势掌握到消费者的个人信息，为了提高自己的店铺综合评分，不仅经常向消费者发送广告信息，甚至通过电话、短信等方式不断向消费者要求“五星好评”、带图评价等，给消费者正常的工作生活造成困扰。第三，网络技术手段的不稳定性或者跨境电子商务平台的系统漏洞给了黑客可乘之机，甚至是平台内部工作人员为牟求不法经济利益故意兜售个人信息，消费者总是承受着由于个人信息泄露导致的被骗危险。

三、格式条款的滥用

在网络交易中，格式条款的方便快捷、高效低成本的优势能够很好地契合网络交易的需求，但在很多格式合同中，经营者出于保护自我的利益、减轻自己的义务，在合同中不免出现包含免除经营者责任或加重消费者责任的条款，如跨境电子商务平台内经营者在销售商品或提供服务时会以跨境交易在出入境、海关申报纳税、物流、外汇等方面手续复杂、耗时长等为由不支持“7天无理由退货”；或以该商品为代购商品，属于定制商品为由拒绝退货。有的平台内经营者经常用较小的图片或文字来罗列上述格式条款，或使用对消费者而言专业程度较高的表述加以规定，使消费者难以注意到或无法理解该条款的真实目的，被误导默认上述条款，以致消费者在商品或服务真的出现问题时无法进行退换；有的消费者虽然注意到格式条款的存在或意识到条款的真实目的，但是由于在跨境电子商务平台上销售的商品或提供的服务有其特殊性或不可替代性，如果不继续交易就无法实现自己的目的，因此只能被迫接受格式条款。对于格式条款的滥用导致的对消费者的公平交易权的损害，虽然我国《消费者权益保护法》《民法典合同编》中有对格式条款的规制性规定，但是由于跨境电子商务交易有其特殊性，《消费者权益保护法》在很多时候无法切实落实，真正发挥其作用。

四、公平交易权保护问题

公平交易权是指消费者在购买商品或者接受服务的全过程里，享有的与电子商务经营者进行平等、公正交易的权利。《消费者权益保护法》第10条对消费者的公平交易权进行了确认，认为消费者有权获得公平交易的条件，有权拒绝经营者的强制交易行为。一般来说，在跨境电商的跨国性、国际性的特点中，跨境电商的市场参与主体分别在不同的国家或地区内，当事人无法“面对面”(face to face)进行交易信息的充分交流，再加上外语在实务中极有可能成为一种沟通障碍，因而在跨境电商中保护消费者的公平交易权比较困难。

五、网络支付安全问题

网络交易是一种非即时清结交易，通常由消费者通过信用卡或其他支付手段付款，经营者收到货款后才发货或提供服务，这区别于生活中即时清结的消费交易。我国的网络消费者已开始习惯网上付款，但基于我国金融服务水平和电子化程度的限制，网上支付的安全还难以得到保障。随着网络交易的发展，网上付款成为消费者履行支付义务的主要方式。但是网络的开放性更增加了消费者财产遭受侵害的风险。消费者在使用电子货币支付货款时可能承担以下风险：网上支付信息被厂商或银行收集后无意或有意泄露给第三者，导致冒用；不法分子盗窃或非法破解账号密码导致电子货币被盗、丢失；消费者未经授权使用信用卡造成损失；信用卡欺诈；支付系统被非法入侵或病毒攻击；等等。

对于网络支付安全，除了采取当事人自律规范、从网络技术上确保交易安全等措施外，更要从法律上明确银行、网络、经营者的赔偿责任，平衡其与消费者之间的权利义务关系。

六、依法求偿权难以实现

求偿权，是指消费者购买商品或者接受服务的全过程中，受到人身、财产损害的，享有依法请求获得赔偿的权利。《消费者权益保护法》第11条明确对消费者的求偿权进行了确认，认为消费者因购买、使用商品或者接受服务受到人身、财产损害的，享有依法获得赔偿的权利。此外，我国对消费者的求偿权保护主要体现在《消费者权益保护法》第24条的退换货规定、第55条的惩罚性赔偿规定。虽然《消费者权益保护法》第11条对消费者的求偿权进行了确认，但是在实践中常常出现经营者对消费者的正常索赔维权恶意拖延、不予执行对消费者的补偿，甚至使用威胁等其他暴力手段。在跨境电商中，消费者的各种合法权益遭受不法侵害后的求偿权由于跨国性引起的法律适用不同、司法系统不同、救济方式不同、语言交流障碍等问题，显得格外困难。

拓展阅读

用户规则变更，消费者如何维权

电子商务平台经营者制定的服务协议和交易规则是确定交易主体之间的权利义务关系的核心依据。鉴于服务协议和交易规则的制定权掌握在电子商务平台经营者手中，不论是制定新的交易规则和服务协议，抑或是对原有规则进行修改，电子商务平台经营者对这些规则的公示，都将直接影响到广大消费者群体以及电子商务平台内经营者的切实利益，故应当为他们提供知晓并了解服务协议和交易规则的便利。

《电子商务法》将服务协议和交易规则的公示设定为电子商务平台经营者的法定义务，主要义务包含三个方面：第一，电子商务平台经营者需要在首页显著位置持续对服务协议和交易规则进行公示；第二，电子商务平台经营者对服务协议和交易规则修改时，需要公开征求意见；第三，修改后的相关协议应当在实施前7日予以公示。根据我们对国内典型的电子商务平台的调研情况，电商平台基本都可以满足公示相关规则的要求，但对于公开征求意见和公示修改后的规则的时间，情况相差较大，大部分未满足法律要求的公示义务。

2020年2月12日，商务部公布了《电子商务信息公示管理办法(征求意见稿)》，其中对服务协议和交易规则的公示提出了更加具体的要求，增加了“服务协议、交易规则修改后的说明义务”，要求电子商务平台经营者对服务协议、用户规则的修改，应在公示期间作出简要说明，并提示修改内容。赋予电子商务平台经营者该项义务的原因有两个：第一，相比于用户，电子商务平台是规则的制定者，对作出修改的原因、背景以及具体内容更为了解；第二，服务规则和用户协议是用户使用某一电子商务平台的基础性规则，赋予电子商务平台经营者对修改内容的提示说明义务，可以更好地保护用户知情权。因此我们认为，未来电子商务平台经营者的服务协议和用户规则的公示义务值得进一步关注，尤其是规则变更时征求意见、变更后实施前7日的公示、变更后内容的说明等与平台合规切实有关的义务和责任。

任务三　完善我国跨境电商中消费者权益保护的建议

造成跨境电子商务中消费者合法权益遭受损害且无法获得有效救济，其原因是复杂的，系各种因素交织的结果。完善跨境电商中消费者权益的保护有赖于政府、电子商务经营者(电子商务平台经营者与平台内经营者)和消费者三方的共同努力。

一、政府层面的建议

(一) 完善对消费者基本权利的保护

虽然保护跨境电商中消费者权益有许多做法，但最重要的前提是制定一套健全的法律制度。而我国对消费者权益保护方面的法律法规没有系统性规范，以《消费者权益保护法》和《电子商务法》为核心的法律在消费者权益保护上大多数是确认性规范，具体的操作性规范还有待于进一步完善。健全消费者权益的保护规范，尤其是专门针对跨境电商中的保护规范就显得尤为重要、尤为迫切。

(二) 健全跨境电商市场的准入和认证制度

目前，我国还未明确设置跨境电商经营者的准入制度和资格认证制度，只是规定了经营者有办理市场主体登记的义务，没有建立健全行业规范，把从事跨境电子商务的经营者审查义务交给了电商平台(《电子商务法》第27条、第28条、第29条)，政府无法对经营者销售的商品或提供的服务进行全方位的把控。我国应建立健全跨境电商市场的准入和认证制度，只有从源头开始严格把控跨境电商的市场准入和认证制度，才能切实保护消费者的合法权益。

(三) 加强跨境电子支付监管

加强跨境电子支付监管，保护消费者的资金安全。一方面政府要明确未经授权的电子支付的责任承担规范。目前保障资金安全的保险制度是民间性的，对经营者和消费者来说是选择性权利，而不是强制性义务，是不具有约束力的电子支付服务机构的一种市场行为。因此，在明确未经授权的电子支付的责任承担规范之后，政府还应该探索建立保障消费者资金安全的配套保险制度。另一方面政府要完善备付金管理机制。在跨境电商中，由于消费者与经营者之间的交易是在“背对背”(back to back)的形式下进行的，消费者在购买时无法确切得知商品或服务的详情，学界在客户备付金认定上也存在争议，为保护消费者权益的效果，应该尽早以法定的形式认定其法律性质，并完善备付金管理机制。

二、对跨境电商平台的建议

(一) 建立完善消费者对经营者的评价机制

建立信誉评分曝光制度，是保护消费者评论权的重要方式。跨境电商平台建立信誉评分曝光制度，一方面应强制平台内经营者为消费者提供评价通道，禁止平台内经营者刷单造假、误导消费者以及删除评价的行为；另一方面要明确平台内具体的消费者评论规则，对侵害消费者评论权者的行为进行举报。

(二) 加强深化与政府的协作机制

为了更好地打击跨境电商中经营者以次充好、以假乱真等牟取非法利益的行为，跨境电商平台应该在法律的引导下，与政府建立深度的协作机制。在经营过程中，跨境电商平台应依照法律法规的要求向国家有关机构提供相关交易数据信息，以便行政机关及时把握相关信息，以更好地保护消费者的合法权益。

(三) 完善平台内经营者公示和信息披露制度

《电子商务法》第39条要求电商平台建立平台内经营者的信用公示制度，这在保护消费者的知情权方面有着重大的意义。由于绝大多数的消费者并不知道经营者披露的信息以及违法信用公示制度的经营者所要承担的法律后果，为了严格平台内经营者的信用公示制度，跨境电商平台还应该具体完善强行失信者的退出机制，以震慑违反《电子商务法》第39条规定的经营者，使消费者在跨境电商中的交易更加安全。

三、对入驻商家的建议

(一) 遵守法律法规以及跨境平台内经营规则与要求

跨境电商平台内的经营者不仅要严格遵守我国法律法规，严格按照法律法规的要求去约束自己的经营行为，还要学习并遵守交易对象国的法律法规以及国际通行的法律法规，积极配合、服从跨境电商平台的正常管理，不做违法乱纪的经营行为，切实同政府、平台等一道保护消费者的合法权益。

(二) 重视保护知识产权

跨境电商中的经营者从事的是国际买卖，必然要遵守进口国的法律法规。我国法律没有对跨境电商平台中的经营者入驻资质有硬性要求，导致我国从事跨境电商的经营者实力参差不齐，大多数经营者对知识产权的保护意识弱，同时导致我国跨境电商的经营者侵犯知识产权的问题频发。因此，跨境电商中的经营者要学习与知识产权保护有关的法律法规，牢固树立知识产权保护的意识，在经营过程中，重视知识产权的保护，以保护消费者的公平交易权。

(三) 明示交易信息

跨境电商经营者在经营过程中要时刻注意保护消费者的基本权益，尤其是消费者的知情权。交易信息包括了商品或服务的详情、规格、数量、价格、各种税费、承运物流、运费、退换货规则以及争议解决方式等信息。经营者明示所有与交易有关的信息，实际上是保护消费者权益最有力的方式。

四、对消费者个人的建议

(一) 提高维护自身合法权益的意识

近年来，随着消费者受教育程度的提高，消费者的法律意识有所提高，遇到事情会从法律的角度去考虑，但是由于跨境电商的特殊性，争议解决途径操作起来较为烦琐、维权成本过高，导致了跨境电商中的消费者维权意识不强。消费者应该主动学习《消费者权益保护法》和《电子商务法》的法律知识，着重了解自身在跨境电商交易过程中的权利与义务，了解争议解决的规则等维权信息，提升维权的意识。

(二) 学习跨境电商有关知识，知悉交易过程

随着跨境电商业务的迅速发展，各种各样的跨境电商平台如雨后春笋般不断产生，消费者早已经对亚马逊、eBay、速卖通、Wish等主流的跨境电商平台了如指掌，但是每一个跨境电商平台都有自身的特点和不同的经营模式，消费者在不同的跨境电商平台进行消费时，应该对该跨境电商运营过程充分知悉。消费者在了解跨境电商运营模式的基础上购买商品或接受服务，有利于保护自身的知情权、选择权和公平交易权等权益，还可以减少不必要的交易争议。

(三) 尽可能在规范平台进行跨境交易

随着国际环境的变化，传统进出口贸易的形式已经无法满足我国消费者的巨大需求，消费者越来越多地通过跨境电商平台购买商品或接受服务。面对纷繁复杂的跨境电商平台，消费者不仅要根据各个平台的规模与强项去选择，还要选择规范化的跨境电商平台，尽可能地减少法律冲突，避免不必要的纠纷，维护好自身合法权益。

(四) 积极行使权利

因为跨境电商中的交易信息完全是由经营者发布的，所以消费者在交易信息上是处于弱势地位，与经营者手中的信息是不对称的。在跨境电商中，消费者往往缺乏对购买商品或接受服务的认识、对平台提供者和平台内经营者的了解，为了尽可能降低信息的不对称导致的不平等、不公平，法律就应该保护消费者对购买商品或者接受服务的评论权，使消费者描述出尽可能客观的交易信息。潜在消费者在决定前可以参考以往消费者的消费体验和消费评价。

课后训练

一、单项选择题

1.《消费者权益保护法》中所指“消费者”是(　　)。

A. 为生产、生活需要而购买、使用商品或者接受服务的自然人

B. 为生产、生活需要而购买加使用商品或者接受服务的单位和个人

C. 为生活消费需要而购买、使用商品或者接受服务的自然人

D. 有偿取得商品和服务，满足生产消费或者物质、文化消费的单位和个人

2. 甲厂生产一种易拉罐装碳酸饮料，消费者丙通过网络销售者乙购买这种饮料后，在开启时被罐内强烈气流炸伤眼部。下列选项关于这种情况的索赔表述最正确的是(　　)。

A. 丙只能向乙索赔

B. 丙只能向甲索赔

C. 丙只能向消费者协会投诉，请其确定向谁索赔

D. 丙可向甲、乙中的一个索赔

3. 消费者王某在网购商品后，发现商品存在瑕疵，下列说法正确的是(　　)。

A. 王某只能向该商品生产者主张赔偿

B. 王某可以向该商品的网络销售者主张赔偿

C. 王某既可以向销售者要求赔偿，也可以向生产者要求赔偿

D. 若销售者有证据表明该瑕疵是在销售过程中其他销售者所致，则有权拒绝赔偿

4.《电子商务法》第19条规定：“电子商务经营者搭售商品或者服务，应当以( )方式提请消费者注意，不得将搭售商品或者服务作为默认同意的选项。”

A. 显著 B. 标志 C. 提醒 D. 清楚

二、多项选择题

1. 下列行为中，涉及侵犯了“个人信息隐私权”的有( )。

A. 不当收集和利用了个人资料

B. 从网上购买食品过期或变质

C. 利用现代信息技术不当地收集、窥视、公开他人私事

D. 干扰个人自主、独立生活的权利或独处的权利

2. 下列情形属于对个人资料不正当利用的是( )。

A. 个人数据二次开发利用

B. 未经当事人知晓或同意收集个人资料

C. 为了网上购物或接受其他信息服务，消费者必须提供个人信息

D. 你上网时，你的个人信息被网站毫无声息地收集

E. 个人资料交易

F. 对个人资料的失控

3. 下列关于消费者知情权保护的说法，正确的是( )。

A. 应在法律中明确经营者的各方面信息披露义务

B. 应该配套建设完善的资信体系

C. 消费者要了解商品的技术指标情况，如用途、性能、规格、等级等

D. 消费者要了解商品或者服务的价格及商品的售后服务情况

E. 向消费者提供商品和服务的广告及其相关信息必须是客观的、真实的

4. 下列关于消费者公平交易权保护的说法，正确的是( )。

A. 消费者有事先获悉及审阅格式合同条款内容的权利

B. 以格式条款内容无效而排除其适用

C. 提供给消费者更正电子错误的机会

D. 消费者有权了解商品或者服务的价格及商品的售后服务情况

E. 对于显失公平的格式合同，消费者应当积极维护自己的合法权益。

5. 下列关于消费者索赔权保护的说法，不正确的是( )。

A. 消费者在使用商品时候，其合法权益受到损害，可以向销售者要求赔偿，不可向生产者要求赔偿

B. 因商品缺陷造成人身、财产损害的，可向生产者要求赔偿，不可向销售者要求赔偿

C. 因产品存在缺陷以外的其他财产损害的，消费者可要求生产者承担赔偿责任

D. 不具备产品应当具备的使用性能而事先未作出说明的，消费者可以要求销售者赔偿损失

E. 对于数字化商品，除非信息不完全或有严重错误或含有病毒等破坏性程序，一般情况下，消费者不应再要求退货

6. 下列关于消费者安全权保护的说法，正确的是(　　)。

A. 公民享有的私人生活安宁与私人信息依法受到保护，不被他人非法侵扰、知悉、搜索、利用和公开等。这种权利被称为人身安全权

B. 公民享有的私人生活安宁与私人信息依法受到保护，不被他人非法侵扰、知悉、搜索、利用和公开等。这种权利被称为隐私安全权

C. 经营者应当采取适当措施保护个人数据文件免受自然危害(如突发性的丢失或损坏)和人为危害(如非授权访问、欺骗性滥用或被计算机病毒感染)的威胁

D. 消费者的人身安全权，就是指消费者在网上所购买的物品不会使自己的生命和健康受到威胁

三、判断题

1. 消费者是指为生活需要而购买、使用商品或接受服务的个人。(　　)

2. 根据《电子商务法》的规定，电子商务平台经营者知道或者应当知道平台内经营者销售的商品或者提供的服务不符合保障人身、财产安全的要求，或者有其他侵害消费者合法权益行为，未采取必要措施的，依法与该平台内经营者承担连带责任。(　　)

3. 消费者在自主选择商品或者服务时，有权进行比较、鉴别和挑选，这是消费者公平交易权的内容。(　　)

4. 电子商务经营者搭售商品或者服务时不需要征得消费者同意，只需告知即可。(　　)

5. 经营者未经消费者同意或者请求，或者消费者明确表示拒绝的，不得向其发送商业性信息。(　　)

四、问答题

1. 简述电子商务消费者的特点。

2. 简述电子商务消费者权益保护的难点。

3. 简述电子商务消费者公平交易权及其如何保护。

4. 简述电子商务中消费者隐私权问题产生的原因。

五、案例分析

2020年5月29日，杜某在张某经营的淘宝网店铺购买了一台iPhoneXR 128GB黑色手机(官方标配款)，该商品详情界面显示官方标配款为全新单机，且广告语中载明“拒绝假货，拒绝翻新机”。杜某收到手机后，因NFC 功能无法正常使用，于2020年8月11日至9月12日和客服人员交涉手机质量事宜。因维修进程迟缓，杜某向张某主张退款，张某以超过退款时限为由不予同意。杜某通过淘宝平台介入申请退款但未果。之后，杜某向苹果官方客服电话询问该手机序列号对应的手机参数，客服回复称该序列号对应的手机为红色 iPhoneXR 64GB 手机。杜某还通过网上验机，微信号验机结论均为红色 iPhoneXR 64G 手机。杜某起诉要求张某退还其货款3288元，并主张张某按照货款的三倍向其赔偿9864元。

请思考以下问题：

(1) 商家的行为是否属于违约行为？

(2) 经营者是否应当按照消费者的要求增加赔偿受到的损失？应如何确定增加赔偿的金额？

(3) 商家的行为是否构成欺诈？

(4) 本案中，杜某维权的做法哪些值得消费者借鉴？

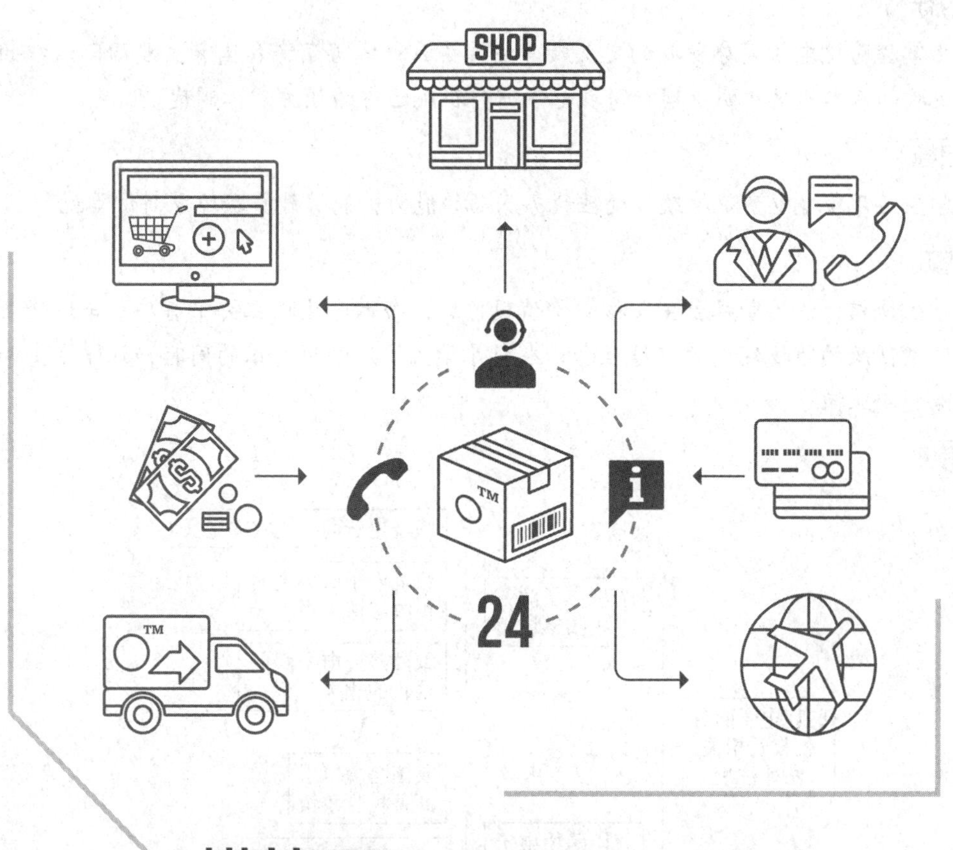

模块四

跨境电子商务管制法律制度

项目八 跨境电子商务税收及相关法律法规

知识目标

使学生掌握跨境电子商务税收的定义及其法律关系；掌握了解各国和主要国际组织的跨境电子商务税收的基本概况；明确现行跨境电子商务税收已有的相关法律制度。

技能目标

培养学生运用跨境电商税收政策处理税务问题的能力；能够计算跨境电商订单税费。

课程思政

培养学生诚信、法治等社会主义核心价值观内容，帮助学生树立公平有序、合法经营、良性竞争、营造健康的市场环境的道德理念；在引导学生依法纳税意识的同时，让学生感知行业的法律风险和职业操守。

知识导图

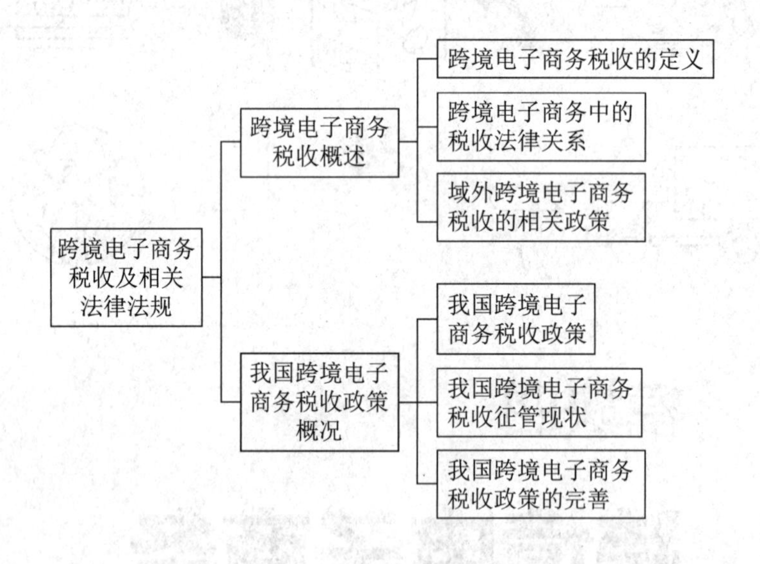

引导案例

行邮进口假借跨境电商进口

湖南美乐购科技有限公司(以下简称美乐购公司)，成立于2015年8月，主要从事跨境电商业务，属于跨境电商企业，同时也属于与海关联网的跨境电商平台，其公司实际负责人为曹某。平安快递公司是一家国际快递和货运物流公司，公司注册地为新西兰，法定代表人是夏某。2017年3月到2018年3月，平安快递公司首先在新西兰向当地的代购商承揽了大量目的地为中国的邮件，并通过国际快递运至中国境内。然后，平安快递公司在中国区的负责人将根据提单、邮包面单上面存在的信息制作原始的申报单，为了迎合跨境电商的监管要求，同时还伪造了一些虚假的收件人信息，并经上述原始申报单据移交给美乐购公司。美乐购公司收到申报单之后，在申报单中填写了低报的价格，以美乐购公司的名义制作虚假的申报单和物流单。为避免海关发现订单造假，美乐购公司会定期向海关输送虚假的订单。并且，美乐购公司还与重庆易极付科技有限公司、广州市汇聚支付电子科技有限公司两家支付公司合谋，要求其根据美乐购提供的信息生成虚假的支付单，之后再向海关推送。最后，美乐购公司按照11.9%的税率向海关支付税费。与此同时，平安快递公司向美乐购公司支付税费与其他相关费用。

长沙海关缉私局在对美乐购公司进行检查时发现异常，于2018年3月立案。经调查发现，美乐购公司以伪造贸易形式的方式，将本该适用于15%行邮税率的商品，通过制作虚假“三单”的形式，借助跨境电商平台进口，走私进口奶粉26万罐，商品价值达人民币4200万元，累计逃税的金额达220万元，其中以伪报贸易方式逃避的税款金额约为130万元，以低报价格逃税的金额约为90万元。

【引例分析】当前，我国对跨境电子商务零售进口的征管日趋完善，但还是存在不少跨境电商利用当前税收征管的漏洞进行逃税的案例。通过行邮进口伪造一般贸易进口，伪造进口方式进行逃税，根本原因就在于，这些商家能够利用各种方式制造出虚假的“三单”，推送给海关，让海关误认为其从事的是跨境电子商务活动。

任务一 跨境电子商务税收概述

一、跨境电子商务税收的定义

税收是一个国家财政收入的主要来源，也是国家实行宏观调控的重要经济杠杆之一。税收的主要职能包括为国家取得财政收入、调节社会经济、促进社会经济发展、维护国家权益等。税收通常具有强制性、无偿性和固定性三个基本特征。税收法是税收最基本的原则，是国家法律体系的重要组成部分。

跨境电子商务税收是随着跨境电子商务的产生和发展而产生的。在现代信息时代，国家为了实现其职能，凭借政治权力，依据法律规定，集中利用现代信息手段进行的跨境商务活动所创造的国民收入的一部分形成财政收入的一种分配，这种财政收入的分配就是跨境电子商务税收。

二、跨境电子商务中的税收法律关系

(一) 传统电子商务税收法律关系

电子商务税收法律关系是以纳税义务和征税权为基础所建立的行政法律关系。

1. 主体

电子商务税收的主体既有传统贸易模式中的交易主体，也包括独立的纳税主体。电商管理层、卖方和消费者都有自己的纳税义务，属于纳税主体。目前在我国有三种征税主体：税务机关(包括被授权的持照单位和个人)、财政机关、海关。

2. 客体

这里所指的税收客体包括源自电子商务交易的传统对象和特殊对象，例如销售交易中的虚拟商品和服务。随着电子商务的逐步演化，慢慢开始将它们逐渐纳入计税范围。

3. 内容

税法的内容包括纳税主体和征税主体的义务和权利。纳税主体的权利主要包括以下内容：第一，依法对税收征管机构的税收征管活动进行监督，并有权监督税收征管是否公开、公平、公正；第二，依法要求减免税的权利、申请行政处罚行为的行政复议等。纳税主体的义务则包括履行日常业务流程中的职责，例如雇用专业人员来记录公司账户，计算付款并接受税务部门的监督和检查等。《税收征收管理法》和《电子商务法》规定征税主体的权利包括以下内容：第一，收取应税货物的权利；第二，指导和管理纳税人业务的权利；第三，保留对纳税人的逃税和逃税行为施加行政处罚并有权进行日常监控的权利。而征税主体的义务包括回答纳税人问题，在征税过程中向纳税人保守商业秘密以及执行各项法定程序等。

课堂小活动

讨论：什么是税收法律?

(二) 跨境电子商务税收法律关系

跨境电子商务中的税收法律关系主要突出表现在征收的跨区域性。从营业模式来看，跨境电子商务不同于传统电商在国内销售，它主要针对全球市场进行的国际物流转运、出入境清关、国际结算等业务。跨境电子商务不需要囤货，利用ERP系统采集货源发货到中转仓，经过专业打包后发往全球各地。

跨境电子商务税收法律关系中的主体以海关为主。如果交易的目标仅包括充值之类的在线服务或诸如电子产品之类的某些虚拟商品，则将这种交易称为直接性电子商务。在直接性电子商务中，所有参与者都可以在线完成订购任务。因为跨境电子商务中存在大量电子合同以及虚拟货物交易，所以跨境电子商务最大的税收征管难度就在于主体难以识别。

跨境电子商务税收法律关系中的内容和客体基本与传统电子商务的税收关系类似。与传统商业相比，直接性电子商务的优势是交易完成速度更快，交易目标更广泛；与国内电子商务相比，跨境电子商务税收法律关系中的客体具有更广泛的表现形式。而在间接性电子商务中，交易标的是一种线下服务，虽然其合同谈判和资金结算流程可以在线完成，但是实物货物的交付需要通过物流交付(如顺丰或者京东快递进行的批量运送服务)。而间接性电子商务的优势在于增加了交易信息的对称性，达成交易的可能性大大增加。

(三) 跨境电子商务与传统电子商务税收法律关系的区别

1. 业务的全球性(global forum)

互联网信息可以在全球范围内快速交换，这已经成为当今社会经济生活中不争的事实。这意味着，在全球许多国家或地区建立的电子商务平台卖家都可以从域外的买家那里收到订单，并且买家还可以在购买产品时比较产品的优劣性。跨境电子商务因其效率和便利性而迅速发展，但与此同时，这些新功能也对税收制度产生了一系列影响。不同地方的法规可能会影响如何应用法律法规(如监管税)，身处不同国家的双方常常会因为两国相关的税收规定不同而产生分歧，该适用什么样的税法制度才能更好地促成交易的形成，避免交易冲突是目前全球各国所重视的问题。

2. 税收管辖冲突性(conflict of jurisdiction)

一般来说，我们传统意义上的税收法律规范是由主权国家予以制定和实施的，不同国家针对本国情况会制定要素不同的税收法律规范以及特殊规定。随着跨国电子商业活动的剧增，跨境电子商务已经突破原来的地理地域限制，从国家政府到企业、个人，都可以随时随地通过互联网进行交易。买卖主体不需要见面商谈，也不需要知道对方的真实身份和地址，因此单独一个国家的税收管理方式已经无法对跨境电子商务进行管理和监控。跨境电子商务的出现使得仅在单一国家或税收法律制度管辖范围内发生的行为发生了实质性的变化。而不同于传统意义上的国际贸易等经济形式，跨境电子商务由于其特殊性，在实际税收管辖过程中势必会发生两个甚至多个国家税收法律规范的冲突，而传统的国际贸易税收争端解决的方式已经无法对其很好地适用。

3. 税收信息虚拟化(anonymous)

不同国家有着不同的税收制度，但是无论各个国家的税收制度如何不同，税务信息都是最为重要的因素之一。常见的税务信息包括交易时间，交易地点，常设机构以及住所等。通常情况下，税收制度的效率很大程度上依赖于能否将这些信息转化为所谓的纳税义务。我国的税收制度目前根据有形的商品和劳务交易确定，很大程度都是根据真实的交易信息。而跨境电子商务相对于传统电子商务来说具有虚拟性、隐蔽性等特点，这使得跨境电子商务的交易形式发生了巨大的变化，交易主体往往难以确定，课税对象大部分都不再是有形商品，再加之网络监控的工作量和难度很大，导致了大量的传统意义上的税务信息丢失和遗漏，从而让税收制度的效率大大下降。

4. 税收原则模糊化(ambiguity)

跨境电子商务由于其基于互联网技术和经济全球化相互渗透，交易方式的虚拟性是最大的特点，因此，在交易过程中，税收关系中的客体和内容变得较为隐蔽，导致税收原则变得模糊起来。例如国际税收中的税收管辖权的问题，它设立的目的是避免在不同国家间交易时不同税收政策导致的重复征税，然而随着跨境电子商务目前的发展状态，这一原则也变得模糊起来。在传统的外贸进出口商业模式下，税务机关可以通过控制各个要素来行使税收管辖权，但在跨境电子商务中往往交易双方并不知道对方真实的国家地理位置，这使得税收管辖权难以确定，税收原则自然就变得模糊。

课堂小活动

讨论：跨境电子商务对税收的影响如何？

三、域外跨境电子商务税收的相关政策

(一) 欧盟跨境电商税收政策

欧盟坚持跨境电商征收间接税，不开征新税，保持税收中立。根据1998年欧盟委员会确立的增值税征收确定性、简洁性、中立性三原则，欧盟要求线上线下的商品和服务交易都应纳税。欧盟于2003年7月1日实施了电子商务增值税新指令，率先对电子商务征收增值税。2021年7月1日，欧盟废除了非欧盟成员国向欧盟出口的价值22欧元以下小包裹免征增值税政策，标志着所有进口到欧盟的商品都要征收增值税。在税收征管方面，欧盟要求电子商务增值税纳税人必须进行税务登记，并规定了处罚措施。该要求同样涵盖了向欧盟成员国提供货物和劳务的非欧盟成员国。但对于小规模电商允许其选择是否登记，以自行决定是否放弃增值税进项税额抵扣权。欧盟实行严格的发票制度，欧盟要求纳税人销售货物或劳务必须开具注明厂商和客户欧盟增值税识别号的增值税发票，未按规定开具发票的将被定性为税收欺诈，须补缴税款、利息，并被处以罚款和降低纳税信用等级。

(二) 美国和英国的跨境电商税收政策

美国坚持对跨境电子商务采取免税政策。为避免有竞争关系的国家间出现双重征税问题，美国通过简化税收监管手续以方便操作，同时出台《全球电子商务政策框架》，以制定跨境电商税收征管基本原则。该政策具体包括以下内容：不改变或妨碍商务；不偏袒或歧视任何一类商务，也不导致交易性质或地点的改变；税收制度简单透明，能够涵盖合法收入，简便易行，能使各方档案保管费用减少到最低。美国联邦政府认为，本国的跨境电商税收制度应能同时兼容美国和他国的税收制度，同时应符合跨境电商的特点(如小额交易、地理位置与交易位置脱节、匿名交易等)，因而遵循当前的税收理念和原则非常必要。

英国将现有税制适用于电子商务。该国出台的《电子商务法》规定，对网络商店与实体商店实行“无差别”增值税制度，按照销售地和商品种类的不同将税率分为17.5%、5%、0%三档，要求所有线上商品销售价格均为含税价。与欧盟一样，英国也实行强制登记制度，明确要求年销售额达到5.8万英镑的网络商店必须登记且缴纳增值税。美国联邦政府认为，现有税制完全适用于跨境电子商务，因而无须开征新的税种，且网上销售的有形商品仍可继续采用现有税制，而无形商品和服务可以享受税收优惠。在税收征管方面，美国与英国有相近之处，两国均制定了由亚马逊(Amazon)等跨境电商平台代扣代缴流转税的政策。以亚马逊为例，亚马逊美国站营业收入由2013年的439.59亿美元增长至2020年的2635.20亿美元，亚马逊英国站的营业收入从2013年的72.91亿美元增长至2020年的264.83亿美元。这一发展趋势说明，由跨境电商平台代收代缴流转税这一政策较大程度上保护了税源，也未阻碍跨境电商的发展。

(三) 日本、韩国、新加坡与澳大利亚的跨境电商税收政策

在税制适用性方面，日本通过《特商取引法》明确规定，网络经营收入应按现有规定纳税。如果网络经营者年收益超过100万日元，则需要自觉申报纳税，特殊情况除外；对于以家

庭为单位的小型电商企业经营者，允许将企业开支计入家庭开支，且当年收入低于家庭开支时可以不缴税。在税收征管方面，为解决电子交易中存在的偷逃税问题，日本政府成立了税收稽查队，通过收集电子交易信息锁定嫌疑纳税人，严厉打击电子交易中偷逃税行为。

韩国在税制适用性和征税地确定方面，总体遵循经济合作与发展组织(Organization for Economic Co-operation and Development，OECD)的规定和国际跨境电商课税要求，如商品报关价包含进口税和增值税，消费者第一居住地拥有跨境电商税收征收权等。在税收征管方面，韩国明确规定跨境电商企业只能通过信用卡进行交易，由信用卡公司将交易金额等情况报给税务部门，以便更加简单便捷地确定纳税金额。

新加坡没有专门针对电子商务的税收体系，但明确规定将现有税收政策应用于电子商务。新加坡采用属地税制，即收入源于新加坡或发生在新加坡，都认为产生了应税所得。新加坡税务机关出台的《电子商务所得税指引》和《电子商务货物劳务税指引》指出，电子交易过程中所涉及的税种主要是所得税和货物劳务税，且明确了各种税收问题，如公司在新加坡经营，分别通过境内、境外的网站从事电子商务如何纳税等问题。

澳大利亚在货物劳务税的大框架下对电商征税，但需要满足以下两种情况。一种是澳大利亚居民在网上发布广告信息并产生收入时，对其征收货物劳务税。另一种是在互联网上销售数字产品并同时满足以下条件：纳税主体是税务登记人，所销售产品不免税且产生应税收入，收入与澳大利亚以及交易主体均密切相关。从2018年7月1日起，从其他国家进口到澳大利亚的低价值商品(海关价值低于1000澳元)也缴纳货物劳务税。

(四) 我国可借鉴的域外跨境电子商务发展经验

一是坚持税收中立原则。根据欧盟、美国和主要国际组织的做法，各国在跨境电子商务行业中基本上对征收和管理原则持相同立场。换句话说，它们在遵守本国发展法律的同时规范了新产品的出现，并保护了该国的税收权利。为了避免对市场的影响，美国国会不应该制定新的税种，但是跨境电子商务运营商和传统的纳税人应该承担基本上相同的税收义务。处于跨境电子商务新兴阶段的中国也应当以积极的态度来调整税后征收和管理法律，以适应当前跨境电子商务行业的现状。

二是加强税收征管技术支持。近年来，跨境电子商务采取了多种形式，交易量发生了巨大变化。欧盟、日本等国际组织和国家加强了对跨境电子商务的税收监管，并提供了大量的支持服务。我国税务机关可以利用互联网、大数据和云计算时代的创新技术来创建专门的小组，或者与技术公司合作，以不断提高纳税人的业务技能和科学知识。例如在线制作电子账单；设置和调整税务会计；发送和更新国际付款；等等。

三是注意法律政策协调。跨境电子商务行业中的新元素将在与我国现有税制融合的过程中影响我国现有税制的调整。为了更好地征收和管理税收，必须注意解决各种部门法律效力方面的冲突，遇到税收争议时应以法律解释或修正的形式解决。

任务二　我国跨境电子商务税收政策概况

一、我国跨境电子商务税收政策

(一) 实物型跨境电商税收政策

自2013年8月到2020年8月，我国有关部门已颁布57条政策来规范和支持跨境电商发展，其中与税收直接相关的政策有22条。

1. B2B跨境电商税收政策

B2B跨境电商的税收政策较少，仅2020年6月和8月发布的两项出口监管政策，未出台税收优惠政策。该监管政策以试点形式展开，增设了“9710”和“9810”两种监管模式，“9710”监管直接出口的货物，“9810”监管以海外仓形式出口的货物。传统贸易出口申报烦琐，需要委托书、合同、发票、提单、装箱单等多种随附单证，且通关系统只能用H2018系统①申报。而以“9710”或“9810”方式通关，随附单证只需要三类，即委托书、订单和物流单。同时货物单票金额5000元以内，既可选择H2018系统申报，也可选择跨境电商出口统一版系统申报，后者享受优先通关权。可见，B2B跨境电商出口通关效率有所提升。

2. B2C跨境电商税收政策

B2C跨境电商税收改革近年来最为频繁，颁布的税收政策如表8-1所示。

表8-1　我国B2C跨境电商税收改革政策

时间	政策名称
2016年3月	《关于跨境电子商务零售进口税收政策的通知》
2016年4月	《关于公布跨境电子商务零售进口商品清单的公告》
2016年4月	《关于〈跨境电子商务零售进口商品清单〉有关商品备注的说明》
2016年4月	《关于公布跨境电子商务零售进口商品清单第二批的公告》
2016年5月	《关于执行跨境电子商务零售进口新的监管要求有关事宜通知》
2018年11月	《关于调整跨境电商零售进口商品清单的公告》
2018年11月	《关于完善跨境电子商务零售进口税收政策的通知》
2018年12月	《关于跨境电子商务综合试验区零售出口货物税收政策的通知》
2018年12月	《关于跨境电子商务零售进出口商品有关监管事宜的公告》
2019年4月	《关于完善跨境电子商务零售进口税收政策的通知》
2019年10月	《关于跨境电子商务综合试验区零售出口企业所得税核定征收有关问题的公告》
2019年12月	《关于跨境电子商务综合试验区零售出口企业所得税核定征收有关问题的公告》

① H2018系统，即新一代海关信息系统(工程代码：H2018)，包括报关单处置、税费及保金保函处置、现场验估作业、证件管理、出口申报前监管、通关状态查询服务、理单归档管理、业务及贸易统计、核批管理等9个模块，下设33个子模块、65项功能，可实现关检综合业务后台统一办理，进一步提高通关效率。

未改革前，B2C和C2C在进口税收方面不做区分，统一按照个人进口物品[①]征收行邮税，税负较低。因此很多商家为降低进口商品税负，将货物化整为零，分批次进口，造成海关工作量激增，但国家税收利益下降。为此，财政部、海关总署和国家税务总局于2016年3月联合发布B2C税收新政[②]。新政明确了B2C的纳税性质，将其与C2C行邮税剥离开来，规定B2C进口商品需按照商品零售价格在进口环节征收关税、增值税和消费税，三税也被统称为跨境电商综合税。同时，考虑到消费者接受程度以及B2C行业的发展，新政并未全额征收，而是给予一定的税收优惠，规定在交易限额内进口商品免征关税，增值税和消费税暂按应纳税额70%征收。

课堂小活动

讨论：跨境电商订单税费怎么计算呢？

在B2C税收新政出台后，财政部、税务总局和海关总署近年又相继出台多条配套政策来完善B2C跨境零售进口税收工作。首先是进口商品范围的不断调整。2018年11月，扩大了可享受优惠政策的进口商品范围，且将个人单次交易限值提高到了5000元，年度交易限值提高到26 000元。2019年，再次扩大进口商品清单范围。其次，对B2C跨境电商有重大影响的政策是无票免税和所得税核定征收政策。该项政策旨在解决B2C跨境电商在出口时无法提供增值税发票而被征税机关视为内销征税的问题。传统贸易中，出口退税企业必须持上游企业开具的增值税进项专用发票才能完成出口退税，而大部分B2C跨境电商是向小型企业或个体经营户采购货物，经简单加工或包装后再用于零售出口，通常难以取得增值税进项专用发票。故在报关时无法提供增值税发票，出口货物可能会被征税机关认定为货物内销而要求征税。因此大部分跨境电商不愿意通过正规方式报关出口。为此，杭州综试区秉承先行先试的原则，向财政部和国家税务总局争取了无票免税试点资格，取得良好成效。在2018年10月，无票免税和所得税核定政策正式推向全部综试区。

拓展阅读

代购逃税74万 五旬男子涉嫌走私受审

男子应某携带手表、项链、化妆品、包等货物入境，却走无申报通道，未向海关申报任何货物、物品，后被海关查获，经鉴定，其偷逃应缴税额达74万余元。

52岁的应某是浙江人。2018年6月18日，应某乘坐JD460次航班从葡萄牙共和国里斯本市出发，抵达北京首都国际机场，入境时他选择走无申报通道，未向海关申报任何货物、物品。首都机场海关人员对其检查时查获其行李箱内及随身携带的手表、项链、化妆品、包等货物。经北京海关关税处计核，偷逃应缴税额共计743 238.67元。此前，他曾因携带超量消费品入境，被上海浦东国际机场海关警告并罚款22 900元。2018年7月18日，应某接到北京海关缉私局电话通知后主动到案接受调查，如实供述自己的罪行，并表示自愿认罪认罚。涉案物品已被依法

① 我国进口商品严格区分物品和货物。物品指个人自用，没有贸易性质的商品；货物指可以二次销售，具有贸易性质的商品。

② 财政部、海关总署、国家税务总局《关于跨境电子商务零售进口税收政策的通知》(财关税〔2016〕18号)。

扣押。对于指控，应某表示认罪。他在法庭上说，当时儿子放暑假回国探亲，他跟着儿子一起回来，后从北京转机回杭州探亲。当时他们一共携带了三个行李箱，里面装了衣服、项链等物品，有一部分是帮人带的，还有一部分是帮女儿带给朋友的。此外，应某还带了五块手表，包括两块天梭、一块理查德米勒、一块欧米茄和另外一块旧表。其中，理查德米勒手表价值为16多万欧元，欧米茄手表13多万欧元。这两块手表是有偿代购，费用一共4000元。下飞机后，应某将表盒与手表分开，自己随身带着两块，其儿子带了两块。入关时，应某通过无申报通道，海关关员对其检查时，发现其携带的物品价值明显超过相关规定。海关关员在开箱检查应某的行李时，发现里面有空表盒，于是对应某进行询问，应某则称表盒是自己花200元买的。但是海关人员告诉应某，将手表和表盒分开是典型的藏匿行为，加上行李里还有发票，劝他尽快将表交出。在海关关员的要求下，应某先是将价值较低的手表拿出，最后拿出最贵的手表。在法庭上，公诉机关认为，应某违反国家法律法规，逃避海关监管，携带货物进境偷逃应缴税额巨大，应当以走私普通货物罪追究其刑事责任。鉴于应某经侦查机关电话传唤到案，到案后能如实供述自己的罪行，系自首，可以从轻处罚。建议判处被告人应某有期徒刑三年，适用缓刑，并处罚金。应某则称，他在国内是经营KTV和宾馆的，在国外也开了KTV，主业是经商，不是干代购的。"我法律意识淡薄，对检方的定罪量刑建议没有异议，现在非常后悔，以后肯定不会犯类似的错误。"

(资料来源：中国法院网)

(二) 数字服务型跨境电商税收政策

我国跨境数字服务电商的发展尚属萌芽阶段，相关部门未对其实施针对性的税收政策，对数字服务型跨境电商的相关规定散见于现有税收法规之中，如表8-2所示。就税收居民身份而言，境内数字服务电商属于我国税收居民企业，可享受我国税收优惠政策，如高新技术企业享受15%的企业所得税率、软件企业增值税即征即退等政策；而境外数字服务电商属于我国的非居民纳税企业，适用的税收政策以我国对外签订的税收协定为准。

表8-2　数字服务跨境电商相关税收政策

跨境电商类型	适用税收法规	政策要点
境内数字服务电商	我国现行企业所得税、增值税、关税等税收政策	(1) 根据数字服务电商企业资质缴纳企业所得税 (2) 数字服务按增值税应税销售服务，税率为6%
境外数字服务电商	我国对外签订的税收协定	(1) 就来自我国境内的所得缴纳(预提)所得税 (2) 若在我国发生应税销售行为，应缴纳增值税 (3) 我国对数字服务进出口暂不征收关税

二、我国跨境电子商务税收征管现状

(一) 跨境电商税收征管部门

目前，对我国跨境电商实施税收征管的部门主要有税务部门和海关部门。两部门负责的事项不同。如图8-1所示，税务部门主要负责跨境电商企业的日常纳税管理，包括企业所得税、增值税等税款征收，此外还负责跨境电商的出口退税工作；海关部门主要负责商品的进出口监管工作，还负责关税的征收以及进口环节增值税、消费税的代征工作。

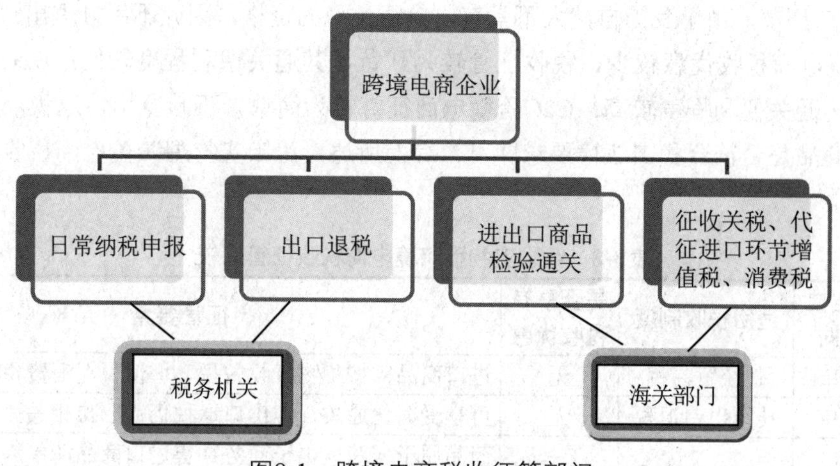

图8-1　跨境电商税收征管部门

(二) 实物型跨境电商税收征管

1. B2B跨境电商税收征管

(1) 进口环节。B2B跨境电商进口货物征税同传统货物进口一致，海关部门根据进口货物的种类和价格，征收关税、增值税和消费税。相较B2C进口模式，B2B以货物进口的批发价为计税基础计算应纳税额，与商品零售价格存在部分价差。如果价差较大，可节约部分税收成本；如果价差较小，以B2B形式进口反而会增加企业税负。

(2) 出口环节。在监管试点的B2B跨境电商可根据自身业务类型，选择“9710”或“9810”两种申报出口模式，享受便捷申报，通关手续大大简化，但非试点地区仍按传统出口贸易制度严格申报出口。

2. B2C跨境电商税收征管

(1) 进口环节。B2C跨境电商进口商品征收跨境电商综合税，零售进口商品税负明显降低。同时，为避免政策滥用，海关部门制定了三条限定规则：第一，所进口的商品需属于《跨境电子商务零售进口商品清单》范围；第二，所进口商品需在海关处通过“三单”比对；第三，已通关的零售商品严禁二次销售，仅限个人使用。

(2) 出口环节。B2C跨境电商出口商品适用“9610”和“1210”两种出口模式，“9610”适用商品直邮出口，“1210”适用商品保税仓出口，“1210”模式目前只在试点地区实行。

(3) 出口退税环节。在出口退税环节，我国统一采用清单核放、汇总申报的方式。具体步骤为出口企业将商品信息制作成商品清单，推送至海关部门的单一申报系统窗口，海关部门审核并允许放行后，企业将商品清单汇总成报关单再次提交海关部门，随后海关部门为企业出具报关单退税证明，税务机关收到企业推送的数据和海关的退税证明，为企业办理出口退税。

3. C2C跨境电商税收征管

(1) 进口环节，个人邮递物品适用50元免征税额。因此，若从海外直接购买较低价值物品，产生低于50元的税额，不用缴纳任何税款。若应交税额超过50元免税额，则按照《进境物品进口税税率表》适用的税率征收。

(2) 在出口环节，由于我国自然人不具有出口退免税的资格，因此不用办理出口退税。

B2B跨境电商税收优惠较少，税收征管较为严苛，其通关便利程度较低；B2C跨境电商税收优惠较多，通关便利程度较高；C2C跨境电商征管较为简单，不涉及出口退税，海关主要监管其进出口商品是否符合我国法律要求即可。综上所述，我国实物型跨境电商税收征管现状可归纳为表8-3。

表8-3　我国实物型跨境电商税收征管比较

跨境电商类型	进出口方向	适用税收制度	是否享有税收优惠	征管要点
B2B	进口	传统贸易税	无	进口商品需按货物征收关税、增值税、消费税(若含)
	出口	传统出口退税	无	可享受简化通关，但出口退税仍需取得相关凭证才可办理
B2C	进口	跨境电商综合税	有	商品属于《跨境电子商务零售进口商品清单》范围。 单次交易限额5000元内(个人年度交易限值为26 000元)，关税为0，进口环节增值税、消费税暂按应纳税额70%征收
	出口	传统贸易出口/无票免税	有	综试区内享受无票免税核定征收，综试区外仍实行传统出口退税办法
C2C	进口	行邮税	有	个人邮递物品适用50元免征税额
	出口	——	无	我国自然人不具备出口退税资格，不执行出口退税制度

(三) 数字服务型跨境电商税收征管

数字服务电商的交易商品以数字化形式存在，以当前监管技术，海关部门无法监管虚拟商品的进出口，因此只能依靠税务机关对其企业主体进行征管。我国境内的数字服务型电商在我国依法办理税务登记，其数字服务相关的账务资料也较为健全，税务机关将其视为普通企业进行征管即可。但境外数字服务型电商在我国没有设立实体机构，无须税务登记，又是通过虚拟常设机构从事的数字化交易，税务机关很难掌握其真实的账务资料，导致对境外数字服务型电商征税极其不易。

若对境外数字服务型电商征收所得税，根据目前的征管规则，无法判定虚拟常设机构是否在我国境内；若对其征收增值税，根据《中华人民共和国税收征收管理法》的扣缴义务人制度，将以境外数字服务型电商的境内代理人或购买方为扣缴义务人。其中，购买方多为个人消费者，作为增值税抵扣链条的终端，个人消费者一般比较缺乏扣缴意识。因此，对境外数字服务型电商，我国目前尚未形成有效的税收征管机制。

三、我国跨境电子商务税收政策的完善

(一) 跨境电商的涉税风险

随着税务稽查大数据时代的到来，在税务、工商、银行、房管、证券、社保等监管部门互联互通的基础上，企业的日常经营管理过程就像一个透明体，违规成本越来越高，尤其是运行更加透明的跨境电商企业。近年来，国家相继出台了多项利于跨境电商企业的优惠政策，综试区企业的所得税可申请税核定征收、“无票免税”、出口免抵退等，极大地降低了企业税负。

但企业在日常经营过程中，往往会忽略跨境电商作为一家居民企业[①]，除了要熟悉进出口相关税收政策外，还需关注企业运行的税务合规问题，一些常见的税务风险需认真对待。

1. 缺少增值税进项发票导致无法正常出口收汇

财政部、税务总局、商务部、海关总署《关于跨境电子商务综合试验区零售出口货物税收政策的通知》(财税〔2018〕103号)，对综试区电子商务出口企业出口未取得有效进货凭证的货物，同时符合下列条件的，试行增值税、消费税免税政策：①电子商务出口企业在综试区注册，并在注册地跨境电子商务线上综合服务平台登记出口日期、货物名称、计量单位、数量、单价、金额；②出口货物通过综试区所在地海关办理电子商务出口申报手续；③出口货物不属于财政部和税务总局根据国务院决定明确取消出口退(免)税的货物。

上述政策就是通常所说的“无票免税”政策，但该政策有明确的适用条件：企业需要在综试区注册且要在注册地海关办理出口申报手续。但是，诸多跨境电子商务企业不符合上述要求，为了以较低价格从其他企业购得货物，又不享受相关税收优惠政策时，会通过第三方虚构交易方式取得发票，用来进项抵扣，存在偷逃税甚至虚开增值税专用发票风险。

2. 通过结汇到个人账户规避企业所得税

居民企业应当就其来源于中国境内、境外的所得缴纳企业所得税。企业所得税的税率为25%。目前，部分跨境电商为了逃避高额税负，通过第三方支付机构收汇到境内个人账户，规避企业所得税。这种做法是典型的偷税行为，未来会面临很大的税务风险。

根据《中华人民共和国税收征收管理法》的相关规定，纳税人伪造、变造、隐匿、擅自销毁账簿、记账凭证，或者在账簿上多列支出或者不列、少列收入，或者经税务机关通知申报而拒不申报或者进行虚假的纳税申报，不缴或者少缴应纳税款的，是偷税。对纳税人偷税的，由税务机关追缴其不缴或者少缴的税款、滞纳金，并处不缴或者少缴的税款50%以上5倍以下的罚款；构成犯罪的，依法追究刑事责任。

3. 调低工资基数少缴社保费

与国内多数企业相似，跨境电商企业的用工成本一直居高不下，在承担高额工资的基础上，企业承担的社保费占比也相当高。为了降低企业的社保负担，一些跨境电商企业将员工的工资基数按照当地最低工资基数进行个税申报，不足部分用隐瞒的收入进行账外发工资，在不降低员工收入的前提下，降低企业的社保费负担，也给企业埋下了巨大隐患。

4. 不重视印花税的缴纳

跨境电商企业既有财产租赁(仓库租赁)业务，又有货物购销和仓储保管业务，这些业务的印花税税率是不同的。诚然，印花税在企业所有涉税事项中，占比是比较低的，金额也不大，但是很多企业并不重视印花税的缴纳，不分项目地随意按照税率缴纳，更有企业忽略了印花税的缴纳。要知道，印花税是法定的税种，每一种交易行为都与印花税息息相关，其征收管理是依照《中华人民共和国税收征收管理法》的有关规定执行的。同时，需要注意的是，《中华人民共和国印花税法》已于2021年6月10日审议通过，于2022年7月1日正式施行，后续对印花税

① 居民企业，是指依法在中国境内成立，或者依照外国(地区)法律成立但实际管理机构在中国境内的企业。

的征收会更加规范，惩罚会更加严格，需要引起企业重视。

(二) 跨境电商的税务合规

相较于传统行业企业，国家为了鼓励出口，在关税、增值税及消费税等方面已经给跨境电商企业越来越多的政策优惠，企业税负已经大大降低。在企业经营合规方面，将一些政策进行综合运用，可以为企业带来更多税收红利。

1. 企业所得税优惠政策的综合运用

《关于跨境电子商务综合试验区零售出口企业所得税核定征收有关问题的公告》(商务部公告2019年第36号)第2条规定："综试区内核定征收的跨境电商企业应准确核算收入总额，并采用应税所得率方式核定征收企业所得税。应税所得率统一按照4%确定。"第4条规定："综试区内实行核定征收的跨境电商企业符合小型微利企业优惠政策条件的，可享受小型微利企业所得税优惠政策；其取得的收入属于《中华人民共和国企业所得税法》第26条规定的免税收入的，可享受免税收入优惠政策。"

《关于落实支持小型微利企业和个体工商户发展所得税优惠政策有关事项的公告》(国家税务总局公告2021年第8号)第1条第1款规定："对小型微利企业年应纳税所得额不超过100万元的部分，减按12.5%计入应纳税所得额，按20%的税率缴纳企业所得税。"

《关于进一步实施小微企业所得税优惠政策的公告》(财政部 税务总局公告2022年第13号)第1条规定："对小型微利企业年应纳税所得额超过100万元但不超过300万元的部分，减按25%计入应纳税所得额，按20%的税率缴纳企业所得税。"

综合上述三个政策性文件可知，如果跨境电商企业是注册在综试区内，且符合核定征收条件，再叠加小型微利企业税收优惠，可以使跨境电商企业的所得税税负率降至0.17%；即使该跨境电商企业不符合核定征收条件，企业所得税的税负率也仅为4.2%。

2. 增值税的优惠政策不容错过

《关于进一步加大增值税期末留抵退税政策实施力度的公告》(财政部 税务总局公告2022年第14号)第1条规定："加大小微企业增值税期末留抵退税政策力度，将先进制造业按月全额退还增值税增量留抵税额政策范围扩大至符合条件的小微企业(含个体工商户，下同)，并一次性退还小微企业存量留抵税额。"第2条，加大"制造业"等行业增值税期末留抵退税政策力度，将先进制造业按月全额退还增值税增量留抵税额政策范围扩大至符合条件的制造业等行业企业(含个体工商户)，并一次性退还制造业等行业企业存量留抵税额。

该政策是根据2022年《政府工作报告》关于留抵退税的工作要求而制定的，是国家针对疫情期间企业生产经营困难的大环境下，支持小微企业和制造业等行业发展，提振市场主体信心、激发市场主体活力而出台的时效性较强的政策。跨境电商企业要在小型微利企业政策范围内将企业税负降至最低；如果跨境电商企业是集生产与销售于一体的企业，即使不满足小型微利企业要求，在制造业范围内也可享受增值税期末留抵退税的政策红利，企业现金流将更加充足。

3. 要重视印花税的依法缴纳

《中华人民共和国印花税法》将于2022年7月1日正式施行，与《中华人民共和国印花税暂行条例》(已失效)最大的不同在于，该法案新增“在中华人民共和国境外书立在境内使用的应税凭证的单位和个人，应当依照本法规定缴纳印花税”的规定(第1条第2款)。第19条规定：“纳税人、扣缴义务人和税务机关及其工作人员违反本法规定的，依照《中华人民共和国税收征收管理法》和有关法律、行政法规的规定追究法律责任。”如前所述，跨境电商经营模式有平台型和自营型，若跨境电商企业通过境外平台进行跨境货物销售，即使该平台设立在境外，按照《中华人民共和国印花税法》的规定，也应当依法缴纳印花税，否则将被追究法律责任。

税收优惠文件通常有极强的时效性，企业的税务申报人员要及时了解国家对本行业最新的税收优惠政策，用好、用足优惠政策，切实为企业合法降低税负，而不是按照惯例一成不变地让企业走在偷逃税的边缘。要清楚地知道，在大数据时代，国家的征管方式已经从“以票控税”向“以数治税”转变，作为企业，更要有与时俱进的想法和做法，做一个依法合规纳税的经营主体。

(三) 完善我国跨境电子商务税收政策的思路

我国对待跨境电子商务税收征管应该坚持税收中性原则，不再对其征收新税或者附加的税种，尽量把跨境电子商务税收征管范围约束在现有的税收体制内。只有让跨境电子商务这一贸易形式更好地发展，才能促进我国实体经济的不断发展，才能从根本上扩大税基，否则我国跨境电子商务的税收征管将变成无源之水。

跨境电子商务的存在加大了税务机关对于居民企业和居民自然人[①]的管控难度，因此需要建立适应跨境电子商务的税收征管系统。税务登记可以较为容易地对居民企业涉及的税种、税率等进行统计，从而方便征管，但对于居民自然人(尤其是个体工商户)很难辨别其行为是个人转账行为还是贸易转账行为，所以要建立一套行之有效的税收征管系统，对居民自然人加以管控，防止税收流失。

互联网的发展，各国经济关系的日益密切，各国税收制度和税负的差异以及电子商务新形势带来的新漏洞，使得各国税务机关更加难以监控和防范发生在其领土之外的纳税人利用税收法律漏洞进行逃税、避税的情况。因此，各国税务机关需要加强国与国之间的税务合作交流，通过分享最新税务政策，尽可能多地规避逃税、避税行为。基于此，我国应结合国情，在尊重国际税收管理的前提下，积极参与国际税收协调，协助相关组织制定出符合税收公平、效率、中性原则的国际税收协定，以此来维护国家主权，在全球税收协调中获取更大的利益。

拓展阅读

“买”全球“卖”全球，税务处理有讲究

在一年一度的“6·18”消费盛宴中，跨境电商扮演着重要角色。根据海关统计，2020年跨境电商进出口1.69万亿元，同比增长31.1%。百度搜索大数据显示，2020年“跨境电商”关键词的相关内容搜索热度比2019年整体上升了20%。搜索“疫情期间怎么买海外商品”的网

---

① 居民自然人，即居民个人，是指居住在本国境内并受本国法律管辖的一切自然人，包括本国公民、外国公民、双重国籍人和无国籍人等。《中华人民共和国个人所得税法》第一条，在中国境内有住所，或者无住所而一个纳税年度内在中国境内居住累计满一百八十三天的个人，为居民个人。居民个人从中国境内和境外取得的所得，依照本法规定缴纳个人所得税。

友，在过去一年激增200%。专业人士表示，跨境电商涉税政策多，消费者、跨境电商企业和跨境电商平台在跨境交易过程中，一定要注意结合自身情况，准确进行税务处理，莫让税务风险影响自己。

1. 跨境电商：相关税收政策频频推出

最近几年来，跨境电商涉税政策频频推出，涉及增值税、消费税、关税和企业所得税等税种，涵盖注册登记、申报纳税和报关等监管程序。

在进口方面，对国内消费者通过跨境电商平台，购进跨境电商企业零售进口商品，单次交易限值为人民币5000元、个人年度累计交易限值为人民币26 000元限值内的，关税税率暂按0，进口环节增值税、消费税暂按法定应纳税额的70%征收，并将跨境电商零售进口试点扩大至所有自贸试验区、跨境电商综试区、综合保税区、进口贸易促进创新示范区和保税物流中心(B型)所在城市(及区域)。在出口方面，对电子商务出口企业出口货物，除财政部、国家税务总局明确不予出口退(免)税或免税的货物外，符合相关条件的，适用增值税、消费税退(免)税政策；对综试区内符合相关条件的电子商务出口企业，因出口未取得合法有效进货凭证的货物，实行增值税免税政策；对综试区内核定征收的跨境电商企业，统一采用核定应税所得率方式核定征收企业所得税；等等。

与此同时，税务、海关等部门还针对跨境电商零售商品进出口推出了一系列便利举措。例如，对跨境电商零售进口商品，按个人自用进境物品监管，不执行有关商品首次进口许可批件、注册或备案要求；将跨境电商零售进口相关企业纳入海关信用管理，根据信用等级不同，实施差异化的通关管理措施，对认证企业，依法实施通关便利措施。这些政策丰富了跨境电商零售进口商品的品类，大大缩短了跨境电商零售商品进出口的时间，让“海淘”更加方便。

2. 消费者：减免税优惠有交易限值

对消费者来说，交易限值是必须关注的重点。消费者享受跨境电商税收优惠有交易限值，单次限值为人民币5000元、年度累计限值为人民币26 000元。消费者可以通过中国国际贸易单一窗口或“掌上海关”微信小程序，快速查询本人的年度跨境交易情况，计算剩余额度。如果消费者单次购买超过5000元的商品，且订单下仅一件商品，即使年度累计限值在26 000元以内，仍不能享受减免税政策，需按照货物全额计算缴纳关税、进口环节增值税及消费税，交易额同时计入其年度交易总额。因此，消费者要注意每一笔订单的金额及订单内可分割商品数量。一些消费者会在购进商品后退货，如果跨境电商零售进口商品自海关放行之日起30日内退货的，可申请退税，并相应调整个人年度交易总额。但这种申请退税是有前提的，即退货商品应符合可二次销售条件，且需自海关放行之日起30天内，以原状运抵原海关监管场所。“30天”的计算起始时间，是自海关放行之日，而非日常网购的收货之日。同时，所购商品还需要运抵原海关监管场所。

3. 平台及商家：关注实操各环节税务处理

对于跨境电商平台或平台上的商家推出的打折促销活动，相关的税务处理很值得关注。跨境电商零售进口商品在计算缴纳关税和进口环节增值税、消费税时，以实际交易价格(包括商品零售价格、运费和保险费)作为完税价格。企业如果推出打折优惠，应按照实际交易价格原则，以订单价格为基础，确认完税价格，订单价格原则上不得为0。对在订单支付中使用电商代金券、优惠券和积分等虚拟货币形式支付的“优惠减免金额”，不应在完税价格中扣除。同时，海关对于跨境电商零售进口商品的运保费也有明确的规定，跨境电商企业务必要注意按照规定确认运保费。跨境电商平台和跨境电商企业都要注意，消费者已经购买的电商进口商品，属于其个人使用的最终商品，不得进入国内市场再次销售；原则上不允许网购保税进口商品在海关特殊监管区域外开展“网购保税+线下自提”模式。举例来说，一些跨境电商平台会开设线下实体店铺。消费者如果在实体店体验后，决定购买某个电商进口商品，应在该平台客户端下单购买，而不能直接在线下实体店付款提货。

因此，及时按照规定办理申报，是跨境电商享受税收优惠的重要一环。以出口为例，如果电子商务出口货物可适用退(免)税或免税政策的，电子商务出口企业要注意按现行规定，办理退(免)税或免税申报。未按规定申报的，不得享受税收优惠政策。需要注意的是，外贸型跨境电商企业，只有取得相应的增值税专用发票、消费税专用缴款书(分割单)或海关进口增值税、消费税专用缴款书，且上述凭证有关内容与出口货物报关单(出口退税专用)有关内容相匹配的，才能办理出口退(免)税。

对于出口的免税货物，出口企业或其他单位在办理免税申报时，企业还要注意留存备查资料的整理和搜集，应根据《关于〈出口货物劳务增值税和消费税管理办法〉有关问题的公告》(国家税务总局公告2013年第12号)第3条的规定，将相应凭证按顺序装订成册，留存企业备查。具体来说，这些凭证主要包括出口货物报关单(如无法提供出口退税联的，可提供其他联次代替)、出口发票，对于委托出口的货物，还需提供受托方主管税务机关出具的代理出口货物证明。企业购进货物直接出口的，还应提供增值税专用发票、增值税普通发票及其他普通发票、海关进口增值税专用缴款书、农产品收购发票和政府非税收入票据等合法有效的进货凭证。

课后训练

一、单项选择题

1. 下列关于增值税出口“免、抵、退”税政策说法不正确的是(　　)。

A. “免”税是指对生产企业出口的自产货物，在出口时免征本企业生产销售环节的增值税

B. “抵”税是指生产企业出口自产货物所耗用的原材料、零部件、燃料、动力等所含应予退还的进项税额，抵顶内销货物的应纳税额

C. “退”税是指生产企业出口的自产货物在当月内应抵顶的进项税额大于应纳税额时，对未抵顶完的部分予以退税

D. 出口退税并不是退还进项税，而是退还销项税

2. 企业申报出口货物退(免)税的地点一般在(　　)。

A. 出口地税务机关　　B. 购货地税务机关

C. 就近的税务机关　　D. 企业所在地主管税务机关

3. 适用出口退税、免税的跨境电子商务企业不包括(　　)。

A. 为电子商务出口企业提供交易服务的跨境电子商务第三方平台

B. 自建跨境电子商务销售平台

C. 利用第三方跨境电子商务平台开展电子商务出口的单位

D. 个体工商户

二、多项选择题

1. 下列出口企业或其他单位出口规定的货物，使用增值税免税政策的有(　　)。

A. 增值税小规模纳税人出口的货物　　B. 国家计划内出口的卷烟

C. 已使用过的设备　　D. 农业生产者自产农产品

2. 跨境电子商务企业对企业出口货物(海关监管方式代码“9710”“9810”)。参照适用一般贸易(海关监管方式代码“0110”)出口货物相关政策办理出口退税，应符合的基本条件有(　　)。

A. 货物向海关报关后实际离境　　B. 在财务上做销售

C. 销售对象为境外单位和个人　　D. 按期收汇

3. 跨境电子商务零售出口货物(海关监管方式代码“9610”)。跨境电子商务零售出口货物(财政部、国家税务总局明确不予出口退税或免税的货物除外)，同时符合(　　)条件的，适用增值税、消费税退税政策。

A. 跨境电子商务零售出口企业属于增值税一般纳税人并已向主管税务机关办理出口退税资格认定(备案)

B. 出口货物取得海关出口货物报关单(出口退税专用)，且与海关出口货物报关单电子信息一致

C. 出口货物在退税申报期截止之日内收汇

D. 跨境电子商务零售出口企业属于外贸企业的，购进出口货物取得相应的增值税专用发票、消费税专用缴款书(分割单)或海关进口增值税、消费税专用缴款书，且上述凭证有关内容与出口货物报关单(出口退税专用)有关内容相匹配

4. 有关跨境电子商务出口退税政策，下列说法正确的是(　　)。

A. 纳税人发生零税率跨境应税行为不实行备案单证管理

B. 只要跨境电子商务零售出口企业的出口退税分类管理类别为一至三类，均可向主管税务部门申请无纸化申报

C. 2022年，税务部门办理正常退税的平均时间已经缩减至6个工作日内

D. 符合条件的跨境电子商务企业应在办理出口退税备案后，再办理出口退税申报业务。申报出口退税同一般贸易无异

三、判断题

1. 跨境电子商务税收是指在现代信息时代，国家为了实现其职能，凭借政治权力，依据法律规定，集中利用现代信息手段进行的商务活动所创造的国民收入的一部分形成财政收入的一种分配。(　　)

2. 跨境电子商务中的税收法律关系主要突出表现在征收的跨区域性。(　　)

3. 跨境电子商务零售出口企业可以申请出口退税无纸化申报。(　　)

4. 办理出口退税的跨境电子商务企业不需要进行单证备案。(　　)

5. 跨境电商零售进口商品在计算缴纳关税和进口环节增值税、消费税时，以实际交易价格(包括商品零售价格、运费和保险费)作为完税价格。(　　)

四、问答题

1. 简述跨境电子商务与传统电子商务税收法律关系的区别。
2. 跨境电子商务税收涉及哪些问题？
3. 适用跨境电子商务出口退税的跨境电商企业有哪些？
4. 适用跨境电子商务出口退税的条件是什么？
5. 享受“无票免税”政策的跨境电子商务零售出口企业，企业所得税有何政策？

五、案例分析

A公司为已办理出口退(免)税资格备案的电子商务外贸公司，属于增值税一般纳税人。A公司通过设立在境内的跨境电子商务第三方平台B开展出口业务，并按月支付服务费。2016年5月15日，国外C客户通过互联网向A公司采购一批高尔夫球，增值税征税率为17%，退税率为13%，消费税税率为10%，合同签订出口销售额为10000元人民币(FOB价，下同)。5月22日，A公司从国内D生产企业购进同数量高尔夫球，取得增值税专用发票上注明的价款为8000元，增值税额为1360元；同时，取得该批高尔夫球消费税专用缴款书上注明消费税额为800元。5月25日，A公司办妥出口离境手续，取得海关出口货物报关单电子信息，并且C客户已在网上支付货款。当月A公司记入外销收入账，于次月的增值税纳税申报期内申报了出口退(免)税。

请思考以下问题：

(1) 此次交易增值税应退税额是多少？

(2) 此次交易消费税应退税额是多少？

项目九　跨境电子商务海关监管和检验检疫法律制度

知识目标

使学生了解跨境电子商务海关监管的内涵和分类；熟悉跨境电子商务通关和报关的基本流程；掌握跨境电子商务主要海关监管政策；了解违反跨境电子商务检验检疫法律规定的行为及法律后果。

技能目标

培养学生运用跨境电子商务海关监管和检验检疫相关法律知识进行报关报检工作的能力。

课程思政

培养学生知法用法的意识；培养学生自觉维护社会经济秩序的意识。

知识导图

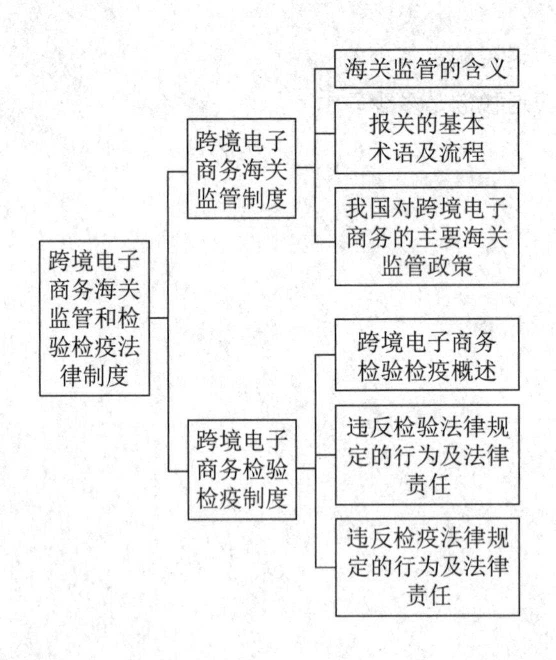

引导案例

跨境电子商务卖家因瞒报应检商品被海关处罚

2021年11月26日，当事人某电子商务有限公司委托司机驾驶粤ZB×××港货车持《内地海关及香港海关陆路进/出境载货清单》(编号：510051731××××)和出口货物报关清单，以跨境电商B2B直接出口监管方式向B海关申报出口手提袋等货物一批，经S口岸出境。2021年11月

27日，经B海关查验，发现，出口已申报货物ZMbeauty牌眼霜167箱(100支/箱，共16 700支)，ZMbeauty牌面霜150箱(100支/箱，共计15 000支)，上述货物应报检，当事人某电子商务有限公司未报检。当事人某电子商务有限公司以上行为属于违反海关监管规定的行为。以上行为有内地海关及香港海关陆路进/出境载货清单、S海关检查(查验)记录表、S海关案件/线索移交表、海关进出境人工查验记录单、出口货物报关清单、当事人营业执照复印件、授权委托书、法人身份证复印件、提供情况记录表、相片、企业解释报告、查问笔录和其他材料等为证。

【引例分析】跨境电子商务作为新型业态，在相关贸易环节享有多种便利措施。海关对跨境电子商务的监管主要集中在通关管理、税收征管、物流监控等方面。跨境电商B2B的全称为“跨境电子商务企业对企业直接出口”，适用于跨境电商B2B直接出口的货物，由海关总署2020年第75号公告增列。在商品方面，如跨境电商B2B商品涉及检验检疫监管条件，依法应当报检。根据《进出口商品检验法》第33条规定，违反本法规定，将必须经商检机构检验的进口商品未报经检验而擅自销售或者使用的，或者将必须经商检机构检验的出口商品未报经检验合格而擅自出口的，由商检机构没收违法所得，并处货值金额5%以上、20%以下的罚款；构成犯罪的，依法追究刑事责任。本案中，当事人以跨境电商B2B直接出口监管方式向B海关申报出口手提袋等货物一批，经B海关查验，发现，出口已申报货物ZMbeauty牌眼霜167箱(100支/箱，共16 700支)，ZMbeauty牌面霜150箱(100支/箱，共计15 000支)应报检，而当事人未报检，违反海关监管规定。根据《中华人民共和国进出口商品检验法实施条例》第46条第1款规定，B海关决定对当事人处罚款人民币63 858元整。

任务一　跨境电子商务海关监管制度

一、海关监管的含义

(一) 海关监管的范围

《中华人民共和国海关法》规定海关的职责主要有4项，即监管、征税、查私和编制海关统计。监管是指海关对进出境的货物、行李物品、运输工具、邮递物品和其他物品进行监督和管理。征税是指海关依法对货物或物品征收关税和其他税、费。查私是指海关对走私货物进行搜查和捕拿。编制海关统计是指海关收集、整理、分析我国对外贸易进出口货物原始资料，并形成海关统计资料。除了以上4项职责之外，国家还将质量监督检验检疫总局的出入境检验检疫管理职责和队伍划入海关总署，海关在原有安全准入、税收征管等传统职能基础上，新增了卫生检疫、动植物检疫、商品检验、进出口食品安全监管等职责。

海关监管的依据主要有进出口许可管理制度、商检制度、动植物检疫制度、药品检验制度、食品检验制度、濒危物种管理制度、文物管理制度、金银及外汇管理制度、进口废物管理制度、知识产权保护制度等。

(二) 狭义的跨境电子商务海关监管

为适应跨境电子商务的发展，海关总署根据我国实际情况，增设了涉及跨境电子商务的贸易方式。狭义的跨境电子商务海关监管，是指海关对境内个人或电子商务企业在经海关认可的电子商务平台实现跨境交易的商品进行的监督和管理。

跨境电子商务可以分为跨境电子商务出口和跨境电子商务进口。其中，按照海关监管方式代码分类，跨境电子商务出口又分为“一般出口”(9610出口)、“保税出口”(1210)和“跨境电商B2B出口”(9710和9810)，进口则分为“直购进口”(9610)和“保税电商A”(1239)。

1.一般出口(9610出口)

一般出口(9610出口)模式采用“清单核放、汇总申报”的方式，电子商务出口商品以邮件、快件方式分批运送，海关凭清单核放出境，定期把已核放清单数据汇总形成出口报关单，电子商务企业或平台凭此办理结汇、退税手续。

2. 保税出口(1210)

2014年，海关总署第57号文件规定，自2014年8月1日起，增列海关监管方式代码“1210”，全称“保税跨境贸易电子商务”，简称“保税电商”，俗称“备货模式”。

1210要求开展区域必须是跨境贸易电子商务进口试点城市的特殊监管区域，从2013年开始开展跨境电子商务试点城市的进行，目前有上海、杭州、宁波、郑州、重庆、广州、深圳前海、福州、平潭、天津等地区为试点城市。

保税出口是指商家将商品批量备货至海关监管下的保税仓库，消费者下单后，电商企业根据订单为每件商品办理海关通关手续，在保税仓库完成贴面单和打包，经海关查验放行后，由电商企业委托物流配送至消费者手中。

保税出口的优点是商家能够提前批量备货至保税仓库，国际物流成本低，有订单后可立即从保税仓发货，通关效率高，并可及时响应售后服务需求，用户体验好；但使用保税仓库有仓储成本，备货占用资金大。

3. 跨境电商B2B出口(9710和9810)

跨境电商B2B出口是指境内企业依托跨境电子商务平台，根据交易信息将商品通过跨境物流转送至境外企业或海外仓的一种贸易交易形式。按照海关要求，跨境电商企业将所需电子数据上传海关平台，依法接受海关监管。跨境电商B2B出口划分为两种形态：一种是跨境电子商务企业对企业直接出口，简称“跨境电商B2B直接出口”，海关监管方式代码为“9710”，适用于跨境电商B2B直接出口的货物；另外一种是跨境电子商务出口海外仓，简称“跨境电商出口海外仓”，海关监管方式代码为“9810”，适用于跨境电商出口海外仓的货物。

4. 直购进口(9610)

2014年，海关总署第12号公告规定，为促进跨境贸易电子商务零售进出口业务发展，方便企业通关，自2014年2月10日起，增列海关监管方式代码“9610”，全称“跨境贸易电子商务”，简称“电子商务”，俗称“集货模式”。该方式适用于境内个人或电子商务企业通过电子商务交易平台实现交易，并采用“清单核放、汇总申报”模式办理通关手续的电子商务零售进出口商品。

因为跨境电商有着小额多单的特点，传统B2C出口企业在物流上主要采用航空小包、邮寄、快递邮政小包、快件等方式，报关主体是邮政或快递公司，该模块贸易都没有纳入海关统计，海关新增的9610代码将跨境电商的监管独立出来，有利于规范和监管。

简而言之，商家将多个已售出商品统一打包，通过国际物流运送至国内的保税仓库，电商企业为每件商品办理海关通关手续，经海关查验放行后，由电商企业委托国内快递派送至消费者手中。每个订单附有海关单据。

直购进口的优点是灵活，不需要提前备货，相对于快件清关而言，物流通关效率较高，整体物流成本有所降低；但需在海外完成打包操作，海外操作成本高，且从海外发货，物流时间稍长。

5. 保税电商A(1239)

12月6日，海关总署发布2016年第75号公告，增列海关监管方式代码“1239”，全称“保税跨境贸易电子商务A”，简称“保税电商A”。与“1210”监管方式相比，“1239”监管方式适用于境内电子商务企业通过海关特殊监管区域或保税物流中心(B型)一线进境的跨境电子商务零售进口商品。同时，区别于“1210”监管方式的是，上海、杭州、宁波、郑州、重庆、广州、深圳、福州、平潭、天津10个试点城市暂不适用“1239”监管方式开展跨境电子商务零售进口业务。

至此，跨境电子商务新政后，国内保税进口分化成两种：一是新政前批复的具备保税进口试点的10个城市；二是新政后开放保税进口业务的其他城市。由于新政后续出现了暂缓延期措施，且暂缓延期措施仅针对此前的10个城市，海关在监管时，将两者区分开来：对于免通关单的10个城市，继续使用1210代码；对于需要提供通关单的其他城市(非试点城市)，采用新代码1239。

(三) 广义的跨境电子商务海关监管

狭义的跨境电子商务海关监管定义要求在“经海关认可的电子商务平台”实现跨境交易，但在现实情况下，消费者除了在天猫国际、京东国际等海关认可的大型电子商务平台购物外，还有一部分人会选择“海淘”(海外淘货)或者“海代”(个人海外代购)模式，而这两类购物方式通常采用的邮递物品、快件物品渠道通关，但是没有纳入海关对跨境电商的监管政策范围。邮递渠道是指通过万国邮联组织框架下各国邮政寄递的国际邮件，其通关手续由邮政企业统一办理。国际快件分为文件类、个人物品类、免税货物类、报关货物类、征税货样广告品货物类。其中，个人物品类进出境快件是指自用的、合理数量范围内的进出境的旅客分离运输行李物品、亲友间相互馈赠物品和其他个人物品。快件主要依靠具备经营快件资质的国际快件企业，如国外的FedEx、DHL、UPS和中国的顺丰等这些具备“直邮＋转运”资质的企业负责办理海关通关手续。2018年中国消费者购买海外商品的主要方式如表9-1所示。

表9-1　2018年中国消费者购买海外商品的主要方式

模式	个人代购	个人海淘	跨境电商
简介	消费者通过国内外的个人或买手直接购买海外商品	消费者在国外电商网站直接购买商品	消费者通过国内的跨境B2C电商网站购买商品
贸易模式	个人物品	个人物品	跨境B2C贸易
物流模式	海外直邮/代购“人肉”带回	海外直邮	海外仓直邮/保税仓发货
物流时效	时间较长	时间较长	海外仓集货模式时间较长/保税仓发货时间最短
通关速度	较慢	较慢	最快
报关概率	不报关，抽查	不报关，抽查	报关
是否交税	抽检到需要缴纳行邮税	抽检到需要缴纳行邮税	限额以内：0关税+70%消费税+70%增值税 超过限额：按照一般贸易全额交税
信任模式	基于对代购者的信任	对国外网站的信任	对国内跨境电商平台的信任

(资料来源：艾瑞咨询《2018年中国跨境进口零售电商行业发展研究报告》)

因此，广义上的跨境电子商务海关监管，除了包括对海关明文规定的5种跨境电子商务贸易模式进行监管外，还应包括对通过邮递、快件渠道出入境的，符合跨境电子商务特征的其他商品的监管。

拓展阅读

有效实现海外传播价值最大化

一直以来，发展中国家电视剧产业一直保持着快速发展的良好态势，由于产业所处的大环境不断变化，尤其是在技术与数字媒体不断的推动下，电视剧从生产到交易的一系列过程都面临着巨大的转变。相较日益发展的国内生产和消费，电视剧海外传播及影响力严重不足。国家新闻出版广电总局国际合作司公布的数据显示，近两年国内电视剧出口数量仅维持一万集左右，一直处于贸易逆差状态。

对于电视剧产业而言，要想改变贸易逆差，改变供大于求的现状，必须对现有的生产关系进行相应调整，建立一个全新的交易平台，实现电视剧产品海外传播价值的增值。基于新型交易平台的电视剧海外传播，在数字化传播时代显得尤为重要。

当前，常规电视剧在海外传播遍及全球100个国家和地区，重点集中在东南亚、日韩等十余个国家。根据国家新闻出版广电总局统计数据，2015年全国电视剧(含电视电影)出口近300部(近8000集)，约占国内的影视节目出口量的一半。随着电视剧制作水平不断提高，海外传播的渠道和通路不断扩大，传统媒体与新媒体相互补充的多元传播格局已经形成。例如在影视字幕网站VIKI上，国产剧目超过620部，搜索排行靠前的包括《琅琊榜》《盗墓笔记》《伪装者》等。一批热衷华语电视剧的“海外粉”，随时等待国产剧的更新。

可以说，“海外粉”的存在和壮大为加强目前电视剧的海外传播提供了良好的基础，但是想要真正取得突破并进入欧美主流市场，除了在类型上与国际接轨外，还需要逐步完善方便、快捷的新型交易机制。因此，通过对海量数据的深度挖掘，新型交易平台既能够为国内电视剧产品快速寻找到精准的海外需求方，有效实现海外传播价值的最大化，还可以通过多种不同的激励机制，推动需求方参与国内电视剧产品在全球范围内的交易，也对促进中国文化的传播具有积极作用。

[资料来源：孙铭欣. 有效实现海外传播价值最大化[N]. 社会科学报，2020-04-20(6).]

二、报关的基本术语及流程

(一) 基本术语

1. 报关

报关，是指进出境运输工具的负责人、货物和物品的收发货人或其代理人，在通过海关监管口岸时，依法进行申报并办理有关手续的过程。按照我国《海关法》的规定：凡是进出国境的货物，必须经由设有海关的港口、车站、国际航空站，并由货物所有人向海关申报，经过海关放行后，货物才可提取或者装船出口。需要报关的对象可分为进出境的运输工具，以及货物、物品两大类。

2. 清关

清关，即结关(customs clearance)，是指进出口货物或转运货物进入一国海关关境或国境必须向海关申报，办理海关规定的各项手续，履行各项法规规定的义务；只有在履行各项义务，办理海关申报、查验、征税、放行等手续后，货物才能放行，货主或申报人才能提货。同样，载运进出口货物的各种运输工具进出境或转运，也均需向海关申报，办理海关手续，得到海关的许可。货物在结关期间，不论是进口、出口或转运，都是处在海关监管之下，不准自由流通。

(二) 报关基本流程

报关工作的基本流程分为申报、查验和放行三个阶段。

1. 申报

进出口货物的收、发货人或者他们的代理人，在货物进出口时，应在海关规定的期限内，按海关规定的格式填写进出口货物报关单，随附有关的货运、商业单据，同时提供批准货物进出口的证件，向海关申报。报关的主要单证有以下几种。

(1) 进口货物报关单，一般填写一式两份(北京海关要求报关单份数为三份)。报关单填报项目要准确、齐全，字迹清晰，不能用铅笔；报关单内各栏目，凡海关规定有统计代号的，以及税则号列及税率一项，由报关员用红笔填写；每份报关单限填报四项货物；如发现情况有误或其他情况需变更填报内容的，应主动、及时向海关递交更改单。

(2) 出口货物报关单，一般填写一式两份(北京海关要求三份)。填单要求与进口货物报关单基本相同。如因填报有误或需变更填报内容而未主动、及时更改的，出口报关后发生退关情况，报关单位应在3天内向海关办理更正手续。

(3) 随报关单交验的货运、商业单据。这些主要有海运进口提货单、海运出口装货单(需报关单位盖章)、陆运或空运单、货物的发票(其份数比报关单少一份，需报关单位盖章)、货物的装箱单(其份数与发票相等，需报关单位盖章)等。

(4) 进(出)口货物许可证。进出口货物许可证制度，是对进出口贸易进行管理的一种行政保护手段。需要向海关交验进出口货物许可证的商品并不固定，而是由国家主管部门随时调整公布。凡按国家规定应申领进出口货物许可证的商品，报关时都必须交验由对外贸易管理部门签发的进出口货物许可证，并经海关查验合格无误后才能放行。但对外经济贸易合作部所属的进出口公司、经国务院批准经营进出口业务的各部所属的工贸公司、各省(自治区、直辖市)所属的进出口公司，在批准的经营范围内进出口商品，视为已取得许可，免领进出口货物许可证，只凭报关单即可向海关申报；只有在经营进出口经营范围以外的商品时才需要交验许可证。

(5) 商检证书。海关指示报关单位出具商检证书，一方面是监督法定检验商品是否已经接受法定的商检机构检验；另一方面是取得进出口商品征税、免税、减税的依据。根据《中华人民共和国进出口商品检验法》以及《商检机构实施检验的进出口商品种类表》(以下简称《种类表》)规定，凡列入《种类表》的法定检验的进出口商品，均应在报关前向商品检验机构报验。报关时，对进口商品，海关凭商检机构签发的检验证书或在进口货物报关单上加盖的印章验收。

除上述单证外，对国家规定的其他进出口管制货物，报关单位也必须向海关提交由国家主管部门签发的特定的进出口货物批准单证，由海关查验合格无误后再予以放行。诸如食品卫生检验，药品检验，动植物检疫，文物出口鉴定，金银及其制品的管理，珍贵稀有野生动物的管理，进出口射击运动、狩猎用枪支弹药和民用爆破物品的管理，进出口音像制品的管理等均属此列。

2. 查验

除海关总署特准查验以外，进出口货物一般都应接受海关查验。查验的目的是核对报关单证所报内容与实际到货是否相符，有无错报、漏报、瞒报、伪报等情况，审查货物的进出口是否合法。海关查验货物，应在海关规定的时间和场所进行。如有特殊理由，事先报经海关同意，海关可以派人员在规定的时间和场所以外查验。申请人应提供往返交通工具和住宿并支付费用。

海关查验货物时，要求货物的收、发货人或其代理人必须到场，并按海关的要求负责办理货物的搬移、拆装箱和查验货物的包装等工作。海关认为必要时，可以径行开验、复验或者提取货样，货物保管人应当到场作为见证人。查验货物时，由于海关关员责任造成被查货物损坏的，海关应按规定赔偿当事人的直接经济损失。

3. 放行

海关对进出口货物的报关，经过审核报关单据、查验实际货物，并依法办理了征收货物税费手续或减免税手续后，在有关单据上签盖放行章，货物的所有人或其代理人才能提取或装运货物。此时，海关对进出口货物的监管才算结束。另外，进出口货物因各种原因需海关特殊处理的，可向海关申请担保放行。海关对担保的范围和方式均有明确的规定。

(三) 报关时需要注意的事项

《中华人民共和国海关法》规定：“进出口货物收发货人、报关企业办理报关手续必须依法经海关注册登记。未依法经海关注册登记，不得从事报关业务。”以法律的形式明确了对向海关办理进出口货物报关纳税手续的企业实行注册登记管理制度。因此，完成海关报关注册登记手续，取得报关资格是报关单位的主要特征之一，也就是说，只有当有关的法人或组织取得了海关赋予的报关权后，才能成为报关单位，从事有关的报关活动。另外，报关单位还必须是“境内法人或组织”，能独立承担相应的法律责任，这是报关单位的另一个特征。

报关时的主要注意事项如下所述。

(1) 所有单证需与实际货物一致。

(2) 单证上的货物名称一定要一致，并且和实际货物的名称相符。

(3) 装箱单上的货物重量和体积要与提单上的一致，并且要和实际货物一致。

(4) 合同上面要有合同号，发票上面要有发票号。

(5) 木质包装的货物需要在木质包装上有IPPC(国际植物保护公约)标识。

(6) 从韩国和日本进口的货物，还要有非木质包装证明。

(7) 凡进口下列九类商品必须提前5天预申报：汽车零件、化工产品、高科技产品、机械设备、药品、多项食品、多项建材、钢材、摩托车零配件。

(8) 凡进口旧印刷机械，进口年限不能超过10年，超过10年国家不允许进口。

(9) 凡进口发电机组，工作实效不能超过15 000小时，年限不能超过8年。

(10) 旧医疗器械，国家不允许进口。

课堂小活动

讨论：跨境电商如何进行海关注册登记？

三、我国对跨境电子商务的主要海关监管政策

(一) 对进口跨境电子商务的监管政策

1. 个人自用进境物品监管

在实际操作中，个人自用、合理数量的跨境电子商务零售进口商品按照邮递物品征收行邮税。行邮税针对的是非贸易属性的进境物品，将关税和进口环节增值税、消费税三税合并征收，税率普遍低于同类进口货物的综合税率。

同时，为优化税目结构，提高通关效率，国家调整了行邮税政策，将原先的四档税目(对应税率分别为10%、20%、30%、50%)调整为三档，如表9-2所示。其中，税目1主要为最惠国税率为零的商品，税目3主要为征收消费税的高档消费品，其他商品归入税目2。调整后，为保持各税目商品的行邮税税率与同类进口货物综合税率的大体一致，税目1、2、3的税率将分别为15%、30%、60%。

表9-2　中华人民共和国进境物品进口税率表

税目	物品名称	税率
1	食品、饮料；金银；家具；玩具，游戏品、节日或其他娱乐用品；计算机、视频摄录一体机、数字照相机等信息技术产品；书报、刊物、教育用影视资料	15%
2	电视摄像机及其他电器用具；运动用品(不含高尔夫球及球具)、钓鱼用品；纺织品及其制成品；自行车；税目1、3中未包含的其他商品	30%
3	烟、酒；贵重首饰及珠宝玉石；高尔夫球及球具、高档手表；化妆品	60%

2. 跨境电商零售进口商品监管

跨境电子商务零售进口商品虽然通过邮递渠道进境，但不同于传统非贸易性进境物品，政府对跨境电子商务零售进口商品按照货物征收关税和进口环节增值税、消费税。跨境电子商务企业对企业(B2B)进口，线下按一般贸易等方式完成货物进口，仍按照现行有关税收政策执行。

根据《关于跨境电子商务零售进口税收政策的通知》(财关税〔2016〕18号，简称18号文)，跨境电子商务零售进口税收政策如下所述。

(1) 跨境电子商务零售进口商品按照货物征收关税和进口环节增值税、消费税，购买跨境电子商务零售进口商品的个人作为纳税义务人，以实际交易价格(包括货物零售价格、运费和保险费)作为完税价格，电子商务企业、电子商务交易平台企业或物流企业可作为代收代缴义务人。

(2) 跨境电子商务零售进口税收政策适用于从其他国家或地区进口的《跨境电子商务零售进口商品清单》范围内的以下商品：①所有通过与海关联网的电子商务交易平台交易，能够实现交易、支付、物流电子信息“三单”比对的跨境电子商务零售进口商品。②未通过与海关联网的电子商务交易平台交易，但快递、邮政企业能够统一提供交易、支付、物流等电子信息，并承诺承担相应法律责任进境的跨境电子商务零售进口商品。不属于跨境电子商务零售进口的个人物品以及无法提供交易、支付、物流等电子信息的跨境电子商务零售进口商品，按现行规定(一般贸易进口)执行。③单次交易限值为人民币5000元、个人年度交易限值为人民币26 000元的跨境电子商务零售进口商品。超过单次限值、累加后超过个人年度限值的单次交易，以及完税价格超过26 000元年度交易限值的单个不可分割商品，均按照一般贸易方式全额征税。

拓展阅读

海淘免税“白名单”

2016年以来，我国对跨境电子商务零售进口商品清单进行了4次调整。2016年4月7日，商务部、海关总署等11个部门共同公布了《跨境电子商务零售进口商品清单》(俗称海淘免税“白名单”)，该清单共包括1142个8位税号商品，主要是国内有一定消费需求，可满足相关部门监管要求且客观上能够以快件、邮件等方式进境的生活消费品，其中包括部分食品饮料、服装鞋帽、家用电器，以及部分化妆品、纸尿裤、儿童玩具、保温杯等。清单内的商品将免于向海关提交许可证件，检验检疫监督管理按照国家相关法律法规的规定执行；直购商品免于验核通关单，网购保税商品“一线”进区时需按货物验核通关单、“二线”出区时免于验核通关单。2016年4月15日，继首批清单后，商务部等13个部门又共同发布了第二批《跨境电子商务零售进口商品清单》，共包括151个8位税目商品，其中包含生鲜、保健品、蜂蜜、粮食、医疗器械等。两批清单涵盖跨境贸易电子商务服务进口试点期间实际进口的绝大部分商品，可满足国内大部分消费者的需求。

2018年、2019年继续放宽进口电商商品种类，2018年增加了葡萄汽酒、麦芽酿造的啤酒、健身器材等63个税目商品，2019年纳入了冷冻水产品、酒类等92个税目商品。

2022年3月1日，财政部、发展改革委、工业和信息化部、生态环境部、农业农村部、商务部、海关总署、国家濒管办联合优化调整后的新版《跨境电子商务零售进口商品清单调整表》(以下简称“清单”)正式实施。新版清单的主要变化包括以下几项：根据国际国内市场新形势和人民群众消费新需求，新增29项近年来消费需求旺盛的商品；根据税则转版和税目调整，调整了清单中商品的税则号列，包括新增税则号列115项，删除已作废的税则号列80项；删除了1项商品；根据监管要求优化调整了206项商品的备注。按照税号来算，新版清单内共有1476项商品。

新增加的29项商品包括近年来消费需求旺盛的食品、纺织品、假发制品、机械、电气设备、家具、游戏品、运动用品等多个商品目录。同时，为满足近年来国内消费者对游戏机及其相关配件旺盛的消费需求，自带视频显示装置的视频游戏控制器及设备、其他视频游戏控制器及设备、视频游戏控制器的零件及附件等游戏用品也在此次清单调整中。此外，不少老百姓可能会用到的扇贝、番茄汁、假发、足贴、花洒沐浴球、床单和家用洗碟机亦在新增商品之列。

部分商品的税号发生变化，涉及硬盘驱动器、发光二极管灯泡管、家用粉尘仪、滑板、各类虾仁、西洋参、沙棘汁、口罩、其他臭氧治疗器、氧气治疗器等。限定98项商品只可通过网购保税进口，主要包括各类乳制品、蛋、蜂蜜、坚果、鲜果、果干、香料、大米、植物、肉类、可可、饲料添加剂等。此外，含非濒危动植物成分的产品可凭《中华人民共和国濒危物种进出口管理办公室非〈进出口野生动植物种商品目录〉物种证明》予以放行。

目前，限额内的跨境电商商品可以享受零关税和增值税，消费税按税额70%征收。

(二) 对零售跨境电子商务(B2C)出口税收(退免税)政策

出口退税是指对出口货物退还其在国内生产和流通环节实际缴纳的增值税、消费税。设立出口货物退税制度的目的，是使出口货物以不含税价格进入国际市场，增强其在国际市场上的竞争能力，并避免对跨国流动物品重复征税，促进对外出口贸易。对出口产品实行退税是国际通行做法，符合世贸组织规则。

跨境电子商务中，B2B模式在出口流程以及退免税手续上基本等同于传统外贸。根据现行规定，出口退税货物应具备的条件如下：必须属于增值税、消费税征税范围的货物；必须是报关离境的货物；必须是在财务上做销售处理的货物；必须是出口收汇并已核销的货物。

对于B2C模式，财政部和国家税务总局为落实《国务院办公厅转发商务部等部门关于实施支持跨境电子商务零售出口有关政策意见的通知》(国办发〔2013〕89号)的要求，于2013年12月30日发布了《关于跨境电子商务零售出口税收政策的通知》，对相关政策作了规定。

(1) 电子商务出口企业出口货物[财政部、国家税务总局明确不予出口退(免)税或免税的货物除外，下同]，同时符合下列条件的，适用增值税、消费税退(免)税政策：①电子商务出口企业属于增值税一般纳税人并已向主管税务机关办理出口退(免)税资格认定；②出口货物取得海关出口货物报关单(出口退税专用)，且与海关出口货物报关单电子信息一致；③出口货物在退(免)税申报期截止之日内收汇；④电子商务出口企业属于外贸企业的，购进出口货物取得相应的增值税专用发票、消费税专用缴款书(分割单)或海关进口增值税、消费税专用缴款书，且上述凭证有关内容与出口货物报关单(出口退税专用)有关内容相匹配。

(2) 电子商务出口企业出口货物，不符合上一条件，但符合下列条件的，适用增值税、消费税免税政策：①电子商务出口企业已办理税务登记；②出口货物取得海关签发的出口货物报关单；③购进出口货物取得合法有效的进货凭证。

(3) 电子商务出口货物适用退税、免税政策的，由电子商务出口企业按现行规定办理退税、免税申报。

(4) 适用本通知退税、免税政策的电子商务出口企业，是指自建跨境电子商务销售平台的电子商务出口企业和利用第三方跨境电子商务平台开展电子商务出口的企业。

(5) 为电子商务出口企业提供交易服务的跨境电子商务第三方平台，不适用本通知规定的退税、免税政策，可按现行有关规定执行。

任务二　跨境电子商务检验检疫制度

一、跨境电子商务检验检疫概述

出入境检验检疫，是指海关依照法律、行政法规和国际惯例的要求，对出入境的货物、交通工具、人员等进行检验检疫、认证及签发官方检验检疫证明等监督管理工作。

(一) 跨境电子商务检验检疫监管的法律渊源

1. 国际法渊源

《马拉喀什建立世界贸易组织协定》和《国际卫生条例(2005)》是我国参加的有关出入境检验检疫方面的重要国际条约。世界贸易组织(World Trade Organization，WTO)协定中的《技术性贸易壁垒协定》(TBT协定)和《实施卫生与植物卫生措施协定》(SPS协定)是中国对进出境货物实施检验检疫的国际条约依据。比如，TBT协定规定：“任何国家在其认为适当的程度内采取必要措施，保证其出口产品的质量，或保护人类、动物或植物的生命或健康及保护环境，或防止欺诈行为，但是这些措施的实施方式不得构成在情形相同的国家之间进行任意或不合理歧视的手段，或构成对国际贸易的变相限制，并应在其他方面与本协定的规定相一致。”

2. 国内法渊源

我国有关出入境检验检疫的法律主要有四部，包括2021年最新修正的《中华人民共和国进出口商品检验法》、2009年修正的《中华人民共和国进出境动植物检疫法》、2018年第三次修正的《中华人民共和国国境卫生检疫法》和2021年4月第二次修正的《中华人民共和国食品安全法》。除了上述四部法律以外，对外贸易法、海关法、农产品质量法和固体废物污染环境防治法等法律也有关于出入境检验检疫的规定。

涉及出入境检验检疫的行政法规主要有《中华人民共和国进出口商品检验法实施条例》《中华人民共和国进出境动植物检疫法实施条例》《中华人民共和国国境卫生检疫法实施细则》《中华人民共和国认证认可条例》《国务院关于加强食品等产品安全监管管理的特别规定》《中华人民共和国原产地条例》《中华人民共和国食品安全法实施条例》等。

此外，国家质量监督检验检疫总局(现为国家市场监督管理总局)先后发布了诸多指导意见和政策，包括《关于促进电子商务健康发展的指导意见》《关于进一步发挥检验检疫职能作用促进跨境电子商务发展的意见》《关于加强跨境电子商务进出口消费品检验监管工作的指导意见》《关于做好网购保税跨境电子商务进口动植物源性食品入境检疫监管工作的通知》《跨境电子商务经营主体和商品备案管理工作规范》等文件。

(二) 跨境电子商务清单管理制度

根据2016年实施的《国家质检总局跨境电商经营主体和商品备案工作规范》的规定，我国海关对入境电子商务商品实施清单分类管理制度，建立负面清单和高风险商品清单，不在此两类清单中的商品为一般风险商品。根据规定，列入负面清单的商品不得以跨境电子商务的方式入境，列入高风险商品清单的商品需要进行质量安全风险重点监测。

1. 负面清单

下列商品禁止以跨境电子商务的形式进境。

(1)《中华人民共和国进出境动植物检疫法》规定的禁止进境物。

(2) 未获得检验检疫准入的动植物产品及动植物源性食品。

(3) 列入《危险化学品目录》《危险货物品名表》《〈联合国关于危险货物运输建议书规章范本〉附录三〈危险货物一览表〉》《易制毒化学品的分类和品种名录》和《中国严格限制进出口的有毒化学品目录》的物品。

(4) 特殊物品(取得进口药品注册证书的生物制品除外)。

(5) 可能危及公共安全的核生化等涉恐及放射性等产品。

(6) 废旧物品。

(7) 法律法规禁止进境的其他产品和原国家质检总局公告禁止进境的产品。

以国际快递或邮寄方式进境的商品，还应符合《中华人民共和国禁止携带、邮寄进境的动植物及其产品名录》的要求。

2. 高风险商品清单

列入高风险清单的商品，是国家实施质量安全许可管理或列入法检目录的产品。此类产品需要进行现场核查，实施以风险分析为基础的质量安全监管，依据相关规定实施质量安全监测。

3. 一般风险商品

一般风险商品，是指除前两个清单以外的其他商品。国家对此类商品采取基于风险分析的质量安全监督抽查机制，实施事后监管。

(三) 跨境电子商务备案管理制度

根据2016年实施的《国家质检总局跨境电商经营主体和商品备案工作规范》的规定，我国海关对跨境电子商务经营主体及跨境电子商务商品实施备案管理制度。跨境电子商务经营主体应通过信息平台提供如下备案信息：《跨境电子商务经营主体备案信息表》；《质量诚信经营承诺书》；企业法人、营业执照复印件或同等效力的证明文件、组织机构代码证复印件或同等效力的证明文件。

跨境电子商务经营主体和商品备案信息实施一地备案、全国共享管理。同一经营主体在备案地以外检验检疫机构辖区从事跨境电子商务业务的，无须再次备案。同一经营主体在备案地以外检验检疫机构辖区销售同一种跨境电子商务商品的，无须再次备案。

二、违反检验法律规定的行为及法律责任

根据《中华人民共和国进出口商品检验法》和《中华人民共和国进出口商品检验法实施条例》的相关规定，可将违反进出口商品检验法律规定的行为归纳为如下几种。

1. 逃避进出口商品法定检验的行为

逃避进出口商品法定检验的行为包括以下几个方面。

(1) 擅自销售、使用未报检或者未经检验的属于法定检验的进口商品，或者擅自出口未报检或者未经检验的属于法定检验的出口商品的。

(2) 擅自销售、使用应当申请进口验证而未申请的进口商品，或者擅自出口应当申请出口验证而未申请的出口商品的。如有逃避进出口商品法定检验行为的，由商检机构没收违法所得，并处货值金额5%以上、20%以下的罚款；构成犯罪的，依法追究刑事责任。

2. 进出口假冒伪劣商品的行为

对于进口或者出口属于掺杂掺假、以假充真、以次充好的商品的行为，规定由商检机构责令停止进口或者出口，没收违法所得，并处货值金额50%以上、3倍以下的罚款；构成犯罪的，依法追究刑事责任。

3. 进出口不合格商品的行为

对于销售、使用经法定检验、抽查检验或者验证不合格的进口商品，或者出口经法定检验、抽查检验或者验证不合格的商品的，规定由出入境检验检疫机构责令停止销售、使用或者出口，没收违法所得和违法销售、使用或者出口的商品，并处违法销售、使用或者出口的商品货值金额等值以上、3倍以下的罚款；构成犯罪的，依法追究刑事责任。

4. 伪造单证的行为

报检人如有伪造、变造、买卖或者盗窃检验证单、印章、标志、封识、货物通关单或者使用伪造、变造的检验证单、印章、标志、封识、货物通关单，构成犯罪的，依法追究刑事责任；尚不够刑事处罚的，由出入境检验检疫机构责令改正，没收违法所得，并处商品货值金额等值以下罚款。

5. 违反报检管理规定的行为

违反报检管理规定的行为主要包括以下几个方面。

(1) 针对进出口商品的收货人、发货人、代理报检企业或者出入境快件运营企业、报检人员不如实提供进出口商品的真实情况，取得出入境检验检疫机构的有关单证的违法行为，规定由出入境检验检疫机构没收违法所得，并处商品货值金额5%以上、20%以下的罚款。

(2) 针对进出口商品的收货人、发货人、代理报检企业或者出入境快件运营企业、报检人员对法定检验的进出口商品不予报检，逃避进出口商品检验的违法行为，规定由出入境检验检疫机构没收违法所得，并处商品货值金额5%以上、20%以下的罚款。

(3) 针对进出口商品的收货人或者发货人委托代理报检企业、出入境快件运营企业办理报检手续，未按照规定向代理报检企业、出入境快件运营企业提供所委托报检事项的真实情况，

取得出入境检验检疫机构的有关证单的违法行为，规定由出入境检验检疫机构没收违法所得，并处商品货值金额5%以上、20%以下的罚款。

(4) 针对代理报检企业、出入境快件运营企业、报检人员对委托人所提供情况的真实性未进行合理审查或者因工作疏忽，导致骗取出入境检验检疫机构有关证单的结果的违法行为，规定由出入境检验检疫机构对代理报检企业、出入境快件运营企业处2万元以上、20万元以下的罚款。

(5) 针对代理报检企业、出入境快件运营企业违反国家有关规定，扰乱报检秩序的违法行为，规定由出入境检验检疫机构责令改正，没收违法所得，可以并处10万元以下罚款，海关总署或者出入境检验检疫机构可以暂停其6个月以内代理报检业务。

(6) 针对从事进出口商品检验鉴定业务的检验机构违反国家有关规定，扰乱检验鉴定秩序的违法行为，规定由出入境检验检疫机构责令改正，没收违法所得，可以并处10万元以下罚款，海关总署或者出入境检验检疫机构可以暂停其6个月内检验鉴定业务。

6. 擅自调换样品、商品或商检标志的行为

(1) 报检人如有擅自调换出入境检验检疫机构抽取的样品或者出入境检验检疫机构检验合格的进出口商品的违法行为，将被出入境检验检疫机构责令改正，给予警告，情节严重的，并处商品货值金额10%以上、50%以下的罚款。

(2) 报检人如有擅自调换、毁损出入境检验检疫机构加施的商检标志、封识的违法行为，将被出入境检验检疫机构处5万元以下的罚款。

7. 使用不合格包装容器或运载工具的行为

包装危险货物的容器以及运载冷冻食品的交通工具都需要经过出入境检验检疫合格方可使用。

(1) 对于提供或者使用未经出入境检验检疫机构鉴定的出口危险货物包装容器的，以及提供或者使用未经出入境检验检疫机构适载检验的集装箱、船舱、飞机、车辆等运载工具装运易腐烂变质食品、冷冻品出口的违法行为，规定由出入境检验检疫机构处10万元以下罚款。

(2) 对于提供或者使用经出入境检验检疫机构鉴定不合格的包装容器装运出口危险货物的，提供或者使用经出入境检验检疫机构检验不合格的集装箱、船舱、飞机、车辆等运载工具装运易腐烂变质食品、冷冻品出口的违法行为，规定由出入境检验检疫机构处20万元以下罚款。

8. 违反进出口商品注册登记管理规定的行为

有些重要的出口商品，法律要求履行进出口商品卫生注册登记。

对于进出口该类商品但未获得卫生注册登记的生产企业生产的食品的违法行为，规定由出入境检验检疫机构责令停止进口或者出口，没收违法所得，并处商品货值金额10%以上、50%以下的罚款。

针对已获得卫生注册登记的进出口食品生产企业，经检查不符合规定要求的违法行为，规定由海关总署或者出入境检验检疫机构责令限期整改；整改仍未达到规定要求或者有其他违法行为，情节严重的，吊销其卫生注册登记证书。

9. 违反进口固体废物及旧机电产品管理规定的行为

根据《固体废物进口管理办法》的规定，国家对进口可用作原料的固体废物的国外供货商

和国内收货人均实行注册登记制度。向中国出口可用作原料的固体废物的国外供货商，应当取得国务院质量监督检验检疫部门颁发的注册登记证书。如果进口可用作原料的固体废物的国外供货商或国内收货人未取得注册登记，或者未进行装运前检验的，那么按照国家有关规定应责令退货；情节严重的，由出入境检验检疫机构并处10万元以上、100万元以下的罚款。

进口国家允许进口的旧机电产品但未按照规定进行装运前检验的违法行为，按照国家有关规定予以退货；情节严重的，由出入境检验检疫机构并处100万元以下罚款。

10. 国家商检部门及其工作人员违反管理规定的行为

(1) 国家商检部门或商检机构的工作人员如果违反《中华人民共和国进出口商品检验法》的规定，泄露其所知悉的商业秘密，应依法给予行政处分，有违法所得的，没收违法所得；构成犯罪的，依法追究刑事责任。

(2) 出入境检验检疫机构的工作人员有下列违法行为之一的，将依法给予行政处分：滥用职权，故意刁难当事人；徇私舞弊，伪造检验结果；玩忽职守，延误检验出证。

(3) 出入境检验检疫机构的工作人员如违反有关法律、行政法规规定签发出口货物原产地证明的，将依法给予行政处分，没收违法所得；构成犯罪的，依法追究刑事责任。

拓展阅读

金马进出口有限公司未向海关申报进口商品检验案

2019年8月21日，当事人委托东莞市创华报关服务有限公司以来料加工的方式向文锦渡海关申报进口油墨一批，由车牌号粤ZES18港货车承载，报关单号520720191079123880。经我关查验，发现该报关单第1项申报进口油墨3894千克，申报商品编号为3215190090，实际进口货物中有840千克油墨的商品编号应为3215110010。商品编号3215110010项下商品属于法定检验商品，当事人未向海关申报进口商品检验，违反了《中华人民共和国进出口商品检验法》第11条的规定。

以上行为有《中华人民共和国文锦渡海关检查(查验)记录表》《陈述报告》《中华人民共和国海关进口货物报关单》《询问笔录》，以及现场照片等为证。根据《中华人民共和国进出口商品检验法实施条例》第46条第1款的规定，决定对当事人作出如下行政处罚：

科处罚款人民币壹仟壹佰伍拾肆元整(1154.00元)。

当事人应当自本处罚决定书送达之日起15日内，根据《中华人民共和国行政处罚法》第44条、第46条、第48条的规定，履行上述处罚决定。

当事人不服本处罚决定的，依照《中华人民共和国行政复议法》第9条、第12条，《中华人民共和国行政诉讼法》第46条之规定，可自本处罚决定书送达之日起60日内向深圳海关申请行政复议，或者自本处罚决定书送达之日起6个月内，直接向深圳市中级人民法院起诉。

根据《中华人民共和国行政处罚法》第51条之规定，到期不缴纳罚款的，每日可以按罚款数额的百分之三加处罚款。

根据《中华人民共和国海关法》第93条、《中华人民共和国海关行政处罚实施条例》第60条之规定，当事人逾期不履行处罚决定又不申请复议或者向人民法院提起诉讼的，海关可以将扣留的货物、物品、运输工具依法变价抵缴，或者以当事人提供的担保抵缴；也可以申请人民法院强制执行。

(资料来源：中国质量新闻网)

三、违反检疫法律规定的行为及法律责任

根据《中华人民共和国进出境动植物检疫法》的规定，违反进出境动植物检疫法律规定的行为包括以下几个方面。

1. 逃避动植物检疫的行为

按照《中华人民共和国进出境动植物检疫法》的规定，输入动物、动物产品、植物种子、种苗及其他繁殖材料的，必须事先提出申请，办理检疫审批手续。未报检或未依法办理动植物检疫审批手续的违法行为，将由口岸动植物检疫机关处以罚款。

2. 违反动植物检疫管理规定的行为

(1) 未经口岸动植物检疫机关许可擅自将进境动植物、动植物产品或者其他检疫物卸离运输工具或者运递的违法行为，将由口岸动植物检疫机关处以罚款。

(2) 擅自调离或者处理在口岸动植物检疫机关指定的隔离场所中隔离检疫的动植物的违法行为，将由口岸动植物检疫机关处以罚款。

(3) 报检的动植物、动植物产品或者其他检疫物与实际不符的违法行为，将由口岸动植物检疫机关处以罚款；已取得检疫单证的，予以吊销。

(4) 擅自开拆过境动植物、动植物产品或者其他检疫物的包装的违法行为，将由动植物检疫机关处以罚款。

(5) 擅自将过境动植物、动植物产品或者其他检疫物卸离运输工具的违法行为，将由动植物检疫机关处以罚款。

(6) 擅自抛弃过境动物的尸体、排泄物、铺垫材料或者其他废弃物的违法行为，将由动植物检疫机关处以罚款。

3. 引起刑事责任的行为

(1) 引起重大动植物疫情的违法行为，按照“妨害动植物防疫罪”依法追究刑事责任。

(2) 伪造、变造检疫单证、印章、标志、封识的违法行为，按照“伪造、变造、买卖国家机关公文、证件、印章罪”依法追究刑事责任。

4. 检疫人员违反管理规定的行为

动植物检疫机关检疫人员滥用职权，徇私舞弊，伪造检疫结果，或者玩忽职守，延误检疫出证，构成犯罪的，依法追究刑事责任；不构成犯罪的，给予行政处分。

拓展阅读

浙江上升农业开发有限公司案

2019年6月24日，当事人浙江上升农业开发有限公司报关进口一批中华鳖卵，用于种用及繁殖，入境申报单编号为119000004438248，数重量为100箱/2400千克，货物总值为12 000美元，原产地为中国台湾。该批货物经口岸查验后于2019年6月25日上午调入位于当事人场区的

指定隔离检疫场，实施为期至少14天的隔离检疫。

6月29日，当事人工作人员在对该批隔离检疫的中华鳖卵进行质量检查时发现，由于航班延误，部分中华鳖卵已经变质，在未通知海关的情况下，当事人将19箱中华鳖卵用柴火焚烧方式在公司农场内自行销毁，焚烧后的残渣被用作肥田。由于担心质量问题，另外19箱未变质的中华鳖卵于当天被外发给丽水地区个体养殖户高金龙，并在高金龙的养殖场中孵化。该批次其余62箱中华鳖卵均在隔离场中接受隔离检疫，未违规处理、外发。

当事人的行为违反《中华人民共和国进出境动植物检疫法》第14条、《进境水生动物检验检疫监督管理办法》第35条、《进境动物隔离检疫场使用监督管理办法》第26条第(八)项、第(十一)项的规定，构成擅自调离、处理在指定隔离场所中隔离检疫的进境水生动物的违法行为。案发后当事人积极配合海关调查，如实陈述违法事实并如实提供相关证据材料，隔离检疫期间剩余进口中华鳖卵未发生疫情疫病，具有从轻处罚情节。根据《中华人民共和国进出境动植物检疫法》第39条第(三)项、《中华人民共和国进出境动植物检疫法实施条例》第60条第(二)项、《质量监督检验检疫行政处罚裁量权适用规则》第16条第(八)项的规定，决定对当事人作出如下行政处罚：

罚款人民币陆仟元整(6000.00元)。

当事人应当自本处罚决定书送达之日起15日内，根据《中华人民共和国行政处罚法》第44条、第46条、第48条的规定，履行上述处罚决定。

当事人不服本处罚决定的，依照《中华人民共和国行政复议法》第9条、第12条，《中华人民共和国行政诉讼法》第46条之规定，可自本处罚决定书送达之日起60日内向杭州海关申请行政复议，或者自本处罚决定书送达之日起15日内，直接向杭州市中级人民法院起诉。

根据《中华人民共和国行政处罚法》第51条之规定，到期不缴纳罚款的，每日可以按罚款数额的百分之三加处罚款。

根据《中华人民共和国海关法》第93条、《中华人民共和国海关行政处罚实施条例》第60条的规定，当事人逾期不履行处罚决定又不申请复议或者向人民法院提起诉讼的，海关可以将扣留的货物、物品、运输工具依法变价抵缴，或者以当事人提供的担保抵缴；也可以申请人民法院强制执行。

(资料来源：中国质量新闻网)

课后训练

一、单项选择题

1. 海关法律规定的四项基本任务是(　　)。

A. 海关监管、海关征税、海关稽查、海关统计

B. 海关管理、海关征税、海关处罚、海关审计

C. 海关监管、海关征税、查缉查私、海关统计

D. 监督管理、缴纳税费、打击走私、海关审计

2. 关于跨境电商海关监管代码描述不正确的是(　　)。

A. 9610是集货模式，而1210和1239都是保税备货模式

B. 海关增列“9610”代码是将跨境电商的监管独立出来了，为了利于规范和监管

C. 1210管理制度采用“清单核放、汇总申报”的方式

D. 在操作层面上,“清单核放、汇总申报”成了“9610”独创的通关方式，也在一定程度上提高了企业的通关效率以及降低成本

3. 我国的关境范围是(　　)。

A. 中华人民共和国的全部领域，包括香港、澳门和台澎金马(台湾、澎湖、金门、马祖地区)关税区

B. 享有单独关境地位的地区以外的我国全部领域，包括领水、领陆、领空

C. 享有单独关境地位的地区，包括领水、领陆、领空

D. 经济技术开发区、特区、保税区和出口加工区以外的区域

4. 下列行为不属于违法行为的是(　　)。

A. 擅自销售应当申请进口验证而未申请的进口商品

B. 出口报检人员不如实提供出口商品的真实情况

C. 进口假冒的某国际品牌商品

D. 出口经法定检验的商品

5. 跨境进口是指海外卖家将商品直销给国内买家，一般是国内消费者访问境外商家的购物网站选择商品，然后下单，由境外卖家发国际物流给国内消费者。目前主要有两种模式：保税模式和直邮模式，这两种模式都以个人物品入境申报，缴纳(　　)。

A. 增值税　　B. 消费税　　C. 行邮税　　D. 关税

二、多项选择题

1. 报关进出境阶段包括(　　)。

A. 进出口申报　　B. 配合查验　　C. 缴纳税费　　D. 提取或装运货物

2. 2016年4月8日开始实施的跨境电子商务零售进口税收新政规定，进口跨境电商改征(　　)。

A. 行邮税　　B. 关税　　C. 增值税　　D. 消费税

3. 下列商品不能以跨境电子商务方式入境的是(　　)。

A. 未获得检验检疫准入的动物产品

B. 废旧物品

C. 取得进口药品注册证书的生物制品

D. 枪支弹药

4. 下列说法正确的是(　　)。

A. 跨境电子商务零售进出口商品监管场所必须符合海关相关规定

B. 在跨境电子商务零售进口模式下，不允许电子商务企业或其代理人申请退货

C. 以保税模式从事跨境电子商务零售进口业务的，应当在海关特殊监管区域和保税物流中心(B型)内开展

D. 跨境电子商务零售出口商品申报前，电子商务企业或其代理人应当分别通过服务平台如实向海关传输交易、收款、物流等电子信息

5. 从实际情况看，对跨境数字产品实施海关监管尚面临的难题有(　　)。

A. 监管难题　　B. 归类难题　　C. 税收难题　　D. 技术难题

三、判断题

1. 2019年1月1日起调整并实施的我国跨境电商进口税收政策规定，单次交易限值为1000元。(　　)

2. 1210海关监管方式只适用于境内个人或电商企业在经海关认可的电子商务平台实现跨境交易，并通过海关特殊监管区域或保税监管场所进出的电商零售进出境商品。(　　)

3. 9610海关监管方式只适用于出口。(　　)

4. 我国海关对入境跨境电子商务商品实施清单分类管理。(　　)

5. 对于逃避法定检验的行为，由商检机构没收违法所得，并处货值金额5%以上、30%以下的罚款；构成犯罪的，依法追究刑事责任。(　　)

四、问答题

1. 简述跨境电子商务海关监管的含义和分类。

2. 试述跨境电子商务检验检疫制度中的备案管理制度。

3. 简述违反跨境电子商务检验检疫法律规定的行为及法律后果。

4. 简述报关的基本流程。

5. 试述我国对跨境电子商务的主要海关监管政策。

五、案例分析

据广州出入境检验检疫局2015年5月3日通报，该局从入境快件中查获原产国为日本的奶粉632罐。该批奶粉以跨境电子商务B2B2C入境，共537.2千克，货值近6万元。由于该批奶粉外包装标注的产地为东京都，属日本福岛核泄漏事故后中国禁止进口食品等相关产品的地区，且该电子商务企业无法提供日本政府出具的放射性物质检测合格的证明、原产地证明等资料，因此广州检验检疫局驻邮局办事处已按相关规定对该批奶粉作出退运处理。

2011年，日本福岛核泄漏事故后，国家质检总局在当年4月发布第44号公告《关于进一步加强从日本进口食品农产品检验检疫监管的公告》：鉴于日本福岛核泄漏事故对食品、农产品质量安全的影响，禁止从日本福岛县、群马县、板木县、茨城县、宫城县、山形县、新潟县、长野县、山梨县、琦玉县、东京都、千叶县12个都县进口食品、食用农产品及饲料。2011年6月，国家质检总局发布《关于调整日本输华食品农产品检验检疫措施的通知》，允许日本山梨、山形两个县2011年5月22日后生产的符合中国要求的食品、食用农产品和饲料进口。

随着跨境电子商务的发展，广州检验检疫局驻邮局办事处加大对入境B2B2C的检验检疫监管力度，特别是对入境食品、婴幼儿用品、奶粉、玩具加大抽查和抽样监测的比例。在此，广州检验检疫局驻邮局办事处提醒承运人要严格遵守中国相关规定并及时告知境外电子商务企业不要发运来自上述日本10个都县的食品、食用农产品及饲料；若进口日本其他地区生产的同类产品，报检时应提供日本政府出具的放射性物质检测合格的证明、原产地证明，避免造成不必要的经济损失。

试分析：作为跨境电子商务企业，如何避免因检验检疫管理不合格而造成的损失？

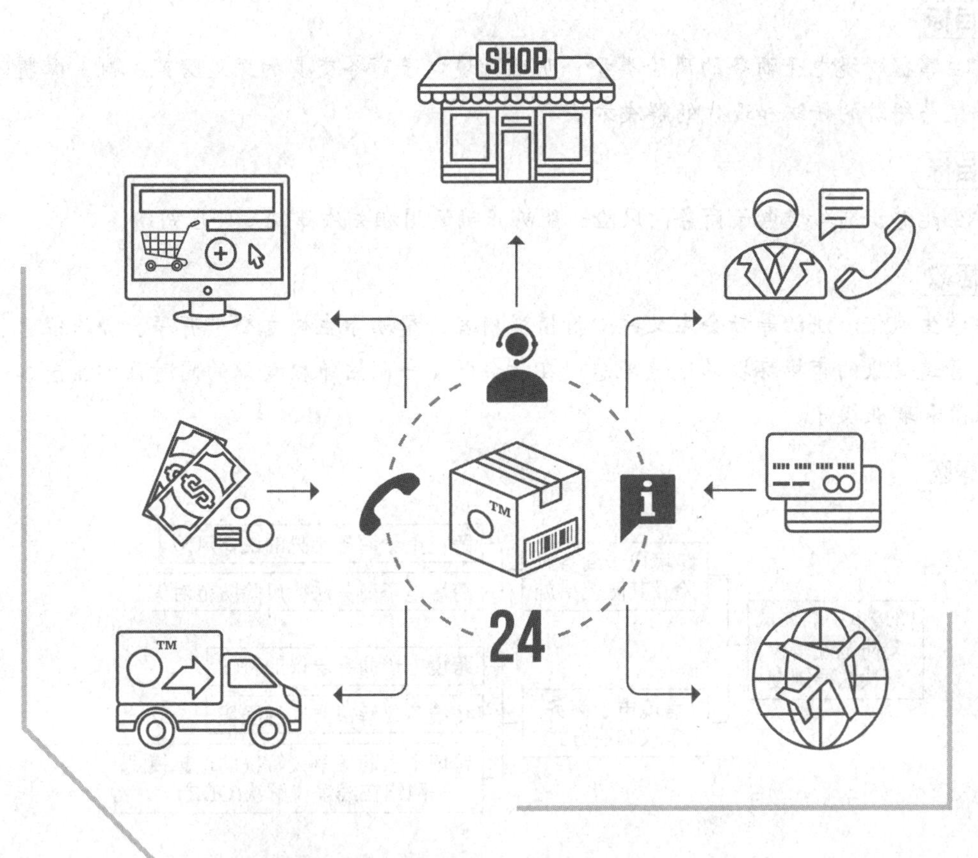

模块五

跨境电子商务争议解决法律制度

项目十 跨境电子商务风险防范及争议解决法律制度

知识目标

使学生掌握跨境电子商务的风险类型；明确跨境电子商务交易的风险防范机制；掌握跨境电子商务交易纠纷的传统和现代的解决方法。

技能目标

使学生能够识别跨境电子商务的风险；能够正确运用相关法律制度处理纠纷。

课程思政

培养学生诚信、法治等社会主义核心价值观内容，帮助学生树立公平有序、合法经营、良性竞争、营造健康的市场环境的道德理念；在教会学生合同法维权意识的同时让学生感知行业的法律风险和职业操守。

知识导图

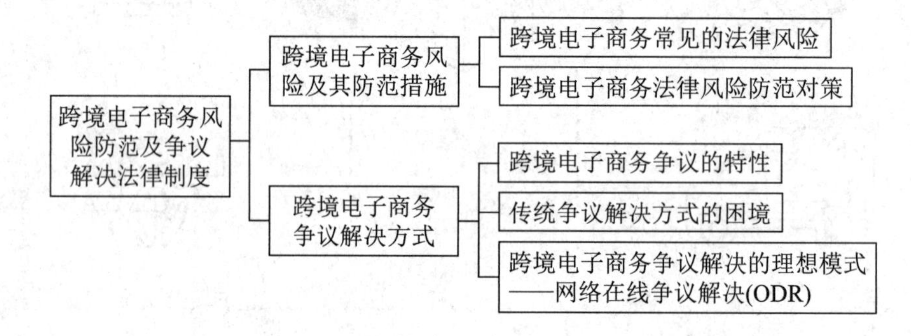

引导案例

品牌方起诉跨境电商出口商标侵权案

江西某公司在eBay网站注册并售卖女式双层双面印花斜纹手袋及围巾，展示的产品图片中有一张与国际某知名品牌迪奥(Dior)相似。2020年5月26日，该公司收到Paypal支付平台的通知，通知主要包括三部分内容：第一，Paypal平台在5月22日收到法院指令，由于该公司可能侵犯了Christian Dior的知识产权，Paypal账号必须受到限制，在得到进一步消息之前，该公司Paypal账号的付款、收款、提款功能，以及部分或所有款项的使用均可能受到影响；第二，Paypal平台可能会收到法院裁决，要求对该公司的Paypal账号做进一步行动，因此要求该公司立即与原告代理律师事务所Greer Burns & Crain(GBC)联系相关事宜；第三，该案件编号为20CV02421，原告为Christian Dior，受理法院为美国伊利诺伊地区法院。Paypal支付平台在收到法院的临时冻结令(TRO)后，冻结该公司Paypal账户所有资金，共计19万美金，折算成人民币约百万资金，所有资金不得提取和转移。

该公司在Paypal账号被冻结后，立即与专业律师联系，在律师的帮助下，通过GBC的取证地址，排查GBC订单，找到侵权产品。原来在2020年1月份，来自美国的GBC买手(ID号显示为lysan_9564)买下了涉嫌侵权图片对应的丝巾产品，产品上面有一个“CD”标识侵犯了迪奥(Dior)的商标权，美国GBC买手向该公司索要了Paypal账号。在4月20日，美国律师事务所GBC代理原告Christian Dior Couture SA向美国伊利诺伊地区法院提起商标侵权诉讼。接下来，美国GBC会向该公司发出邮件，告知其侵权，如果21天内不去美国应诉的话，法院就要进行缺席判决。尽管美国律师费用较高，估计整个官司打下来，可能要支付几万元人民币的律师费，但该公司被冻结的Paypal账户金额较大，并且有证据证明其确实侵犯了迪奥的商标权。因此，该公司决定聘请美国当地律师与GBC律师所联系商量和解事宜。本案属于典型的品牌方起诉跨境电商出口商标侵权案例，江西某公司知识产权观念淡薄，对跨境电商出口中的知识产权侵权风险没有给予足够的重视，侵犯了国际知名品牌迪奥的商标权，导致知识产权侵权诉讼事件。

【引例分析】近年来，随着我国跨境电商迅猛发展，知识产权侵权风险日益凸显。知识产权海关保护和品牌方起诉是目前查获侵权的两种主要途径。国内跨境电商企业知识产权意识薄弱，导致知识产权侵权事件频频发生。面对日益增多的知识产权纠纷，跨境电商企业维权意识薄弱，不积极应诉，导致法院判定损害赔偿，被冻结的账户资金作为损害赔偿金全额被划走。

(资料来源：参考网)

课堂小活动

讨论：怎样查询个人跨境电商年度消费额度?

任务一　跨境电子商务风险及其防范措施

随着电子商务的发展规模日益扩大，跨境电子商务已经逐渐成为我国企业参与国际竞争的重要机遇。但是，跨境电子商务自身的安全问题以及法律风险逐渐对消费者自我权益保护和国家政策监督提出了新的挑战。为了从根本上保证跨境电子商务活动的安全，必须加强企业对各项商务活动的法律监督意识，让企业能够更多地掌握自我保护的知识，从而提高风险防范能力，增强我国跨境电子商务企业对外经济发展的核心竞争力。

一、跨境电子商务常见的法律风险

(一) 跨境电子商务民商事法律风险

1. 产品质量风险

进口或者出口属于掺杂掺假、以假充真、以次充好的商品或者以不合格进出口商品冒充合格进出口商品的，由商检机构责令停止进口或者出口，没收违法所得，并处货值金额50%以上3倍以下的罚款；构成犯罪的，依法追究刑事责任。

2. 买卖合同风险

跨境电商平台主要提供跨境电商企业订单展示、支付等行为，而跨境电商企业负责发货、退换货等，且双方之间会就该交易签订合同。在这种情况下，跨境电商平台作为纯平台型企业，主要会面临如下风险：对跨境电商企业销售资质审查不严格而引起的法律风险；对跨境电商企业销售的商品存在瑕疵、质量不合格、或假冒伪劣等引起的法律风险；因跨境电商企业违约而引起的法律风险。

3. 消费者权益风险

当消费者在平台内采购到不合格商品后，跨境电商平台不仅需要协助消费者追究跨境电商企业的售后责任，同时可能面临先行赔付消费者的责任，这些责任均会引发跨境电商平台运营过程中与消费者之间的风险。

4. 知识产权侵权纠纷

中国企业在跨境电子商务活动中，应充分认识到中外知识产权保护法律的不同，针对特定国家对知识产权保护的法律进行有效的法律风险规避。知识产权具有地域性，企业进口商品时应事先对国内知识产权进行检索并确认其产品是否有可能侵犯他人的知识产权；相应地，企业出口商品也应事先了解标的国的知识产权注册情况。

5. 货款纠纷

由于存在个别机构利用平台实施诈骗等违法犯罪活动的现象，使得银行和第三方支付平台在跨境交易上存在较大的安全漏洞，从而导致跨境电子商务交易存在资金安全风险，并且银行和第三方支付平台或多或少受到其所在国家的控制，影响用户资金安全与流动。

6. 运输纠纷

国际贸易中，常有货物漂洋过海抵达目的港后却无人提货，致使集装箱长期滞港，产生高额费用的情况，抑或是航运中发生风险导致货损，以及保险赔付、损失负担、术语选择等问题，都可能产生运输纠纷。

7. 交付与退货纠纷

根据《海关总署关于全面推广跨境电子商务出口商品退货监管措施有关事宜的公告》，申请开展退货业务的跨境电子商务出口企业、特殊区域内跨境电子商务相关企业应当建立退货商品流程监控体系，应保证退货商品为原出口商品，并承担相关法律责任。

《海关总署关于跨境电子商务零售进口商品退货有关监管事宜的公告》指出，在跨境电子商务零售进口模式下，跨境电子商务企业境内代理人或其委托的报关企业可向海关申请开展退货业务。跨境电子商务企业及其境内代理人应保证退货商品为原跨境电商零售进口商品，并承担相关法律责任。

8. 不正当竞争纠纷

随着跨境电商日益发展，一些跨境电商平台出现的恶意竞争、低价、店群等行为，还有平台经营者采用不正当手段从事市场交易，损害竞争对手，以排挤其他经营者不正当竞争行为。包括以下几种：假冒他人的注册商标；擅自使用知名商品特有的名称、包装、装潢，或者使用与知名商品近似的名称、包装、装潢，造成和他人的知名商品相混淆，使购买者误认为是该知名商品；擅自使用他人的企业名称或者姓名，引人误认为是他人的商品；在商品上伪造或者冒用认证标志、名优标志等质量标志，伪造产地，对商品质量作引人误解的虚假表示。

9. 个人信息收集的法律风险

消费者在选择跨境电商平台购买商品前，需要在平台内提交个人身份信息予以注册，这些个人信息跨境电商平台不得擅自收集、使用、传输或用于谋利等，否则是对消费者身份信息的一种侵犯。

10. 购买评价纠纷

消费者通过跨境电子商务购买商品，遇到产品质量、货不对板、不能按期收到商品等情况时，可以与跨境电子商务企业、第三方经营平台要求退款、退货，还可以就受到的损失要求赔偿，协商不成的，可以寻求法律救济途径。

课堂小活动

讨论：你知道消费者维权的时限是如何规定的吗？

(二) 跨境电子商务行政法律风险

跨境电子商务行政法律风险，即海关行政处罚风险。

就跨境电商来说，下列行为存在行政法律风险：①因与实际商品状况不符申报不实，而受到海关行政处罚风险；②因不符合海关监管要求，而受到海关处罚风险；③因出现侵权盗版，而受到海关、工商等执法机关行政处罚风险；④因提供电子数据、信息不实或虚假，而受到海关行政处罚风险；⑤因主体身份不实，而受到海关行政处罚风险。

在跨境电子商务中，跨境电子商务企业及其代理人、跨境电子商务平台企业存在下列行为的，将面临行政法律风险：不按海关规定要求进行申报；对于商品质量把关不严，造成客户投诉，或引起安全、责任事故的；有虚假交易、二次销售等非正常交易行为；三单不一致，企图逃避海关监管，偷逃税款，或进出口国家禁止性限制性管理商品的行为；对于交易商品的知识产权状况审查不严或放纵侵权盗版行为。

国家规定，消费者(订购人)对于已购买的跨境电子商务零售进口商品不得再次销售，如果发生这样的行为，消费者可能受到非法经营或走私偷逃税款的法律责任追究。跨境电子商务平台企业、跨境电子商务企业或其代理人、物流企业、支付企业、跨境电子商务监管作业场所经营人、仓储企业发现涉嫌违规或走私行为的，应当及时主动告知海关，海关将视情况进行调查处理。海关对于主动披露违法行为的企业，政策上明显从轻、从宽处理，企业可以争取主动披露，掌握主动权。对于在跨境电子商务业务中不规范运作但不违法的企业，首次发现的，海关进行约谈或暂停业务责令整改；再次发现的，一定时期内不允许其从事跨境电子商务零售进口业务，并交由其他行业主管部门按规定实施查处。

(三) 跨境电子商务刑事法律风险

海关对违反规定，对参与制造或传输虚假交易、支付、物流“三单”信息、为二次销售提供便利、未尽责审核消费者(订购人)身份信息真实性等，导致出现个人身份信息或年度购买额度被盗用、进行二次销售及其他违反海关监管规定情况的企业，将依法进行处罚。对涉嫌走私或违规的，由海关依法处理；构成犯罪的，依法追究刑事责任。在跨境电子商务中，利用他人身份信息从事非法跨境业务的，海关按走私违规处理，并按违法利用公民信息的有关法律规定移交相关部门处理。

凡是在海关备案的跨境电子商务企业及其境内代理人、跨境电子商务平台企业、支付企业、物流企业等应当接受海关稽查与核查。如果有逃避海关监管的行为，并有偷逃应缴税款或逃避国家对禁止限制管理规定的故意，可能构成走私行为。在跨境电子商务活动中，隐瞒实际购买人信息，伪报品名，伪报价格，伪报原产地，提供虚假订单、运单、支付单数据与资料等，偷逃应缴税款或逃避国家对禁止限制管理规定的，均可能构成走私行为。其中，达到法律规定的起刑点的，会被追究走私罪刑事责任。

为做好跨境电子商务活动中的违法走私责任风险防范，跨境电子商务各方参与人(企业)应做足事前、事中、事后三个方面的工作。

事前，跨境电子商务各方参与人(企业)要充分认识到遵守法律规则的重要性，了解、掌握国家对于跨境电子商务的监管要求与规范，树立合法合规经营的思想观念。

跨境电子商务在我国发展时间不长，国家政策法规规范还在探索、纠偏、完善之中，因此，跨境电子商务各方参与人(企业)要及时掌握，规范行为，从一开始就要把规范做好，充分预估与防范可能出现的问题与风险。

事中，跨境电子商务各方参与人(企业)要确保向海关提供真实的物流、资金流、信息流方面的资料与信息；认真履行国家对于各方参与人(企业)的责任制度；对提交各种信息数据的真实性与合法性进行审查、落实责任；认真审查与核实购买人身份信息，确保身份信息的真实性并与其他申报内容相一致；向海关如实申报跨境进出口商品的实际状况，防止申报与实际货物不一致；认真审查商务平台的入驻企业与商品的真实性，防止不合格的产品及侵权盗版产品。事中努力是控制风险、防患于未然的关键，必须牢牢地控制好、把握好。

事后，跨境电子商务各方参与人(企业)要善于自查纠偏，对于自查发现事中出现的问题，要主动地予以纠正，并进行责任评估。如果是一般性的操作问题，没有造成任何后果与危害的，可自行改正。如果涉及违法、侵权甚至走私，跨境电子商务各方参与人(企业)则要立即进行法律咨询，对于违法行为、违法后果、法律责任等进行分析评估，在完成评估的基础上作出相应的善后处理。通常这类通过自查发现的违法事项，用主动披露违法行为的路径来操作会出现意想不到的效果，而各执法机关对于主动披露的行为，都会很大程度上给予从宽处理。比如海关就有专门关于主动披露的规定，承诺从宽处理的力度相当大。然而，如果发现了问题不去设法解决甚至隐瞒，或者忽视事后自查、咨询与评估，一旦被执法机关发现、查处，则可能有严重后果。

二、跨境电子商务法律风险防范对策

(一) 建立中国境外电子商务的法律制度，明确防范对象

分析总结境外电子商务风险存在的问题，既要适应当前经济发展的要求，也要适应世界经济发展的新格局，建设中国特色社会主义法治体系。在中国跨境电商的发展过程中，法律政策的制定相对滞后，结构框架体系相对松散，在一定程度上制约了跨境电商的发展。

电子商务的发展具有一定的时代性和全球性，中国电子商务产业的发展对世界电子商务产业的发展起着至关重要的推动作用。因此，法律的制定也必须顺应世界电子商务发展的需要，

尽量通过经济互动促进法律法规的呼应。中华人民共和国商务部于2009年发布的《电子商务模式基本理论规范》一书，根据国际上电子商务中存在的基本问题和电子商务运作流程对相关规范进行了分析和阐述，为我国建立境外电子商务法律法规提供了坚实的理论基础。

(二) 及时更新法律法规，规范邮政渠道流程

由于电子商务的发展是多变的，市场竞争激烈，为尽可能地适应海外电子商务的发展，法律法规需要及时更新和改革，以确保法律法规的实用性和监督性。为了解决跨境邮件投递的问题，需要根据包裹的大小制定一个精细的运价表。同时，还需要对服装、母婴、化妆品等跨境电商的主要产品建立明确的合理数量范围，并为每个品牌设定不同的价格，使每个价格标准合理、科学。

必须制定相关法律法规规范邮政问题的配送渠道流程，减少一线工人的自由裁量权，从源头上遏制恶意的谎称和保险偷税漏税行为，从根本上减少工作人员工作中的主观随意性，使我国跨境电子商务的各个流程更加合理化和规范化，促进对外经济的增长。

(三) 加强税务监管，建立电子商务企业信用评价体系

为提高跨境电商企业的风险防范意识，应对所有在邮政和海关渠道经营跨境电商的企业建立类似的信用分类和评价体系，建立相应的评价标准。对电子商务企业进行科学有效的分类。海关单一的监管模式已经不能满足跨境电商企业未来发展的需要，必须根据实际情况建立综合监管模式。跨境电商企业融入信息通关管理系统，可以有效规避洗钱的法律风险，提高跨境电商监管的工作效率。

拓展阅读

跨境电商警惕平行进口商品侵权风险

近年来，跨境电子商务获得了广泛发展，但在实际的操作过程中，也不可避免地面临法律上的障碍和问题。在跨境电子商务中，跨境电商将在境外合法取得的正品进口到中国销售，即发生了商标平行进口行为，此时无法避免会与中国的商标专用权人和获得商标独占许可的商标被许可人产生利益上的冲突，而此时该跨境电商能否以“商标权用尽规则”予以侵权抗辩就变成了一个非常关键的问题。

商标平行进口(即“真品平行进口”)是指同一个商标在两个或两个以上的国家或地区受到保护，而有人未经本国商标所有人授权或商标使用人许可，将该合法取得的商品从一国(地区)进口至另一国(地区)进行销售的行为。商标平行进口的产生主要在于同一商品在不同的国家或地区存在着价格差异，而该平行进口商便可从中获得差价的利润。

而商标权用尽是商标权权利穷竭问题，即带有商标标识的商品由商标权人或者经其许可的单位、个人售出后，权利人不能再主张专用权，这也被称为首次销售原则(first sale doctrine)。商标权用尽是针对商标权人的权能(权力与职能)所做的限制，能够维系商标权人与社会公众之间的利益平衡，防止商标权人依据商标专用权而妨碍商品的自由流转。

事实上，针对商标平行进口如何适用商标权用尽原则，存在价值衡量问题，体现为贸易自由化与商标权人的利益之间的矛盾。而这一问题的解决也充分地体现一国的贸易政策，有着各

国对于贸易和经济发展的考量，其性质已经不再仅是一个法律问题。

商标之争，实则商业利益之争。对商标权人来说，平行进口的商品基于其价格优势，会挤占商标权人的市场，损害商标权人的利益；但对平行进口商来说，则能够利用价格差获得额外的利益。对于商标权人来说，首先可以合同作为手段，在合同中列明一方的义务，若事后发生平行进口的情况，则由违约方予以损害赔偿；其次可以从商标保护的核心，即“识别性”出发，对商品作不同国家(地区)的实质性差异，例如，可以根据不同国家(地区)的实际情况，对商品的具体功能、质量、品质等方面有所区分。而对于平行进口商来说，一是要在实施平行进口行为时，审查商标权在境内外是否属于同一人；二是要审查同一商品在境内外是否存在着实质性差异或区别。由此，可以在很大程度上避免平行进口商品被认定为侵权商品。

[资料来源：刘晓春，叶家臣. 跨境电商警惕平行进口商标侵权[J]. 中国对外贸易，2019(8)：46-47.]

任务二　跨境电子商务争议解决方式

一、跨境电子商务争议的特点

跨境电商纠纷比普通电商纠纷更为复杂，其主要特点有如下几个。

(1) 从纠纷数量来看，随着互联网的快速发展和全球一体化的趋势，跨境电商贸易数量快速增长，同时纠纷案件数量急剧上升。

(2) 从争议金额来看，B2C模式下的案件涉及的争议金额一般较少。

(3) 在跨境电商中，商品销售者和消费者属于不同的国籍，涉及不同的法律法规、产品质量标准和鉴定规定，以及退货或换货所涉及的快递、报关、税务等纠纷，没有统一的法律来处理纠纷。

(4) 在B2C模式中，消费者和商家实际上处于不平等的地位。消费者在与商家的谈判过程中往往处于劣势，商家可能在谈判过程中利用自己的经济优势限制消费者的需求。此外，考虑到成本等方面的因素，消费者往往会放弃寻求救济，所以这类争议最终演变为消费者的单方面损失，商家以牺牲消费者的利益来实现自身利益的最大化。

(5) 从具体内容上看，跨境电商纠纷主要包括商品退换、跨境通关障碍、物流运输纠纷等。第一，对于跨境电商商品，一些商家将其定义为在境外购买的商品，因此不需要遵守国内“7天无理由退换货”的规定，这就会引起买卖双方的纠纷。在商品退换过程中，往往存在跨境运输、出入境手续复杂等问题。第二，由于不同国家对货物进出口的规定不同，卖方发出的货物可能会被海关截获。在这种情况下，买方无法收到货物自然产生纠纷。第三，物流运输中可能存在很多问题，导致商品损坏，进而导致买卖双方产生纠纷。

课堂小活动

讨论：网购时出现纠纷，可以报警吗？

二、传统争议解决方式的困境

传统争议解决机制主要包括跨国诉讼、国际商事仲裁、国际商事调解以及其他特殊方式。

(一) 跨国诉讼

诉讼一直是较为普遍且熟知的争议解决方式。从本质来讲，跨境电子商务争议是一种跨境商事纠纷，而跨国诉讼是一种传统的跨境商事纠纷解决方式。但诉讼这种方式在跨境电商争议解决的应用上存在较多困难。第一，域外执行判决较为困难。即使消费者能够在自己国家法院获得有效判决，但这种情况的判决往往要到卖方住所地或其财产所在地的国家去执行。在该类案件中，当事人向对自己有利但与争议缺乏实质联系的法院提起诉讼，若执行地法院对该案也享有管辖权，原判决法院的管辖权大概率会被认定为不合格管辖权，导致判决无法得到承认和执行。第二，法律适用不确定。跨境B2C案件中，常会涉及多个国家(地区)的法律，因而同一个争议情况下的消费者与商家在不同的国家就会有不同的权利义务。第三，诉讼成本较高。诉讼本身是一个需要耗费大量时间和精力的过程，因而理性人都需要考量所投入的成本能否获得更大的产出。然而，B2C案件的一大特点就是所涉及的标的金额较小，比如阿里巴巴平台每年处理的纠纷超过400万件，其中超过80%的纠纷交易金额在一千元以内。第四，诉讼管辖权的确定非常困难。一笔跨境交易往往涉及多国因素，例如买卖双方所在地、网络服务器所在地都位于不同的国家，导致管辖权很难确定，目前没有形成普遍的规则。

(二) 国际商事仲裁

国际商事仲裁作为解决国际商事争议的方式，与跨境诉讼相比，在自治性、民间性、专业性、保密性、一审终局性上都具有独特优势。尤其是在跨国执行性上，根据联合国国际贸易法委员会1958年《关于承认和执行外国仲裁裁决的纽约公约》，国际商事仲裁裁决可以在100多个国家得到承认和执行。这在很大程度上弥补了跨国诉讼在执行上的缺陷。然而，即便如此，仲裁裁决的跨国执行依然涉及复杂的跨国司法程序，消费者需要为此支付高额的法律成本。更重要的是，适用国际商事仲裁解决国际争议成本本身比较高昂，因此，对于跨境电子商务交易的当事人而言，与跨境诉讼类似，跨国商事仲裁更似一种理论上的可能性，而非一项切实可行的选择。

(三) 国际商事调解

调解作为一种无拘束力的争议解决方式，与诉讼和仲裁相比，具有气氛友好、程序便捷、成本低廉、结果可控的特点，但是跨境交易的双方分处不同国家的事实使传统调解所需要的面谈较难实施。更重要的是，调解完全取决于当事人的意愿，如一方不配合，调解协议很难达成。即使达成调解协议，协议本身不具备强制执行力。一般各国均设置消费者协会、商事协会、公共行政管理机关，均可以受理消费者对经营者的投诉。这些机构的权限一般仅局限于本国经营者，因此在解决跨境电子商务争议时，面临很大的局限性。另外，也有一些电子商务企业，内部设有投诉机构，受理顾客的投诉，但争议能否解决取决于企业的自律性。

(四) 其他特殊方式

除了跨国诉讼、国际商事仲裁、国际商事调解以外，其他非诉讼解决方式也被应用于跨境电子商务争议的解决中，如欧洲小额诉讼程序和平台内部解决。然而，在制度设计时，要规避一些问题，该方式或许可以在某种程度上解决诉讼方式的缺陷，但仍存在局限性。

1. 欧洲小额诉讼程序

欧洲小额诉讼程序(European small claims procedure，ESCP)是一项于2009年1月1日生效的小额诉讼程序，适用于除丹麦以外的整个欧盟地区。ESCP旨在通过简化跨境民商事小额索赔诉讼程序和降低成本，改善获得司法救济的机会。ESCP主要用以解决在布鲁塞尔制度下标的额在5000欧元以下的跨境争议案件。但实际上，消费者在跨境案件中很少通过ESCP来寻求救济，一方面，消费者可能不完全了解ESCP的可用性；另一方面，消费者即便知道ESCP的可行性，但仍然面临着一些实践障碍，比如填写索赔表、不熟悉外国法律和司法程序、翻译费用的增长等问题。

2. 平台内部解决

平台内部解决机制是指由在线交易平台经营者自己创设的用以处理消费者投诉、与消费者沟通、解决消费纠纷的机制。这一机制属于国际通行规定。经济合作与发展组织(Organization for Economic Co-operation and Development，OECD)在《关于电子商务中消费者保护指南的建议》附件第2部分第2款中明确规定："企业和消费者代表应加强建立公正、高效且透明的内部机制，通过公平和快速的方法反映消费者的困境并加以解决，避免给消费者带来不合理的费用及负担。"平台内部的纠纷处理一般包括两种形式：一是与商家协商解决；二是当消费者与商家无法就事项达成一致时，可以请求电商平台介入处理。目前，国内许多电商平台都设立了平台内部纠纷解决机制。但是，电商平台毕竟不是司法机关，不能确保公正客观地处理消费者维权需求。部分电商平台对此专门作了声明。比如天猫国际争议处理规范规定："天猫国际并非司法机关，对凭证、证据的鉴定识别及处理争议的能力有限，不能保证争议处理结果满足买家和(或)卖家的期望，也不对根据本规范作出的处理结果承担任何责任。"京东全球购平台管理总则也提到："规则行为的认定与处理，基于京东全球购从普通人角度结合双方提供的凭证认定的事实，依据相关规则严格执行。京东全球购用户在适用规则上一律平等。"

三、跨境电子商务争议解决的理想模式——网络在线争议解决(ODR)

(一) 跨境电子商务在线解决优势

网络在线争议解决(online dispute resolution，ODR)是一种新型的争议解决方式，是通过将计算机的信息处理能力与因特网的网络通信设施相结合来解决争端的方法。网络交易意味着来自不同地区和司法管辖区域的人之间产生合同关系。毋庸置疑，网络交易导致了很多争议的爆发。随着电子商务的发展，有意向选择网络消费的消费者越来越多，因此有效解决争议，保障消费者对网络市场的信任对于这一市场的发展至关重要。然而，这些争议往往因其没有非常激烈的本质，涉及数额不大而很少会采取传统的跨境诉讼、仲裁等方式加以解决，这也使得ODR得以发展。ODR这一理论的出现主要是为了解决不同国家商家与消费者之间的跨境小额电子商务争议。它可以增加消费者进入电商市场的信心，如联合国《电子商务与发展报告》所指出的，它对建立消费者的信心有益，消费者在衡量是否进入新的网络市场时会将其作为考虑因素之一。

网络纠纷解决与电子商务使用相同的媒介——互联网，可以满足电子商务纠纷快速、经济解决的要求，其优势可表现为以下几个方面。

1. 快捷高效

在网络在线争议解决机制下，从案件受理、审理直至裁决的执行都可以在网上进行，并且整个过程耗时很短，有利于带来贸易量的增长。

2. 保障买卖双方交易的公平

ODR的成本较低，自身财力以及案件标的额已经不是当事人解决争议时所主要考虑的因素。跨境B2C争议中当事人若选择诉讼或仲裁等方式，将极大地增加成本。

3. 节约行政司法资源

跨境电商交易中存在大量的小额交易纠纷，如果每一件纠纷都由公权力来解决，行政机关和司法机关，包括小型诉讼法院，都会承受巨大的工作量，将不堪重负。

4. 交易方可以保留寻求法律救济的权利

法律是保护公民权利的最后一道屏障。在使用法律手段之前，必须用尽其他手段。在跨境电子商务交易纠纷中，纠纷首先应通过网络来解决。

5. 对抗性较弱

在线纠纷解决机制避免了当事人直接会面，大大减少了双方见面可能增强对抗性的问题，这对于双方当事人在解决争议后持续保持良好的合作关系非常重要。

(二) 跨境电子商务在线争议解决(ODR)的模式

1. 在线协商

在线协商包括自助性协商和协助性协商。前者是在协商中，不需要其他协助，中立的第三方是虚拟的电脑程序，在该程序中，当事人互相不知道彼此提出的数额的情况下，系统自动产生一个作为谈判结果的中间数额，当然当事人也可以选择公开报价。各方先陈述其初始立场(不提出要求)并确定潜在利益，软件由此以中立的方式列出所有问题，无论是定性的还是定量的。然后，调解人帮助各方进一步重新确定其根本利益、优先事项和每个问题的相对重要性，以及他们对诉讼的期望(换言之，他们对谈判协议的最佳选择)。如果双方愿意，这些信息可以保持一致，不会透露给另一方。最后，该软件生成各种软件包，相互权衡各种问题，计算不同问题上最有效的利益分配，以得到最有效的解决方案。该种方式简单直接，最适用于经济索赔。而协助性协商是由中立第三方引导当事人逐步达成妥协与和解，但最终决定权仍掌握在当事人手中。

2. 在线调解

在线调解，是指争议双方在第三人(调解员)协助下，调解员在争议双方之间寻求解决方案的一种方式。因此调解员与当事人之间的交流以及当事人彼此间的交流至关重要。在在线调解中，调解员通过使用诸如电子邮件、经过特殊设计的网页(该种网页可以提供虚拟房间供当事人在线交流)等信息技术来帮助当事人协商他们的争议。与线下的调解相比，在线调解的过程虽然也有赖于第三人的协助完成，但是这种方式运用网络信息技术，因而更适用于某些特定情形的争议解决。

3. 在线仲裁

在线仲裁复制了传统线下仲裁组成部分，如事实发现、裁决制定，使用信息通信技术进行沟通处理，互联网技术贯穿于仲裁协议订立、仲裁程序进行、仲裁裁决作出的全过程。中国国际贸易仲裁委员会网上争议解决中心所制定的《网上仲裁规则》将在线仲裁分为在线普通程序、简易程序及快速程序。在仲裁过程中，当事人可选择准据法和仲裁员。困扰在线仲裁的主要问题在于仲裁协议的有效性及执行问题。

(三) 我国网络在线争议解决(ODR)机制的现状

在我国，建立ODR模式的实践探索纷纷展开，目前专注于ODR的服务机构主要有中国国际经济贸易仲裁委员会网上争议解决中心(其网站首页见图10-1)及中国在线争议解决中心(China ODR)。在司法公权力层面，我国电子诉讼改革的探索也正在大刀阔斧地进行，比如吉林省高级人民法院、浙江省高级人民法院等各地法院均在积极推进网上庭审、网上信访、网上办公、网上阅卷等功能，如“浙江解纷码”(见图10-2)的应用。2016年6月29日，最高人民法院发布的《关于人民法院进一步深化多元纠纷解决机制改革的若干意见》对此提出了三大目标。另外，我国外部在线纠纷解决平台还有中国电子商务投诉与维权公共服务平台、众信网ODR服务中心(其网站首页见图10-3)等。近几年也有一些软件公司开展ODR业务，比如北明软件公司就专门设立了ODR平台。我国在线纠纷解决平台众多但彼此孤立，且现有平台数量与我国人口基数及案件数量严重不匹配。产生这些现象的主要原因在于没有统一的国家级一体化平台进行资源整合，没有统一标准。目前各平台都是各自为战，缺少统一的规则与管理，并且《中华人民共和国电子商务法》对建立电子商务争议在线解决机制也无细则规定。

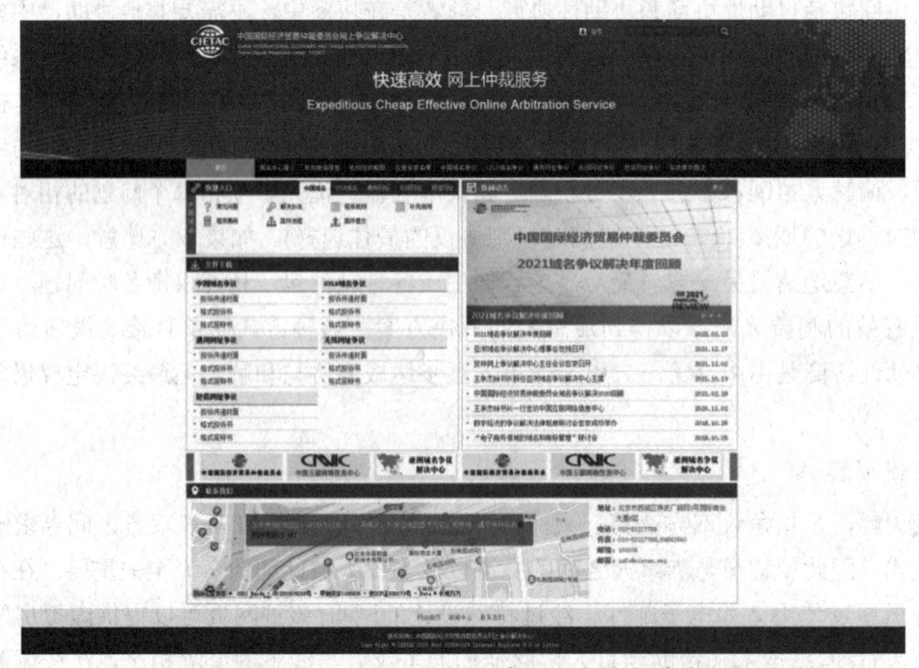

图10-1　中国国际经济贸易仲裁委员会网上争议解决中心网站首页

图10-2　浙江解纷码-浙江ODR在线纠纷咨询调解①

图10-3　众信在线纠纷解决服务中心网站首页

我国在建立ODR的法律基础方面主要有如下规则。2010年通过的《中华人民共和国人民调解法》为ODR的实施提供了法律依据和基础，但该法仅仅提出了原则性的指导意见，缺乏具体的ODR操作规则以及统一完善的制度构架和具体制度设计。2016年6月29日最高人民法院公布的《关于人民法院进一步深化多元化纠纷解决机制改革的意见》中第15条规定了“创新在线纠纷解决方式”：根据“互联网+战略”要求，推广现代信息技术在多元化纠纷解决机制中的运用。2018年8月31日通过的《中华人民共和国电子商务法》第63条提出：“电子商务平台经营者可以建立争议在线解决机制，制定并公示争议解决规则，根据自愿原则，公平、公正地解决

① “浙江解纷码”是以在线矛盾纠纷化解平台——浙江ODR为基础，利用其线上纠纷处置能力和调解资源，通过系统对接融合、业务流程重塑，打造线上线下一体的矛盾纠纷调处化解体系，旨在通过在线方式为人民群众提供咨询、调解、仲裁、评估、诉讼等服务，使矛盾纠纷不断被过滤和分流，最大程度先行化解纠纷，减少进入诉讼程序的案件。

当事人的争议。”该法第73条第2款中提到国家推动建立与不同国家、地区之间的跨境电子商务争议解决机制。

(三) 跨境电子商务在线争议解决网站的规制

网上纠纷处理平台是跨境在线纠纷处理的一个重要环节，它直接关系到争议各方能否获得公平、快捷的纠纷处理，能否得到各方的认可并成为一个有效的机制。对跨境电子商务在线争议解决网站的规制有以下几方面建议。

1. 信息披露

首先，网上纠纷处理平台应在网站上正确地公布自己的信息，如联系信息(电话、电子邮件、地址)，以及注册地点。通过这种方式，寻求争议解决服务方容易识别提供服务的机构，以便在需要时能够及时有效地和该机构联系，在该机构有任何违法行为时，相关法律执行机构也能查到该机构并给予惩处。

其次，网上纠纷处理平台应公开纠纷处理服务的相关资讯。一是，公开网上纠纷的处理条款和限制，普及纠纷处理的基础知识；二是，描述并解释有关纠纷的处理方法和特定的处理方法，并公开有关的诉讼规则；三是，说明不同的纠纷处理方法，如在线调解、在线仲裁中的第三人的角色；四是，公开解决争端的期限、费用、解决结果的性质，如对当事人的约束及其约束力的大小。网上纠纷处理平台应为每个网上纠纷处理方法提供简洁的流程，以便寻找相关的服务。

最后，网上纠纷处理平台应建立评估与反馈、定期汇报等制度。网上纠纷处理平台应当经常发布关于网上争议的受理数量、争议解决数量、争议解决数量等方面的报道，以及双方当事人的诉讼胜利案例数目、诉讼的平均处理周期、纠纷当事人所支付的平均成本等。

2. 保障解决争议的公正和中立

解决纠纷的公正中立主要依赖于约束中立的第三方、纠纷解决程序的制定以及争端解决站点的自律和他律。

首先，第三方的中立者必须有资格。胜任力方面，中立者必须具有一定的谈判技巧，其核心是能够促使双方进行网上磋商的交流；了解一些网上纠纷处理方法，比如不开放的价格体系；具备相关背景，如技术背景、全球化背景和法律背景等。技术水平方面，中立者能够利用和处理网络资源，能够有效地进行项目的开发；能够指导双方的交流。职业道德方面，工作人员要具有职业操守，公平公正，确保进行最大程度的公开与沟通；为了保密，为了保障自动化项目的安全性，能够采用一种风险控制的战略。

其次，网上纠纷的处理流程应遵循适当的诉讼规范。在诉讼过程中，工作人员应做到公平地处理纠纷，使得当事人有充分的理由提出自己的诉求，而不受纠纷解决过程中的资讯和技术上的不利影响。网上纠纷处理网络应运用技术方法，使纠纷各方能够熟练运用网上纠纷处理机制，并防止由于技术上的不足而导致各方陷入纠纷的局面。网上纠纷处理平台内部也应进行严格的程序管理，以确保其公正。

最后，网上纠纷处理平台必须具有相应的资质。网上纠纷处理平台必须具有独立的法律意识，聘用具有中立、公正、高效的专业人士，建立一个公正、有效的程序，建立一个合理的网络服务体系，以及建立一个网络平台的程序。另外，网上纠纷处理平台应该建立自律的行为规范，或者加入诚信标签机构，遵守机构制定的规范，并接受他们的监管。

3. 确保资料的机密和资料的安全性

首先，网上纠纷处理平台应建立起一套安全制度，在组织架构、程序设计等方面采用技术手段对纠纷各方所提供的资料进行保护，限制资料解释者的权限，并对资料的利用方法进行限制。平台制作有关的统计报表时，应请将有关的资料删掉。另外，网上纠纷处理平台应该为纠纷当事人的隐私问题，提出申诉渠道。

其次，网上纠纷处理平台应建立资料安全性保障制度，参与信用标识机构或验证计划，以保障争端各方资料的安全。平台应采用保安防范手段，防止当事人所持资料被非法侵入、破坏、使用或篡改。网上纠纷处理平台应建立资料管理系统，将资料安全保障融入系统的设计，对其进行内部监督与动态的管理，并对其进行周期性的评价与修正；同时，还需要制定应急预案，并建立重要的信息发布系统，从而有效地保障用户的信息。

跨境争议双方无须当面交流，极大地减少了纠纷的处理费用。现代科技的应用，极大地促进了人们的交流和纠纷的处理。因为双方都比较了解网上的业务过程及有关的业务，所以利用相应的平台规范来处理网上纠纷不会有技术上的问题。

拓展阅读

亚太经合组织网上争议解决 · 中国贸仲平台启用

2022年，中国国际经济贸易仲裁委员会(以下简称“贸仲”)宣布，亚太经济合作组织(APEC)网上争议解决 • 中国贸仲平台已正式启用，当事人可以通过APEC官网链接或贸仲官网入口登录平台。贸仲通过该平台为企业(尤其是中小微企业)间的跨境商事争议解决提供谈判、调解、仲裁多元争议解决方式一体化全流程在线的ODR服务。

据了解，APEC网上争议解决机制是由APEC倡议设立的，通过《APEC跨境商事纠纷网上争议解决合作框架》(以下简称《合作框架》)及其《示范程序规则》倡导使用包括谈判、调解和仲裁在内的网上争议解决(ODR)程序，为企业间(B2B)跨境小额商事争议提供快捷、低成本的ODR服务，以增强跨境商业互信，推动亚太地区营商环境的健康发展。

中国作为APEC重要经济体，一直积极倡议和支持《合作框架》。贸仲作为中国最早设立、世界知名的常设仲裁机构，被司法部首批推荐作为《合作框架》下中国的ODR服务机构，是目前APEC正式认可的仅有的3家ODR服务机构之一。

贸仲副主任兼秘书长王承杰介绍说，贸仲通过全程在线争议解决平台提供APEC ODR服务，是其不断探索网上争议解决、推动数字经济争议解决发展的新举措。在当今之数字经济时代，数字经济在国民经济中所占比重逐年上升，跨境电商蓬勃发展。做大做强做优数字经济，是实现经济高质量发展的必然要求，也需要大力发展网上争议解决服务，以适应数字经济的发展。APEC ODR机制代表了国际上对网上争议解决机制的积极探索和前沿发展，贸仲积极参与APEC ODR机制共建，正是其在多年网上争议解决探索之路上迈出的重要一步。

值得注意的是，贸仲积极参与APEC ODR机制共建，为广大企业当事人提供跨境商事争议的网上争议解决服务，也是贸仲不断创新、便利当事人、回应市场需求的重要举措。当前疫情持续流行，经济全球化遭遇逆流，市场主体承受巨大压力，跨境贸易面临严峻挑战，企业当事人也迫切需要更符合当前经济形势和市场需求的争议解决服务。APEC ODR机制和服务，正好切中这一需求，可以更好地为中小微企业解困纾难，促进跨境贸易的发展。

据了解，在APEC ODR机制下，ODR程序启动后分为谈判、调解、仲裁三个阶段，全程在平台上进行。如果当事人未能在谈判阶段成功解决争议，贸仲将从其在平台上公布的“专家名单”中指定一名中立专家协助解决争议。争议在调解阶段仍未能成功解决的，将进入到仲裁阶段，通过仲裁最终解决。APEC ODR程序周期短，在线争议解决成本低，充分利用现有网络技术，大大减少了国际贸易企业当事人解决争议的各项投入，为跨境小额商事争议解决提供了创新的范式和路径，有助于为跨境贸易创造更便利更经济的国际化法治营商环境。

运用APEC ODR机制解决争议，根据《示范程序规则》的规定，争议需满足如下条件：仅适用于解决企业间(B2B)争议；因跨境销售或服务合同引起的争议；当事人同意与交易有关的争议均应当根据《示范程序规则》解决，且争议属于该规则范围内；不适用于因个人、家庭或与家庭相关的目的订立合同的消费者交易。

[资料来源：张维. 亚太经合组织网上争议解决 • 中国贸仲平台启用[N]. 法治日报，2022-05-27(5).]

课后训练

一、单项选择题

1. 跨境电子商务常见的法律风险有(　　)。

A. 隐私风险　　B. 知识产权法风险

C. 商务交易风险　　D. 货物税收风险

2. 跨境电子商务法律风险防范对策有(　　)。

A. 构建中国境外电子商务法律制度

B. 适时更新法律法规，统一规范邮递渠道流程

C. 强化税收监管力度，建立电子商务企业信用评价系统

D. 多主体加强沟通

3. 纠纷在线解决方式有(　　)。

A. 在线调解　　B. 在线协商　　C. 在线投诉　　D. 诉讼

4. 下列说法正确的是(　　)。

A. 跨境电子商务在线争议解决想要取得最终成功，快捷、低成本的跨境执行机制是其重要保障

B. 建立争议解决结果的网站执行机制，是跨境电子商务在线争议解决实现成功运作的出路

C. 在线争议解决方式与电子商务采用了同样的媒介——互联网，其可以满足快捷、经济解决电子商务争议的要求

D. 在线争议解决机制可以成为复杂和成本高昂的司法程序的替代，本身具有很大的优越性

二、判断题

1. 在营销环节，跨境电商企业可能面临因在售商品被投诉侵犯他人的知识产权而导致产品下架或链接被删除的风险。(　　)

2. 跨境电商平台应对跨境电商零售进口商品和非跨境商品予以区分，避免误导消费者，应向海关实时传输施加电子签名的跨境电商零售进口交易电子数据，并对交易真实性、消费者身份真实性进行审核，承担相应责任。(　　)

3. 根据《关于完善跨境电子商务零售进口监管有关工作的通知》，对于已购买的跨境电商零售进口商品，不得再次销售。(　　)

4. 跨境电子商务争议解决的理想模式是在线解决。(　　)

5. 跨境电子商务的交易当事人都对网络交易的流程和相关环节较为熟悉，通过相关平台规则解决网络争议时不存在技术问题。(　　)

三、问答题

1. 跨境电子商务交易的争议有哪几种类型？

2. 简述传统的跨境电子商务交易纠纷的解决方式。

3. 论述跨境电子商务争议在线解决方式的优点和缺点。

4. 你知道什么是刷单吗？请谈谈跨境电商经营者的刷单行为带来的法律风险。

四、案例分析

2018年9月8日，《法制晚报》刊发的文章《谁盗用了我2万元“海淘额度”？》指出，有受害者被盗用了2万元“海淘”额度。盗用者可能认为有没有盗取用户的财物，不算什么大事。但这种行为可能涉嫌“走私普通货物”的刑事犯罪。此外，这种行为在民事上还侵犯了被冒用者的姓名权，在行政上违反了《中华人民共和国身份证法》，触犯了《中华人民共和国治安管理处罚法》。

根据《关于完善跨境电子商务零售进口税收政策的通知》(财关税〔2018〕49号文件)的规定，自2019年1月1日起，为促进跨境电子商务零售进口行业的健康发展，营造公平竞争的市场环境，将跨境电子商务零售进口商品的单次交易限制由人民币2000元提高至5000元，年度交易限制由人民币20 000元提高至26 000元。跨境电子商务零售进口商品按照货物征收关税和进口环节增值税、消费税，购买跨境电子商务零售进口商品的个人作为纳税义务人，实际交易价格(包括货物零售价格、运费和保险费)作为完税价格。在限值以内进口的跨境电子商务零售进口商品，关税税率暂设为0%；进口环节增值税、消费税取消免征税额，暂按法定应纳税额的70%征收。完税价格超过5000元单次交易限值但低于26 000元年度交易限值，且订单下仅一件商品时，可以自跨境电商零售渠道进口，按照货物税率全额征收关税和进口环节增值税、消费税，交易额计入年度交易总额，但年度交易总额超过年度交易限值的，应按一般贸易管理。

从税收法定的角度讲，只有真实的消费者的“跨境平台购买行为”且在额度限制内，才能享受“跨电税”的优惠。不真实的消费者，不在跨境平台上购买，法定额度以外，都不能享受免关税和减免增值税、消费税的税收优惠。

冒用别人的姓名，盗用其免税额度的目的，就是利用“跨电税”制度，虚假申报，偷逃应纳税款的行为。个人偷逃税款金额达到10万元的，即涉嫌构成“走私普通货物罪”。

请思考以下问题：

(1) 如果你遇到这种情况，将采取何种救济方式解决争议？

(2) 如果你在购物网站被卖家欺诈，应该如何选择对自己有利的管辖法院？如果被告提出管辖权异议，你应该如何应对？

(3) 网络新媒体与新技术对传统法律的冲击今后还会继续，立法、司法在此过程中应如何积极应对？

参考文献

[1] 郑红花. 跨境电子商务法律法规 [M]. 北京：电子工业出版社，2017.
[2] 苏丽琴. 电子商务法[M]. 3版. 北京：电子工业出版社，2017.
[3] 张楚. 电子商务法教程[M]. 2版. 北京：首都经济贸易大学出版社，2017.
[4] 王庆春. 电子商务法律法规[M]. 2版. 北京：高等教育出版社，2018.
[5] 鲍泓. 电子商务法律法规[M]. 2版. 上海：华东师范大学出版社，2020.
[6] 张克夫，郭宝丹. 跨境电子商务法律法规 [M]. 北京：电子工业出版社，2021.
[7] 张函. 跨境电子商务基础[M]. 北京：人民邮电出版社，2019.
[8] 马述忠，卢传胜，丁红朝，等. 跨境电商理论与实务[M]. 杭州：浙江大学出版社，2018.
[9] 韩小蕊，樊鹏. 跨境电子商务[M]. 北京：机械工业出版社，2019.
[10] 杨荣珍，蔡春林. 国际知识产权保护与贸易[M]. 北京：北京师范大学出版社，2008.
[11] 熊励，许肇然，李医群. 跨境电子商务[M]. 北京：高等教育出版社，2020.
[12] 严晓红. 电子商务法律法规[M]. 北京：清华大学出版社，2010.
[13] 韩旭，崔今丹. 跨境电子商务与知识产权保护[M]. 北京：电子工业出版社，2020.
[14] 周东城. 跨境电商海关监管问题研究[D]. 武汉：华中师范大学，2020.
[15] 易静，王兴，陈燕清. 跨境电子商务实务[M]. 北京：清华大学出版社，2020.
[16] 冯晓宁. 跨境电子商务理论与实践[M]. 北京：中国海关出版社，2019.
[17] 王永钊. 电子商务法律法规[M]. 2版. 上海：华东师范大学出版社，2020.
[18] 洪雷. 进出口商品检验检疫[M]. 3版. 上海：格致出版社，2018.
[19] 权五乘，崔吉子. 韩国经济法[M]. 北京：北京大学出版社，2009.
[20] 郑世保. 在线解决纠纷机制(ODR)研究[M]. 北京：法律出版社，2012.
[21] 钟志勇. 网上支付中的法律问题研究[M]. 北京：北京大学出版社，2009.
[22] 李俊平. 第三方支付法律制度比较研究[D]. 长沙：湖南师范大学，2012.
[23] 李欣如. 网络海外代购的法律制度研究[D]. 沈阳：东北大学，2015.
[24] 刘青文. 消费者撤销权制度比较研究[D]. 上海：复旦大学，2012.
[25] 相甍甍. 移动电子商务消费者隐私信息披露行为及风险研究[D]. 吉林：吉林大学，2018.
[26] 徐越. 网络生态视角下电子商务业态发展研究[D]. 吉林：吉林大学，2014.
[27] 于颖. 远程消费者保护机制研究[D]. 武汉：武汉大学，2012.
[28] 张楚. 电子商务法初论[D]. 北京：中国政法大学，2000.
[29] 张冀明. 全球电子商务安全法制之研究[D]. 北京：中国政法大学，2001.
[30] 任紫君. 我国跨境电子商务税收问题探究[D]. 北京：中国财政科学研究院，2021.
[31] 陈依依. 跨境电子商务中的消费者权益保护问题研究[D]. 南宁：广西大学，2020.

[32] 王世杰. 跨境电子商务税收法律问题研究[D]. 太原：山西大学，2020.

[33] 韩媛媛. 我国跨境电子商务零售进口税收征管问题研究[D]. 石家庄：河北经贸大学，2022.

[34] 何瑞雪，陈理飞. 跨境电子商务国际避税问题[J]. 电子商务，2020(09)：29-30.

[35] 柳东梅. 中国跨境电子商务税制研究[J]. 财会月刊，2020(18)：140-144.

[36] 白媛媛. 跨境电商零售进口监管研究[J]. 对外经贸，2020(08)：35-37.

[37] 孙云云. 跨境电子商务出口退(免)税的相关问题研析[J]. 中国市场，2020(24)：192-193.

[38] 刘燕. 我国跨境电子商务进口现状及发展模式研究[J]. 中国商论，2020(16)：1-2.

[39] 黄露清，黄学哲. 浅析跨境电子商务平台走私犯罪的刑事风险[J]. 法制与社会，2020(20)：3-4.

[40] 邓穗涛，韦曙林. 跨境电子商务零售贸易实现全链条监管的路径探析[J]. 海关与经贸研究，2020(4)：11-12.

[41] 吴镇熠，钟琮. 跨境电商涉税问题国际比较：以美国、欧盟及OECD为例[J]. 商场现代化，2020(11)：35-37.

[42] 谭书卿. 数字经济税收征管的制度挑战及应对措施[J]. 南方金融，2020(06)：37-44.

[43] 袁梦頔. 跨境电子商务下常设机构的认定规则研究[D]. 北京：外交学院，2020.

[44] 吴梦雅. 我国跨境电商税收征管的问题与对策研究[D]. 上海：上海海关学院，2020.

[45] 李影. 我国数字经济跨境交易企业所得税税权归属研究[D]. 吉林：吉林大学，2020.

[46] 侯欢. 跨境B2C电子商务税收征管的难题与破解：基于微观、中观、宏观税收公平的思考[J]. 西部论坛，2017(05)：94-101.

[47] 吕瑶. 我国零售进口跨境电商面临的问题与对策[J]. 对外经贸实务，2018(03)：15-21.